CHRISTIAN THIEL

Generation beziehungsstark

CHRISTIAN THIEL

Generation beziehungsstark

Wie wir in Zukunft lieben werden

HERDER

FREIBURG · BASEL · WIEN

Dieses Werk wurde vermittelt durch
Aenne Glienke | Agentur für Autoren und Verlage
www.AenneGlienkeAgentur.de

Satz: Daniel Förster, Belgern
Herstellung: CPI books GmbH, Leck

Printed in Germany

ISBN Print 978-3-451-60107-1
ISBN E-Book (EPUB) 978-3-451-82730-3

Inhalt

1. Die Zukunft der Liebe

Am Fahrbahnrand stehen zwei zwölfjährige Mädchen und schauen auf die Radfahrer, die vorbeikommen. Als sie mich sehen, ruft eine der beiden:»Das Leben ist Liebe – und Positivität!« Es ist der erste Frühsommer der Coronapandemie. Die Lockerungen nach dem Lockdown verführen zu Gefühlsausbrüchen. *Wie einfach es doch mit der Liebe ist!* Sie ist die entscheidende Größe im menschlichen Leben. Zwölfjährige Mädchen ahnen das bereits. Das 21. Jahrhundert – es ist ganz ohne Frage ihr Jahrhundert. Sie werden in ihm ihre ersten Erfahrungen mit der Liebe machen. Sie werden das erste Mal küssen, sich verlieben, werden (möglicherweise) eine Familie gründen, vielleicht auch eine Scheidung erleben und sich anschließend (sehr wahrscheinlich) wieder neu binden. Sie sind, so die These dieses Buches, die *Generation beziehungsstark.*

Wie einfach es doch ist, die Liebe in ihrem Kern zu beschreiben. Sie besteht – aus *Positivität.* Füreinander da sein, anerkennende Worte, helfende Taten, eine Umarmung, weil sie gerade gebraucht wird, und ein tröstendes Wort, weil es noch viel nötiger ist. Das ist Liebe.

I don't trust my inner feelings – inner feelings come and go

Von der menschlichen Sexualität war jetzt noch gar nicht die Rede. Auch sie spielt eine wichtige Rolle bei der partnerschaftlichen Variante der Liebe. Aber am langen Ende ist auch sie ein intensives Füreinander-da-Sein, das unseren Körper mit positiv stimmenden Hormonen wie Dopamin (Glück!) und Oxytocin (Bindung!) überflutet. *Positivität* eben.

Liebe als Positivität zu sehen, das ist eine ausgesprochen moderne und wissenschaftlich valide Sicht auf die Liebe, eine Sicht, die im 21. Jahrhundert an Einfluss gewinnen wird. Die *Generation beziehungsstark* wird die erste sein, die das innere Wesen der Liebe kennt und versteht. Sie wird die erste sein, die von den Erkenntnissen der psychologischen Forschung zur Liebe in den vergangenen Jahrzehnten in vollem Umfang profitiert.

Natürlich sind da jede Menge Gefühle mit im Spiel, wenn wir uns binden. Aus sich heraus haben Gefühle aber keinen Bestand. »I don't trust my inner feelings, inner feelings come and go«, beschreibt der Lyriker und Sänger Leonard Cohen in einem seiner Lieder das Phänomen. Was der Musiker ahnt, hat die Wissenschaft in den letzten Jahren untermauert: Gefühle bedürfen der regelmäßigen Bestätigung. Durch Positivität. Passiert das, dann ist eine Liebe glücklich und stabil. Unterbleibt es aber, dann sind Unglück oder Trennung die Folge – oder beides.

Die Liebe der Vergangenheit – die Liebe heute

Ohne Zweifel begleitet die Liebe uns Menschen schon seit langer Zeit. Die große Hilflosigkeit von Säuglingen und die sehr lange Kindheit von Menschenjungen erfordern die enge Kooperation beider Eltern. Das begünstigte die Liebe schon zu Zeiten, da der Mensch sich als Jäger und Sammler die Savanne als Lebensraum eroberte. Die Liebe ist alt. Sehr alt. Sie bestimmt unser Leben seit vielen Millionen Jahren. Und doch hatte die Liebe zu allen Zeiten ihre ganz eigenen Gesetze und Regeln. Das hat auch mit dem Verhältnis von Männern und Frauen zueinander zu tun. Agrargesellschaften neigen dazu, ein großes Machtungleichgewicht zugunsten der Männer aufzubauen. Das bleibt nicht ohne Folgen für die Liebe. Industriegesellschaften tendieren hingegen auf lange Sicht zu einem gleichberechtigten Verhältnis der Geschlechter zueinander.

Unser Leben hat sich in den letzten zwei Jahrhunderten, seit dem Beginn der Industrialisierung, dramatisch verändert. Und dieses Tempo der Veränderung hat sich in den vergangenen Jahrzehnten noch einmal beschleunigt. Warum also sollte die Liebe gleichgeblieben sein? In den letzten fünfzig Jahren haben sich Partnerschaften in westlichen Ländern stärker verändert als in den 500 Jahren davor.

Das hat zwei ganz einfache Gründe. Der erste besteht in den Fortschritten bei der Empfängnisverhütung. Sie hat Frauen freier gemacht – und die menschliche Sexualität auch. Der zweite sind die modernen Scheidungsgesetze, die in vielen Ländern erlassen wurden.

Die Liebe, so wie wir sie heute erleben, sie ist anders als die unserer Eltern. Und sie ist noch einmal grundlegend anders, als es die Liebe unserer Großeltern war. Das Machtgefälle zwischen Männern und Frauen hat sich in dieser Zeit sehr deutlich reduziert. Zudem erwarten wir heute mehr voneinander – in täglichen Gesprächen ebenso wie in der gemeinsamen Sexualität. Beide Geschlechter tun das, Männer wie Frauen. Und beide tun das zurecht. Die Liebe profitiert davon.

Warum die Liebe auf Augenhöhe besser funktioniert

Die Grundthese dieses Buches lautet: *So wie die Liebe sich in den letzten Jahrzehnten gewandelt hat, so wird sie sich auch in den kommenden weiterhin verändern.* Das 21. Jahrhundert wird der Schauplatz dieser Veränderungen sein. Eine der wichtigsten: Das Machtgefälle zwischen Männern und Frauen wird weiterhin abnehmen.

Der Tiefenpsychologe Alfred Adler kritisierte schon Ende der Zwanzigerjahre des letzten Jahrhunderts das große Machtgefälle zwischen Männern und Frauen:»In unseren gegenwärtigen Verhältnissen sind viele Männer und sogar viele Frauen überzeugt, dass es dem Mann zukommt, zu herrschen und zu befehlen, die Führerrolle zu spielen, Macht auszuüben. Aus diesem Grund haben wir so viele unglückliche Ehen.«Das war eine kluge Erkenntnis des berühmten

Therapeuten. Gut möglich, dass er nicht ganz alleine zu dieser Auffassung gekommen ist. Seine Frau, Raissa Timofejewna, war eine russische Feministin. Adler freute sich auf den Tag, an dem das Machtgefälle zwischen den Geschlechtern abgebaut sein würde. Er erwartete eine höhere Zufriedenheit von Männern und Frauen in der Partnerschaft.

Mit dieser Annahme sollte Alfred Adler recht behalten. Der Abbau des Machtgefälles zwischen Männern und Frauen hat der Liebe gutgetan. »Die Liebe ist eine Aufgabe für zwei«, pflegte er zu sagen. Zwei Menschen müssen gleichberechtigt kooperieren. Hat einer das Sagen, dann wird der andere sich rächen, er oder sie wird schwierig werden, und die Kooperation misslingt.

Alfred Adler freute sich auf die Beziehung auf Augenhöhe. Ich habe wenig Zweifel, dass er die Fortschritte, die wir in diesem Punkt erreicht haben, begrüßen würde. Ganz zufrieden wäre er aber nicht. Noch immer folgen auch moderne Paare in vielen Punkten der hierarchischen Wahl. *Er* ist größer als *sie*. *Er* verdient in aller Regel auch mehr und hat beruflich die bessere Position. Und noch immer sind *seine* Chancen, beruflich voranzukommen, viel größer als *ihre*. Die *Generation beziehungsstark* wird dieses Machtgefälle weiter einebnen. Die Begegnung auf Augenhöhe ist und bleibt eine wesentliche Bedingung für das partnerschaftliche Glück im 21. Jahrhundert.

Sicher ist uns nur – der Wandel

Willkommen in der Realität eines sich stets verändernden Verhältnisses zwischen Männern und Frauen, tiefgreifender gesellschaftlicher Veränderungen und eines grundlegenden Wandels in unserem Verhältnis zur Sexualität. Willkommen im Wandel der Liebe.

Dieser Wandel ist in der Vergangenheit nicht ohne Probleme erfolgt. Die Einführung der Ehescheidung ohne Schuldfeststellung hat konservativen Kommentatoren seinerzeit die Zornesröte ins Gesicht getrieben. Frauen die sich von ihren Männern einfach so scheiden lassen dürfen – der Untergang des Abendlandes drohte. Wirtschaftlich unabhängige Frauen würden ihre Männer – angeblich – in Scharen verlassen. Auch das würde dem Abendland im Allgemeinen und der Liebe im Besonderen den Todesstoß versetzen.

Nichts davon ist passiert. Der Liebe, es geht ihr gut. In gewisser Weise geht es ihr sogar besser denn je. Verflogen ist der Mehltau und das Aneinander-vorbei-Leben früherer Generationen. Davon hat die Sexualität ganz deutlich profitiert. Sie wurde besser. Für Männer wie für Frauen. Wirtschaftlich unabhängige Frauen – was ist aus ihnen nur geworden? Das konservative Vorurteil hat sich als tatsächliches Vorurteil erwiesen und als eine Angst von Männern, vor dem Verlust von Vorrechten und Privilegien. Wirtschaftlich gut gestellte Frauen lassen sich seltener scheiden als die, die von ihren Partnern abhängig sind, genau so, wie Alfred Adler es erwartet hat. Die Begegnung auf Augenhöhe ist der Liebe gut bekommen. Da, wo Frauen nicht auf Augenhöhe sind, leidet die Liebe noch heute.

Dieses Buch will einen Blick werfen auf die Aufgaben, die in der Liebe vor uns liegen, auf die Lösungen, die sich anbieten, und auf die Schritte, die wir tun müssen, um die *Zukunft der Liebe* zu gestalten. Fest steht: Die nächste Generation wird wiederum zu ganz anderen Lösungen finden. Das ist ihre Aufgabe: für die Ehe, für das Gleichgewicht zwischen Arbeit und Familie, für die partnerschaftliche Sexualität und auch für das Sich-Verlieben, das bei uns Menschen häufig den Start der Liebe markiert.

Warum verlieben wir uns?

Die Präriewühlmaus verliebt sich ebenso wenig wie der Gorilla oder die Fledermaus, bevor sie sich fortpflanzen. Menschen aber tun das. Und sie erleben dabei einen Rausch der Gefühle, der sie für Monate, wenn nicht gar für Jahre begleitet und ihren Blick auf die Welt, auf den Partner oder die Partnerin ausgesprochen positiv einfärbt. *Rosarot.* Daran wird sich in den kommenden Jahrzehnten nichts ändern. Die Fähigkeit des Menschen, sich zu verlieben, sie hat auch Schattenseiten. Im Leben früherer Generationen spielte Liebeskummer keine große Rolle. Das hat sich heute gründlich geändert. Wir entscheiden selber, an wen wir unser Herz hängen – ungeschützt. Viele moderne Phänomene wie On-Off-Beziehungen oder Internetbeziehungen, bei denen wir das Gegenüber leider, leider nie zu Gesicht bekommen, waren so früher nicht möglich. Auch die heute allgegenwärtige Scheidung gab es so früher nicht. Der Spielraum für Liebeskummer ist deutlich größer geworden, größer, als er in der Vergangenheit je war.

Ohne krachende Niederlagen in der Liebe, ohne verweinte Nächte und tiefe Seufzer beim Gedanken an den oder die Ex erreicht heute kaum jemand mehr sein Ziel einer stabilen Partnerschaft. Die stabile und glückliche Liebe ist der angestrebte Schlusspunkt – der Liebeskummer hingegen ist der Preis, den wir bezahlen. Wir werden lernen müssen, besser mit ihm umzugehen.

Die neue Unverbindlichkeit – es gibt sie nicht

Was lässt sich außerdem noch gesichert über die *Zukunft der Liebe im 21. Jahrhundert* sagen? Hat die Liebe in einer sich schnell wandelnden Welt überhaupt eine Zukunft? Oder treten unverbindliche Kontakte über Tinder, Gelegenheitssex nach durchtanzten Nächten und Lebensabschnittsgefährten an ihre Stelle?

Die Annahme von einer abnehmenden Bedeutung der Liebe hat es in den vergangenen Jahrzehnten schon oft gegeben. Bücher über die »Generation beziehungsunfähig« werden oft und gerne geschrieben. Und gelesen werden sie ebenso gern. Nichts davon ist eingetreten. Wir erleben stattdessen das Gegenteil. Eine Partnerschaft als Wert steht heute hoch im Kurs bei Umfragen wie zum Beispiel der bekannten Shell-Jugendstudie. Eine Partnerschaft gibt Halt – und das ist gerade in einer schnelllebigen Zeit besonders wichtig, in der immer mehr Menschen weit entfernt von Eltern, Großeltern und althergebrachten Traditionen leben.

Vor hundert Jahren blieben sehr viel mehr Menschen dauerhaft Single als heute, oft aus finanziellen Gründen. Sie konnten sich eine Familiengründung nicht leisten. Heute ist eine Partnerschaft ein universeller Wert, den jeder anstreben und erreichen kann, unabhängig von seinem Einkommen.

Die Medien, sie lieben den voyeuristischen Blick auf polyamore Liebesmodelle oder Swingerclubs. All das gibt es heute – und doch bleibt es ein Randphänomen. Die Liebe, die gute, gelingende Partnerschaft, sie wird im 21. Jahrhundert noch wichtiger für den Lebensverlauf von Menschen, als sie es in der zweiten Hälfte des 20. Jahrhunderts war.

Die These dieses Buches ist: Die Liebe bekommt im 21. Jahrhundert eine noch stärkere Bedeutung.

Die Liebe im 21. Jahrhundert

Die beiden jungen Mädchen wenden sich dem nächsten Radfahrer zu und rufen auch ihm enthusiastisch ihren Spruch zu: *Das Leben ist Liebe und Positivität.* Die größere von ihnen ist besonders engagiert. Sie steht einen Schritt vor ihrer Freundin.

Verläuft ihr Leben so, wie eine durchschnittliche Biografie derzeit verläuft, dann wird sie mit fünfzehn oder sechzehn Jahren das erste Mal einen Jungen küssen, möglicherweise aber auch ein Mädchen. Mit siebzehn oder achtzehn Jahren hat sie das erste Mal Sex.

Nach einer langen Ausbildung und mehreren Beziehungsversuchen heiratet sie mit 32 Jahren. Und bekommt Kinder. Fünfzehn Jahre später ist die Ehe gescheitert – es kommt zur Trennung. Wie gut diese Trennung verläuft, das hat einen großen Einfluss darauf, wie schnell sie sich wiederum in das Abenteuer der Liebe stürzen wird. Rosenkriege, wie viele Paare sie sich im 20. Jahrhundert noch geliefert haben, sind selten geworden zur Mitte des 21. Jahrhunderts. Die *Generation beziehungsstark* hat gelernt, Trennungen durch Mediation zu erleichtern und unnötige Konfrontationen zu vermeiden. Auch die Politik hat dann begriffen, dass Paare, die sich in einer Trennung befinden, vor allem gute Vermittler brauchen – und dass der Gang zum Rechtsanwalt die Konflikte der frisch Getrennten unnötig eskaliert. Zum Nachteil der Kinder.

Das Leben ist Liebe!

Nach einigen Jahren des Singleseins bindet sie sich erneut, diesmal deutlich länger, deutlich glücklicher und deutlich stabiler. Und trotzdem wird sie mit 78 Jahren wiederum Single sein. Ihr Partner ist nach langer, schwerer Krankheit gestorben. Zwei Jahre später lernt sie den nächsten Partner kennen. Das Leben im Alter ganz alleine verbringen? Lieber nicht! Im Jahr 2101 stirbt sie schließlich. Ihr letzter Partner ist bei ihr. Die Kinder, die Enkel und Urenkel haben sich in den Tagen davor von ihr verabschiedet.

Ob sie sich im Jahr 2101 an ihren Gefühlsausbruch im Jahr 2020 noch erinnern kann? Und was wird sie dann, mit immerhin 93 Jahren, wohl vom Leben und von der Liebe sagen? Vermutlich noch immer: »Das Leben ist Liebe – und Positivität.«

Sie hat starke Bindungen erlebt. Sie hat erlebt, dass eine Partnerschaft das Leben bereichert und ihm Stabilität gibt. Ihre beiden langjährigen Partnerschaften waren besser als die ihrer Eltern. Und sie waren viel besser als die ihrer Großeltern. Sie hatte Glück. Sie gehört zur *Generation beziehungsstark*, die von der Begegnung auf Augenhöhe ebenso profitiert hat wie von den Ergebnissen der Forschungen der Psychologie zur Liebe.

Aber nicht nur die Psychologie wird ihren Beitrag zur *Generation beziehungsstark leisten*. Wir als Gesellschaft müssen lernen, dass Eltern mit Kindern weniger arbeiten wollen und weniger arbeiten sollten. Das betrifft die Politik, Arbeitgeber und Gewerkschaften. Ein Arbeitsalltag mit fünfzig oder gar sechzig Wochenstunden verträgt sich nicht mit einem geregelten Familienleben. Und schon gar nicht verträgt er sich mit dem von vielen Eltern gewünschten zweiten Kind. Nach einem Kind ist heute oft Schluss mit der Familienplanung. Freiwillig? Nein, die Belastung ist einfach zu groß. Wer eine starke Liebe will, der muss für eine bessere Vereinbarkeit von Familie und Beruf sorgen.

Echtes Wissen über die Liebe

Die *Generation beziehungsstark* wird neu über das Geschlechterverhältnis nachdenken – und zu besseren Lösungen finden. Sie wird über die Probleme nachdenken, die Kritik am Partner für Beziehungen nach sich zieht. Sie wird lernen, das Wesen der Untreue besser zu verstehen. Sie wird begreifen, dass Liebesmythen uns den Blick auf die Realität verstellen und dass die nicht nachlassende Neugier auf den Partner oder die Partnerin eine der wichtigsten Zutaten für das Glück in der Liebe ist. Sie wird dabei von den Forschungsergebnissen der Psychologie in den vergangenen Jahrzehnten profitieren.

Ein guter Grund für Optimismus: Die *Generation beziehungsstark* verfügt über mehr valides Wissen zur Liebe als jede Generation vor ihr. *John Gottman* (Seattle/USA) hat die Liebe in Jahrzehnten der Forschung akribisch vermessen. *Terri Orbuch* (Michigan/USA) kann auf eine der größten Langzeitstudien der Welt zur Liebe zurückblicken. *Pepper Schwartz* (Seattle/USA) und *James Witte* (Virginia/USA) haben mit *The Normal Bar* eine der umfangreichsten weltweiten Studien zur sexuellen Zufriedenheit mit rund 100 000 Teilnehmerinnen und Teilnehmern konzipiert und ausgewertet. Sie und viele andere Forscherinnen und Forscher haben die Grundlagen gelegt zu einer Wissenschaft von der Liebe. Keiner Generation zuvor stand so viel Wissen über die Liebe zur Verfügung. Die *Generation beziehungsstark* wird sie nutzen. Zu ihrem Vorteil. Und zum Vorteil der Liebe.

Die Liebe, sie braucht mehr Raum in unserem Leben. Wir müssen uns mehr für sie interessieren, wenn Bindungen im 21. Jahrhundert wirklich stärker werden sollen denn je. Wir müssen neugierig sein, neugierig auf die Liebe. Neugierig aber auch auf den Menschen, mit dem wir unsere Liebe leben wollen. Wir müssen uns interessieren. Das ist der Dreh- und Angelpunkt einer jeden Liebe.

»Die Forschung hat der Paartherapie sehr genutzt.«

Der Psychologe, Paartherapeut und Buchautor Prof. Dr. Guy Bodenmann (Mit ganzem Herzen lieben. Commitment – wie Ihre Beziehung langfristig glücklich bleibt) *hat in den Neunzigerjahren bei John Gottman in Seattle gelernt und gearbeitet.*

Wie sind Sie als Mitarbeiter zu John Gottman gekommen?
Ich habe damals in der Stressforschung gearbeitet und mich hat die Frage beschäftigt, wie sich Stress auf die Kommunikation von Paaren auswirkt. Das übliche wissenschaftliche Instrument, um etwas über Beziehungen herauszufinden, war damals der Fragebogen. Doch damit bekommt man nie so gute Informationen wie bei der Beobachtung von Paaren. Deshalb bin ich zu John Gottman nach Seattle gegangen – er hatte sich auf die Beobachtung von Paaren spezialisiert. Sein Forschungsschwerpunkt war die Konfliktkommunikation. Er analysierte, wie Paare miteinander vor laufender Kamera streiten. Es war eine hochinspirierende Zeit, eines der spannendsten Jahre meiner Laufbahn.

Wie wurde bei John Gottman gearbeitet?
Wir haben zunächst einmal sein Kodiersystem gelernt, mit dessen Hilfe Paargespräche analysiert werden, das Specific Affect Coding System.

Paare wurden im Lab von John Gottman während des Konflikt-gesprächs auf Video aufgenommen, das anschließend in allen Einzel-heiten ausgewertet wurde. Sekunde für Sekunde wurde analysiert, wer wie kommuniziert.

Mit dem Specific Affect Coding System?

Ja. Um zehn Minuten eines Paargespräches zu analysieren, brauchte man drei Stunden. Die Fragen, um die es dabei ging, waren: Welches Wort gibt das andere? Welche positiven, neutralen oder negativen Sätze werden verwendet? Wann und an welcher Stelle entgleist das Gespräch? John Gottman war wegweisend in dieser Form der Analyse von Paar-gesprächen. Und diese Forschung hat auch der Paartherapie und gene-rell der Arbeit mit Paaren Impulse gegeben.

Können Sie dafür ein konkretes Beispiel geben? Was hat Paar-beratung von der Forschung gelernt?

Wenn jemand sagt:»Du bist immer müde, nie kann man mit dir was ma-chen«, dann ist dies eine sogenannte verallgemeinernde Kritik. Kommt so etwas bei einem Paar häufiger vor, dann kann das eine Scheidung vorhersagen. Wenn man weiß, welche Verhaltensweisen im Gespräch be-sonders problematisch sind, kann man die Paare in der Therapie darauf hinweisen und ihnen aufzeigen, welche»Fehler« sie selbst machen.

Man kann nun Paare trainieren, diese verallgemeinernden Du-Bot-schaften zu unterlassen und stattdessen von sich und seinen Gefühlen und Bedürfnissen zu sprechen:»Es stört mich, dass wir so wenig mit-einander machen. Wir sitzen fast nur noch zuhause. Ich brauche mehr Nahrung von außen. Ich würde gerne wieder mal mit dir ins Kino gehen.«

Sie sind im deutschsprachigen Raum auch für das Programm Paar-life bekannt, das Paaren bei der Krisenkommunikation helfen soll. Sind solche partnerschaftlichen Lernprogramme ein Baustein, um die Liebe besser vor dem Scheitern zu schützen?

Ich denke schon. Die entscheidende Frage ist allerdings: Wie bekommen wir Paare dazu, solche Angebote auch wahrzunehmen? In Deutschland wurde es über die Kirchen versucht, die Ehevorbereitungskurse anbieten. Nicht jeder, nicht jede ist für ein kirchliches Programm zu erwärmen. Wir habe ein Online-Format zur Pflege der Partnerschaft entwickelt (www.paarlife.ch/paarlife-online-training/). In der Coronakrise wurde das breit publik gemacht. Die Nutzerzahlen sind merklich in die Höhe gestiegen. Aber danach gingen die Zahlen wieder zurück. Nur durch eine starke Medienpräsenz lässt sich eine hohe Nutzung erreichen.

Könnte es helfen, schon in der Schule mit einem Unterrichtsfach »Liebe« anzufangen?
Ich bin skeptisch. Streit ist immer paarspezifisch. Er entsteht zwischen zwei Menschen. So gesehen bringt es in meinen Augen nicht so viel, Streitkompetenzen unabhängig von einer Partnerschaft zu vermitteln. Wir müssen vielmehr diejenigen erreichen, die in einer Partnerschaft leben, und sie anleiten, wie sie mit ihrem Partner besser kommunizieren können.

2. Interessieren

Warum die Neugier auf den anderen der Liebe Stabilität gibt

»Schau mal, das Boot«, sagt *sie* zu *ihm*. Ob er auf ihre Worte eingeht oder nicht, das entscheidet jetzt gleich über Wohl und Wehe seiner Liebe. »Stör mich nicht, ich muss gerade was lesen«, sagt er und schaut weiter auf sein Smartphone. Oder er reagiert einfach gar nicht. Oh weh, das sieht nicht gut aus für die Zukunft seiner Partnerschaft.

Den Partner oder die Partnerin nicht zu beachten, das ist das absolute Gegenstück zu dem Übermaß an Interesse und Bewunderung, die wir in der Zeit der Verliebtheit so sehr genossen haben. Die Neugier des anderen hat uns das Gefühl gegeben, dass er oder sie sich ernsthaft für uns interessiert. Verliebte reagieren manchmal regelrecht enthusiastisch auf das, was der andere sagt. »Wow – was für ein tolles Boot. Man möchte am liebsten gleich an Bord gehen und bis ans Ende der Welt reisen! Nur wir beide!« Zugegeben, so enthusiastisch reagieren beinah nur Verliebte. *Nur wir beide; bis ans Ende der Welt* – wir haben Resonanz gefunden. Und das stärkt die Liebe.

»Schau mal, das Boot«, sagt *sie* zu *ihm*. Was ist mit dem Boot, das so gemächlich vor sich hin segelt? Was bewegt sie gerade, dass sie diesen Satz sagt? Ihre Worte sind ein Kontaktangebot, ein *bid*, wie der bekannteste Partnerschaftsforscher der Welt, John Gottman, dazu sagt. Ein *bid for connection*. Ein Angebot, Kontakt herzustellen.

Resonanz finden beim anderen

John Gottman hat in den Siebzigerjahren mit seiner Forschung begonnen, kurz nachdem in den USA die ersten modernen Scheidungsgesetze erlassen worden waren. Er wollte sich nicht auf Meinungsumfragen verlassen und nutzte für seine Forschungen die Möglichkeiten der genauen Beobachtung und Auswertung des Gesprächsverhaltens von Paaren mithilfe von Videoaufzeichnungen. Dabei zählt, was wir sagen und wie wir es sagen. Hinzu kommt unsere Mimik und Gestik.

Nach Jahren der Forschung war John Gottman so weit, dass er nach der Auswertung eines ganzstündigen Paargesprächs mit 95-prozentiger Wahrscheinlichkeit sagen konnte, ob ein Paar in fünfzehn Jahren noch zusammen sein wird. Bei einer Gesprächslänge von fünfzehn Minuten kam er auf eine Erfolgsquote von neunzig Prozent. Fünfzehn bis sechzig Minuten – mehr braucht es nicht, um festzustellen, ob eine Liebe hält. Oder scheitert. Wie ist so etwas nur möglich?

»Wir beobachten in den Videos, wie sich ein Paar darüber austauscht, wie der Tag gewesen ist«, sagt John Gottman. »Dabei zeigt sich, ob sie wirklich aneinander interessiert sind. Ob ihnen das, was der Partner während des Tages erlebt hat, tatsächlich etwas bedeutet.« Die Neugier ist also einer der entscheidenden Schlüssel für eine glückliche Partnerschaft.

Unerwiderte bids schaden der Liebe

Das mit der Neugier und dem Sich-Interessieren gilt nicht nur bei dem Gespräch über den Tag, das John Gottman in seinen Videos oft ausgewertet hat. Es gilt auch in ganz alltäglichen Situationen. Beziehungen sind glücklich und stabil, wenn wir bei unserem Partner oder unserer Partnerin Resonanz finden. Wenn er, wenn sie sich *für uns interessiert*. Für unsere Gedanken. Für unsere Gefühle. Für das, was uns beschäftigt.

»Schau mal, das Boot«, sagt *sie* zu *ihm*. Löst das Boot bei ihr Sehnsucht nach einer Weltumsegelung aus? Dann möchte sie, dass ihr Partner das versteht und sich für ihre Sehnsucht interessiert. Erinnert es sie an ein ähnliches Boot, das sie zusammen mit ihm im letzten Sommerurlaub in der Karibik gesehen hat? Dann möchte sie, dass sich ihr Partner mit ihr zusammen an diesen Urlaub erinnert. »Stimmt, ja, es sieht wirklich ganz so aus wie das Boot im Urlaub!« Ihr Wunsch nach Kontakt, ihr *bid*, hatte Erfolg. Und bestärkt so die Liebe.

Keine Resonanz zu finden hingegen beschädigt die Liebe. Einerlei ob er gar nicht reagiert oder unwirsch darauf verweist, dass das Smartphone gerade vorgeht – bleiben *bids* unerwidert, dann leidet die Liebe. Wir sind nicht in einer Beziehung, um einfach so ignoriert zu werden.

Himmel und Hölle einer Partnerschaft

John Gottman hat den Weg in die Hölle einer unglücklichen Partnerschaft ebenso vermessen wie den in den Himmel einer glücklichen und stabilen Beziehung. Eines der Ergebnisse seiner Jahrzehnte dauernden Forschungen lautet: Bleiben die Wünsche nach Verbundenheit, die *bids of connection*, unbeantwortet, geht eine Ehe einen schwierigen Weg, ein Weg, der Paaren das Miteinander unerträglich schwer macht.

Unser Gefühlsleben reagiert auf dieses Verhalten. Eines Tages wird es rebellieren. Es ist sauer – und antwortet mit Nörgeln und mit Kritik. Es will nicht mehr so weitermachen – und geht den Weg der Trennung. Es verliebt sich in einen anderen – und geht den Weg der emotionalen und sexuellen Untreue. Drei Varianten, auf zu wenig Interesse des Partners oder der Partnerin zu reagieren.

John Gottman spricht nicht von der Hölle der Partnerschaft, so wie ich das gerade getan habe. Sein Wort ist das von den *desasters*. Das Gegenteil davon, die Paare, die glücklich und zufrieden sind, das sind in seinen Worten die *masters*. Sie schaffen es im Alltag wieder und wieder, auf die *bids* des anderen einzugehen. Und werden damit glücklich. Glück, partnerschaftliches Glück, ist für John Gottman somit messbar. Er kann eine Grafik aus ihm machen, was naheliegt, da John Gottman nicht nur Psychologe ist, sondern auch Mathematiker.

Was ist auf einer solche Grafik zu sehen? Es sind auf- oder auch absteigende Kurven. Paare mit einem geringen Trennungsrisiko wenden sich häufig einander zu. Und sie tun das im Verlauf ihrer Partnerschaft immer öfter. Die Kurven steigen nach oben. Paare mit einem hohen Trennungsrisiko dagegen wenden sich mit zunehmender Dauer der Beziehung seltener einander zu – und immer häufiger voneinander ab. Sie interessieren sich nicht mehr füreinander. Der Verlauf der Kurven zeigt deutlich nach unten.

Das kann im Grundsatz zwei sehr unterschiedliche Ursachen haben. Der erste lautet: Sie passen nicht wirklich zueinander. Entsprechend schwer fällt es ihnen, sich wirklich füreinander zu interessieren. Möglicherweise haben sie beim Kennenlernen eher auf die erotische Anziehung zueinander vertraut, die seelische Nähe aber vernachlässigt. Der zweite Grund: Sie vernachlässigen sich und ihre Beziehung. Und sie geraten genau dadurch im Laufe der Jahre in eine Krise. Weil sie ihre Liebe für selbstverständlich halten und nicht wissen, dass sie tägliche Pflege braucht.

Das Brot jeden Tag frisch backen

Viele Paare, die zu mir in die Beratung kommen, wundern sich, dass ihre Beziehung schleichend schlechter und schlechter wird und im Chaos von scheinbar unvermeidlichen Streits, sexuellem Desinteresse und einem ständigen Gegeneinander zu versinken droht. Ich wundere mich nicht. In meinen Augen ist so etwas in unserer Kultur ganz einfach. Wir brauchen nur dem Grundmythos über die Liebe zu folgen, die angeblich wie ein wertvoller Edelstein ist, den wir nur finden müssen, und dann ist alles gut.

Folgen wir in unserem Verhalten diesem Mythos, dann ist der Niedergang einer Beziehung nur schwer aufzuhalten. Der Mythos erzählt uns nichts davon, dass wir uns auch nach dem Finden des Edelsteins noch für unser Gegenüber interessieren müssen. Der Mythos weiß nichts von der Neugier auf den anderen, die ihm auch nach Jahren und Jahrzehnten noch das Gefühl gibt, etwas Besonderes für mich zu sein. Er weiß nichts davon, dass eine Liebe nur dann lebendig bleibt, wenn wir uns für den anderen interessieren. Das macht diesen Mythos in meinen Augen so gefährlich.

Verweigerung gegenüber dem Wissen

Mythen haben in unserem Leben eine wichtige Funktion. Sie füllen unsere Wissenslücken auf. Mythen geben uns also Auskunft über die Realität, wenn wir gerade kein valides Wissen haben und vielleicht auch gar nicht haben können oder wollen. Das ist unproblematisch, wenn es um für unser Leben unwichtige Dinge geht wie etwa die Frage, ob die Sonne sich um die Erde dreht. Oder ob sich das Ganze andersherum verhält, die Erde sich also um die Sonne dreht. Oder gar um sich selber. Für Astronomen und Raketenbauer sind diese Fragen wichtig. Für den Rest der Menschheit ist es unerheblich.

Bei der Liebe ist das anders. Sie hat einen großen Einfluss auf unser Leben. Erfolg oder Misserfolg in der Liebe können davon abhängen, ob wir etwas einfach so für richtig halten oder ob wir es wissen. Wer heute in der Liebe Mythen folgt, der gibt sich oft schlicht nicht die Mühe, etwas über die Realität zu erfahren. Besonders Männer, die sich für rational halten, weigern sich gerne, sich mit menschlichen Gefühlen zu beschäftigen. Das macht sie anfällig für Liebesmythen aller Art. Sie füllen ihre Wissenslücken mit Annahmen und mit Mythen auf. Finden Sie das rational? Ich nicht. Wer noch immer glaubt, die Erde sei eine Scheibe oder die Sonne drehe sich um die Erde, den lachen wir aus. Wer noch immer glaubt, die Liebe sei ein Edelstein, den wir nur finden müssen, der bekommt einen Filmvertrag in Hollywood – und wird in Talkshows eingeladen.

Schon das Märchen erzählt wieder und wieder genau die Geschichte von dem wertvollen Edelstein. In Wahrheit ist die Liebe kein Edelstein. Sie ist vielmehr wie ein Brot. Soll es frisch sein, *dann muss es jeden Tag aufs Neue gebacken werden.* Es ist genau dieses Wissen, das unsere Kultur uns vorenthält – und das die Wissenschaft und auch die Beratung doch ein ums andere Mal bestätigen.

Echtes Interesse

Wir müssen uns jeden Tag für *den anderen* oder für *die andere* interessieren. Das ist der absolute Kern einer guten Liebe. Die beiden entscheidenden Sätze im Leben einer Partnerschaft heißen deshalb nicht »Schatz, was gibt es zum Abendessen?« oder »Ich fahr noch schnell den Einkauf erledigen und hol die Kinder ab«, sondern:

- Wie geht es dir?
- Was kann ich für dich tun?

Auch ein jovial geäußertes »Na, wie geht's? Alles gut?« deutet nicht auf echtes Interesse hin. Dauerhaft glücklich und stabil ist meine Partnerschaft nur dann, wenn mich die Antwort auch wirklich *interessiert.* Der andere braucht uns dann ganz besonders, wenn es ihm nicht gut geht, wenn düstere Gedanken in ihm wohnen und schlechte Gefühle ihn beschäftigen. Jetzt schlägt die Stunde der *Masters.*

John Gottman hat das in einem Interview mit dem bekannten Paartherapeuten Oskar Holzberg für die Zeitschrift *Brigitte* so ausgedrückt: »Bist du für mich da? Teilst du deine Gefühle mit? Sprichst du mit mir, wenn ich traurig bin? Wirst du nicht ärgerlich auf meine Stimmungen reagieren?« Das echte Interesse für das emotionale Befinden und das Wohlergehen des Partners oder der Partnerin ist es, was das Brot jeden

Tag frisch sein lässt. All jene aber, die sich nicht ernsthaft für die Gefühle ihres Gegenübers interessieren, das sind die *Desasters*. Der Edelstein, den sie ihrer Überzeugung nach gefunden haben, wird mit der Zeit immer unansehnlicher. Oder in meinen Worten ausgedrückt: Ihr Brot wird altbacken. Interesse ist keine Einbahnstraße. »Teilst du deine Gefühle mit mir?« – so lautet einer der Sätze, die John Gottman zum Thema des Interessierens gesagt hat. Wir müssen uns für die Gefühle des anderen interessieren. Wir müssen allerdings auch bereit sein, von unseren eigenen Gefühlen zu berichten. Wir müssen sie mit dem anderen teilen. Das ist Liebe.

»Schatz, was gibt es zum Abendessen?« oder »Ich fahr noch schnell den Einkauf erledigen und hol die Kinder ab« – das ist ein Team. Eine Zweckgemeinschaft. Manchmal auch nur eine WG. Und mehr nicht.

Intimität entsteht durch Nachfragen

Für echte Neugier gibt es einen Gradmesser. Der Partnerin oder dem Partner zuzuhören, das ist das eine. Aber das alleine reicht nicht. Fragen stellen ist das andere. »Wie war dein Tag?« Doch auch das reicht noch nicht aus, um Nähe, um Intimität im Gespräch zu erreichen. Intimität entsteht durch *Nachfragen*. Neugieriges *Nachfragen*.

Erklären Sie das doch mal einem Single, der sich über die erfolglosen Verabredungen beklagt, die er stets und immer hat. Junge Männer prahlen bei diesen Gelegenheiten gerne mit ihrem tollen, hippen Leben. *Snowboard fahren im Zillertal. Trecking im Himalaya. Urlaub in Kambodscha.* Sie wollen die Frau, die ihnen gegenübersitzt, beeindrucken. Das ist ein Fehler. Solche Gespräche signalisieren kein Interesse am anderen. Fragen und Nachfragen hingegen erzeugen Nähe.

Oder erläutern Sie das mit dem *Nachfragen* einem Freund, der sich über die mangelnde Verbundenheit mit seiner Frau wundert. »Hallo Schatz, ich bin ja so geschafft. Ich schau noch schnell in meine Mails. Es war ja so viel los auf Arbeit, du glaubst gar nicht, was der

Johannes wieder angestellt hat. Ich erzähle es dir später.« Haben Sie da irgendetwas von einem ernsthaften Interesse am Gegenüber bemerkt? Intimität entsteht durch Nachfragen. »Wie war dein Tag? Wann kam die neue Lieferung? Oh, so spät – da hattet ihr aber mächtig zu tun, oder?«

Die Neugier für die Arbeitskollegin

Die Neugier und das Sich-Interessieren falle Männern schwer, liest man immer wieder. Ich habe da meine Zweifel. Die Neugier auf das, was *ihre Frau* erlebt und zu erzählen hat, die fällt vielen Männern erkennbar schwer. Ich hatte mal einen Klienten, der konnte sich nicht einmal den Namen der Klasse merken, in der seine Frau Klassenlehrerin war. War es etwa die 8a? Oder doch die 9d? Das Urlaubsziel seiner Arbeitskollegin aber wusste er sehr genau. Und wo ihr Flugzeug sich gerade befand, das wusste er ebenfalls. Wofür hat man denn ein Smartphone und eine Flugzeug-Positions-App! Alles ganz einfach. Das mit dem Namen der Klasse seiner Frau aber, das war schwierig. Auf diese Weise entsteht Intimität mit der Kollegin. Für sie kann er sich ohne Probleme interessieren. Aber nicht für seine Ehefrau. Erstaunt es Sie zu erfahren, dass seine Frau schon lange eifersüchtig auf die Kollegin ist? Die Kollegin bekommt, was die Ehefrau sich von Herzen wünscht und nicht bekommt – Interesse. Echtes Interesse.

Wir wünschen uns dieses Interesse des Partners oder der Partnerin. Jeden Tag. Ganz besonders wünschen wir es uns, wenn unsere Chancen, es zu bekommen, gerade eher schlecht stehen – weil wir als Paar unterschiedlicher Überzeugungen sind oder unterschiedliche Wünsche und Erwartungen an das Leben haben. Doch gerade dann braucht die stabile und gute Liebe das Verständnis des anderen. Es kann viel bewirken, wenn wir uns ernsthaft für den Partner oder die Partnerin interessieren und die Neugier dafür nutzen, ihn und seine Weltsicht zu verstehen. Auch und gerade dann, wenn es uns schwerfällt.

Fassen wir zusammen

- Die Liebe im 21. Jahrhundert wird von der zentralen Erkenntnis der Forschung profitieren: Gefühle der Liebe haben aus sich heraus keinen Bestand. Liebe lebt vielmehr davon, dass wir bereit sind, die beiden wichtigsten Ressourcen zu investieren, die wir haben: Zeit und Energie – also Aufmerksamkeit. Echtes Interesse.
- Der Kern eines Menschen sind die Gefühle, die ihn beschäftigen. Der Kern einer Partnerschaft ist die Begegnung der Gefühle der beiden Beteiligten. Sie wollen zur Kenntnis genommen und verstanden werden. Wir müssen uns jeden Tag für das interessieren, was den anderen bewegt. Das ist ein sehr modernes Konzept einer Partnerschaft, das unseren Großeltern fremd war. Auch die Alt-68er sahen das bekanntlich ganz anders. Sie wollten alles ausdiskutieren – ein anstrengendes Konzept, das sich für die Gefühle der Beteiligten nicht interessierte. Es ging zudem auch noch mit großen Mengen an Kritik am anderen einher. Ganz schlecht.

»Er muss sich ernsthaft für mich interessieren.«

Die Erzieherin Hanna (38) hat erst in letzter Zeit das Thema des Interesses für sich und ihre Partnersuche entdeckt.

Wie hat sich Ihr Blick auf die Partnersuche durch die Beschäftigung mit der Frage »Wer passt zu mir?« geändert?
Ich treffe jetzt viel weniger Männer als vorher. Und ich überlege auch länger, ob es sich lohnt. Das hat allerdings zur Folge, dass ich jetzt länger

Single bin als jemals zuvor. Ich habe jetzt seit achtzehn Monaten keinen Mann mehr geküsst. Das gab es, seit ich erwachsen bin, noch nie.

Wie lange waren Sie früher Single?
Äußerstenfalls mal drei oder vier Monate. Aus heutiger Sicht würde ich sagen: Ich bin einigen Männer regelrecht nachgelaufen. Ich dachte immer, dass er zu mir passt. In Wahrheit wusste ich gar nicht, worauf ich achten sollte, und habe den Mann schlicht idealisiert. Aus heutiger Sicht würde ich sagen: Ich wollte vor allem überhaupt jemanden haben. Ich wollte nicht alleine sein.

So ein Suchmuster wird oft schwierig, wenn wir Mitte dreißig sind. Wir wollen dann gerne mal eine längere Partnerschaft erleben. Und dann ist da ja auch noch die Kinderfrage. Wer Kinder will, der will Beständigkeit.
Beides hat mich beschäftigt. Das Alter drückt bei mir schon seit einer Weile auf die Stimmung. Wenn ich zurückschaue, dann muss ich sagen, dass ich, als ich jung war, Männer genommen habe, die ich gar nicht wirklich attraktiv fand. Ich habe mich dann trotzdem in sie verliebt. Dieses Schema, unbedingt einem Mann gefallen zu wollen, war bei mir schon immer gleich. Ich habe ihm schöne Augen gemacht, ihn angelächelt und wollte ihn von mir überzeugen. Zumeist bin ich so an Männer geraten, die mich auf Abstand gehalten haben. Jetzt übe ich, meinem Bauchgefühl zu folgen und meine eigenen Bedürfnisse zu vertreten. Das gelingt mir auch in anderen Lebensbereichen immer besser – und auch in Bezug auf unpassende Männer. Daher bin ich jetzt auch mal länger Single.

Die eigenen Gefühle ernst zu nehmen ist sehr wichtig – auch später in einer Partnerschaft.
Das versuche ich derzeit mit vielen Menschen in meinem Umfeld. Meine Therapeutin bestärkt mich auch darin. Ich merke, ich werde

besser darin, meine Gefühle wahrzunehmen. Ich lasse mich nicht mehr so stark von anderen beeinflussen. Und ich folge mehr meinen eigenen Impulsen.

Möglicherweise haben Sie ja als Kind gelernt, vor allem für andere da zu sein.
Sicherlich. Ich habe wohl schon als Kind immer darauf geachtet, wie ich am besten meinen Eltern gefalle. Ich lerne jetzt ein anderes Programm. Es geht mehr um mich.

Partnerschaften sind sehr schwer zu führen, wenn man sich zu sehr anpasst.
Vom Kopf her ist mir das inzwischen völlig klar. Ich habe mich in Partnerschaften immer viel zu sehr angepasst. In meiner letzten Beziehung habe ich mich neben meinem Partner oft nicht als erwachsene Frau gefühlt. Manchmal habe ich versucht, meine Wünsche zu vertreten – darauf hat er gar nicht reagiert. Ihn hat das nicht interessiert, sondern eher gestört. Ich bin gespannt, wie es sein wird, wenn ich eine neue Beziehung habe.

Wie muss ein Mann sein, damit er besser zu Ihnen passt?
Er muss sich ernsthaft für mich interessieren. Für mich und mein Leben.

Das merkt man bei Dates ja, ob der andere sich wirklich interessiert.
Das stimmt. Der letzte Mann, den ich getroffen habe, der hat zwar Fragen gestellt, das wirkte aber wie ein Katalog. Nicht wie ernsthaftes Interesse. Es war ein Date über Facebook-Dating, und ich wusste von ihm nahezu nichts. Aber da meine Cousine ihn kennt, dachte ich, ich schau ihn mir mal an.

Gerade meine jüngeren Klientinnen wollen nicht die Ansprüche erhöhen. Sie bekommen auch ständig von anderen gesagt, dass sie nicht so wählerisch sein sollen.
In meinem Umfeld wird mir auch eher geraten: Triff doch mehr Männer und reduziere die Ansprüche. »Du hast doch nichts zu verlieren«, sagen viele. Doch, hab ich. Ich möchte schöne Dates haben. Und den passenden Mann finden.

3. Verstehen

Warum Verständnis das wichtigste Partnerschaftsvitamin ist

Ein Paar kommt in die Beratung. Nennen wir sie Stefan und Anna. Beide beklagen die abseitigen Verhaltensweisen des jeweils anderen. Stefan beginnt. Er möchte gerne mehr sparen, Geld zurücklegen für die Ausbildung der Kinder. Seine Frau aber ist uneinsichtig. Sie schmeißt das Geld mit vollen Händen zum Fenster hinaus. Wie misslich!

Dann erzählt Anna. Beide verdienen gut, können sich einiges leisten, ein Haus, zwei Autos, schöne Urlaube. Darauf will sie nicht verzichten. Geld ist zum Ausgeben da. Nicht zum Knausern. Ihr Mann will ihr alle Freude am Leben nehmen. Wie bedauerlich!

Vor mir sitzen zwei Menschen, die der Überzeugung sind, dass sie sehr genau wissen, was richtig und was falsch ist. Und beide bemühen sich angestrengt, den jeweils anderen von der eigenen Sicht zu überzeugen. Eine Lösung ist auf diese Weise nicht zu finden.

Ich bin im Recht – sieh das doch endlich ein

Anna hat im Beratungsraum auf dem Sofa Platz genommen. Immer wieder streicht sie sich aufgeregt durch das lange, dunkle Haar. Die zierliche Frau sieht ein wenig verletzlich aus, legt manchmal die Arme um ihren Oberkörper. Stefan rutscht nervös auf seinem Sessel hin und her. Er hat die dunkle Sonnenbrille ins wuschelige Haar geschoben und versucht möglichst gelassen zu wirken. Anna wie Stefan haben ihren Streit geschildert und wollen nun meine Zustimmung zu ihrer jeweiligen Position. Jeder der beiden möchte, dass ich mich auf seine Seite stelle. So ist es oft in der Beratung.

Stefan wünscht sich, dass ich seiner Frau die Grundregeln der Sparsamkeit beibringe, die sie in seinen Augen ganz offensichtlich nicht beherrscht. Anna dagegen möchte, dass ich ihrem Mann ob seiner Knauserei gehörig die Leviten lese. Beide sind der festen Überzeugung, dass nur ihre Sicht der Dinge richtig ist. Beide glauben, im Recht zu sein. Der andere aber irrt.

Die Beratung wird eine ganz andere Richtung nehmen. Vielleicht ist Ihnen auch aufgefallen, wie wenig die beiden sich für die Sicht des anderen interessieren. So ein Verhalten verträgt die Liebe nicht. Die beiden verstehen nicht, was die grundlegende Aufgabe ist, die sie haben: Sie müssen sich selber und ihre eigene Art verstehen *und* den anderen und seine Sicht der Dinge.

Die Einzigartigkeit der Persönlichkeit

Jeder von uns ist in seiner Art einmalig. Auch wenn wir selber annehmen, andere Menschen sähen die Dinge ähnlich wie wir, so wird doch spätestens in einer Partnerschaft immer wieder offenbar, wie unterschiedlich Menschen sind, wie unterschiedlich sie die Welt sehen und erleben. Diese Einzigartigkeit der eigenen Persönlichkeit zu verstehen, ist eine enorm wichtige Leistung. Nur wenn wir begreifen, wie und auf welche Weise wir zu exakt demjenigen Menschen geworden sind, der wir nun einmal sind, können wir genauer erfassen, wie eine gute, eine dauerhafte Liebe für uns möglich ist.

Eine Partnerschaft fordert uns in ganz besonderer Weise zur Selbsterkenntnis heraus, da in ihr die emotionale Nähe ausgesprochen groß ist, viel größer als in allen anderen Lebensbereichen, in Freundschaften etwa oder mit Kolleginnen und Kollegen. In einer Partnerschaft erfahren wir etwas über uns selber. Wir meinen, uns zu kennen, aber das ist in vielerlei Hinsicht eine Illusion. Wir wissen oft wenig darüber, wer wir eigentlich sind, was wir wollen, was uns wichtig und was weniger wichtig ist. Die Entdeckung und Erkundung von Teilen des eigenen Selbst sind ein integraler Bestandteil einer jeden Partnerschaft. Wir erfahren durch sie mehr über uns. Wir lernen uns kennen. Eine Partnerschaft ist also immer auch so etwas wie eine Selbsterfahrungsgruppe.

Sodann stehen wir in einer Partnerschaft vor dem Problem, einen anderen Menschen zu verstehen. Diese zweite Aufgabe ist nicht einfacher zu lösen als die erste. Der andere ist anders! Manchmal ist uns das möglicherweise ganz recht. Wir wollten, dass er anders ist, haben uns die Unterschiedlichkeit bewusst gewählt und sind ganz zufrieden damit.

Ach wie schrecklich!

Doch gelegentlich ist der Partner auch dann anders, wenn uns das ganz und gar nicht in den Kram passt. Wir haben erst sehr spät bemerkt, dass der Partner oder die Partnerin in einem wichtigen Punkt nicht so ist wie wir selber. Diese grundsätzliche Unterschiedlichkeit beschäftigt langjährige Paare immer und immer wieder und fordert ihre Erkenntnisfähigkeiten heraus. Ihre Neugier. Und ihr Interesse.

Schließlich gibt es noch das Problem, die Dynamik zwischen zwei Menschen, die ein Paar sind, zu begreifen – das Wesen der Liebe also. Partnerschaft ist ein Spiel zu zweit. Viele der hier geltenden Spielregeln stehen zwar fest, allerdings hat niemand uns je über sie aufgeklärt. Andere Regeln gelten nicht für alle Paare, sondern nur für einige wenige. Auch Partnerschaften sind, schaut man genau hin, einzigartig in ihrem Wesen. Wir stehen also vor der Aufgabe, diese Spielregeln zu erkennen.

Kommen wir zurück zu Anna und Stefan. Beide arbeiten, grob gesprochen, mit der Hypothese: *Ich bin normal. Mein Partner ist gemein zu mir. Ich muss mich wehren und gewinnen.* Von echtem Interesse für den anderen ist bei Anna wie bei Stefan nichts zu spüren. Keine Neugier. Kein Interesse. Und schon gar kein Verständnis. Der letzte Punkt scheint mir ganz besonders wichtig zu sein. Wir wollen ja nicht nur, dass unser Partner oder unsere Partnerin sich für uns interessiert – und anschließend entsetzt ausruft:»Ach, wie schrecklich!« Wir wollen, dass er, dass sie uns versteht. Dass er begreift, wie wir die Dinge sehen und warum wir sie so sehen.

Die Herkunftsfamilie verstehen

Was wir für richtig oder falsch halten, hat seine Wurzeln in aller Regel in unserer Herkunftsfamilie. Das ist bei Stefan und Anna nicht anders als bei Millionen anderen Paaren. Anna ist in einer gut situierten Familie aufgewachsen, in einem beschaulichen Häuschen am Rande einer großen Stadt. Sonntags ging man ab und an im Restaurant essen, und im Sommer leistete sich die Familie einen großzügigen Urlaub. An der Nordsee, an der Adria, auf Mallorca. Geld war vorhanden und wurde angemessen, gelegentlich auch großzügig ausgegeben. Denn dafür war es nach Meinung ihrer Eltern da.

Kommen wir zu Stefan. In seiner Familie war Geld knapp. Es wurde geknausert. Warum? Um das gewünschte Haus endlich bauen zu können, damit die Familie etwas galt in der kleinen schwäbischen Stadt. Man leistete sich in Stefans Familie nichts. Keinen Restaurantbesuch. Und schon gar keinen Urlaub. Das alles ist schon lange her – und doch hat es sich tief ins Gemüt der beiden eingegraben. Zwei Kindheiten, zwei Welten, zwei Einstellungen zum Leben. Und vor allem: Zwei unterschiedliche Meinungen über das Sparen und über das Geldausgeben. Anna und Stefan sind in einer zentralen Persönlichkeitseigenschaft ausgesprochen unterschiedlich. Sie müssen diese Unterschiedlichkeit und die Gründe dafür zunächst einmal verstehen. Beide sollen lernen, dass der andere anders ist und warum das so ist. Danach kann die Suche nach einer Lösung beginnen.

Erst das Verständnis – dann der Kompromiss

Nach über zwanzig Jahren der Beratung in Sachen Liebe komme ich in Bezug auf unser wichtigstes Bedürfnis in einer Partnerschaft zu einem klaren Ergebnis: Menschen wollen nicht kritisiert werden und auch nicht über ihre Wünsche und Bedürfnisse diskutieren müssen. Sie wollen verstanden werden.

Das ist bei der Kontroverse zwischen Anna und Stefan ganz genauso. Wenn Anna *versteht*, wie und warum Stefan die Welt so sieht, wie er sie sieht, dann wird sie milder über ihn urteilen. Und sie wird ihre Energie mehr auf Lösungen für das Problem verwenden. Und weniger auf den Kampf. Um Stefan zu verstehen, muss Anna ihre eigene Sicht der Dinge nicht aufgeben. Ja, sie *soll* das auch gar nicht tun. Sie soll nur begreifen, wie und warum ihr Partner in Geldfragen so ganz anders gestrickt ist als sie. Nicht viel anders sieht es für Stefan aus. Auch er soll sich zuallererst für Annas Sicht interessieren, soll lernen, sie zu verstehen. Wenn Stefan versteht, wie und warum Anna die Welt so sieht, wie sie sie sieht, dann wird er nachsichtiger werden. Er wird am Ende Kompromisse mit ihr schließen und weniger hadern.

Zwischen Stefans »Knauserei« und Annas »Verschwendungssucht« einen Kompromiss zu finden, das ist unmöglich, solange die beiden den jeweils anderen von ihrer Sicht überzeugen wollen. Jeder Schritt in diese Richtung ist für ihre Liebe ein Schritt in Richtung Abgrund. Hat aber jeder der beiden seine Kraft und Energie für das Verstehen genutzt, dann sind beide gut versorgt mit einem der wichtigsten *Partnerschaftsvitamine*, dem Verständnis.

Das innere Kind kennenlernen

Wir haben gesehen, wie sehr die Herkunftsfamilie unsere Einstellungen zum Leben prägen kann. Wir müssen uns dafür interessieren, was der andere aus seiner Herkunftsfamilie mitbringt. Wir haben, wollen wir in einer Partnerschaft glücklich werden, gar keine andere Wahl. Was wir verstehen müssen, ist, dass wir alle sehr viele Ansichten über das Leben und über die Liebe aus unserer Kindheit mitbringen. Ja, auch über die Liebe. Über sie bringen wir nicht nur Überzeugungen mit. Wir haben mit ihr reale Erfahrungen gemacht. Auch die Beziehung von Eltern zu ihren Kindern ist eine Liebesbeziehung. Wir alle machen die ersten Erfahrungen mit der Liebe deshalb schon in der Kindheit. Diese Erfahrungen bleiben ein Teil unserer Persönlichkeit, auch wenn wir erwachsen sind. So ist die Sicht der Tiefenpsychologie, aus der ich komme.

Bekannt geworden ist diese Sicht auf die menschliche Entwicklung in den letzten Jahren vor allem durch das Bild des inneren Kindes, mit dem zum Beispiel die Paarexpertin und Bestsellerautorin Stefanie Stahl arbeitet. »Das innere Kind ist die Summe aller Kindheitsprägungen, die als unbewusste Muster wirken«, sagt die Diplompsychologin. War die eigene Kindheit zum Beispiel ziemlich lieblos, dann hat das Folgen für unsere Prägungen. Das Gleiche gilt, wenn wir sehr angepasst waren, wenn wir uns in der Kindheit um unsere Eltern kümmern mussten oder wenn wir uns enttäuscht von ihnen abgewandt haben und stattdessen Anerkennung und Respekt anderswo fanden, zum Beispiel in der Schule. Beim Lernen.

Alle diese Verhaltensweisen können zu Lebensmustern werden. Die Transaktionsanalyse spricht von den *Skripten*, die wir in der Kindheit schreiben. Später laufen unsere Liebesbeziehungen dann nach diesen Skripten ab. Die Zeit im Elternhaus, ich nenne sie gerne auch eine *Lehrzeit* in Sachen Liebe.

Partnerschaft als Begegnung zweier Fünfjähriger

Prägung, Skript, Lehrzeit – welcher Begriff auch immer Ihnen am besten gefällt, die Vorstellung, die dahinter steht, hat Folgen für unser Bild von der Liebe. Genau betrachtet hat jeder von uns so ein *inneres*

Kind in sich, das die Erfahrungen der Kindheit in Annahmen über das Leben und über die Liebe umgemünzt hat. In Prägungen. In Skripte. Deshalb ist es in meinen Augen wichtig, dass wir uns für das interessieren, was unsere Partnerin, was unser Partner in der Herkunftsfamilie über die Liebe gelernt hat – in der Beziehung zu seinen Eltern. Man kann auch sagen: Wir sollten uns für sein inneres Kind interessieren.

Mit Paaren, die zu mir in die Beratung kommen, mache ich deshalb gerne eine Übung, bei der wir schauen, welche Gefühle die beiden schon als Fünfjährige bewegt und beschäftigt haben. Wie gut war das Verhältnis zur Mutter? Konnte er sich mit seinem Vater identifizieren, der selten da, und wenn, dann häufig betrunken war und zu Wutanfällen neigte? Natürlich nicht.

Diese Übung ist sehr spannend und eröffnet dem Paar die Möglichkeit, sich selber und den anderen ganz anders zu verstehen. Die tiefsten Gefühle von Fünfjährigen verschwinden nicht einfach so aus unserem Leben. Das Gegenteil ist der Fall. Wie wir aus der Gehirnforschung wissen, prägen frühe Erfahrungen im Leben unsere spätere Wahrnehmung und unsere späteren Reaktionen auf die Herausforderungen in der Partnerschaft. Eine unsichere Mutter, die stets und ständig nervös auf alle Belastungen des Alltags reagiert – das hinterlässt Spuren bei ihrem Kind. Es ist sich der Zuneigung der Mutter nie sicher – und wird versuchen sich anzustrengen, um ihre Zuneigung zu bekommen. Später dann, als erwachsener Mensch, wird es immer noch versuchen, sich anderen gewogen zu machen. Es hat es so gelernt. Und auch der stets betrunkene Vater hinterlässt tiefe Spuren im Seelenleben und in der Wahrnehmung seiner Kinder.

Wenn wir uns ganz am Anfang einer Liebe befinden, ahnen wir nicht, dass wir all das über den anderen wissen müssen, wenn wir ihn wirklich verstehen wollen. In dieser Phase vertrauen wir auf die hohe Anziehungskraft unseres Gegenübers. Auf das strahlendste Lächeln. Auf die Hormone, die uns durchfluten. Alles verständlich – und doch ein Fehler.

Später dann, nach den ersten Niederlagen in der Liebe, versuchen wir nachzujustieren. Einen wichtigen Beitrag dazu leistet das Wissen. Wir begreifen nach und nach, dass vieles, was wir für solides Wissen gehalten haben, nicht mehr als Annahmen waren. Mythen und Märchen. Und wenden uns dem Wissen zu.

Fassen wir zusammen

- In einer Beziehung wollen wir, wie in Freundschaften auch, vor allem verstanden werden. Der Tiefenpsychologe Alfred Adler drückte das so aus: In einer Partnerschaft müssen wir lernen, mit den Augen des anderen zu sehen, mit den Ohren eines anderen zu hören, mit dem Herzen eines anderen zu fühlen.
- Für die Liebe im 21. Jahrhundert ist das Konzept des inneren Kindes sehr wichtig. Es hat in den letzten Jahren enorm an Einfluss gewonnen. Das ist für die Zukunft der Liebe ein echter Fortschritt. Und ein Glücksfall ist es auch. Wir müssen lernen, uns und unsere Gefühlswelt besser zu verstehen. Weil wir dann die bessere Liebe finden und erleben werden.
- Wer die Prägungen, die Skripte, die Lehrzeit seines Partners oder seiner Partnerin in Sachen Liebe nicht kennt, der wird sich in seiner Partnerschaft immer wieder in schwierigen Situationen wiederfinden. Wir müssen verstehen, wie unser Gegenüber die Welt sieht. Und warum.

Lernen, vor der eigenen Haustür zu kehren

Julia (42) hat mit ihrem Mann eine Paarberatung begonnen. Dort ging es für sie vor allem darum, ihren Partner besser zu verstehen.

Sie sind vor einem Jahr in eine Paarberatung gegangen. Was war der Anlass dafür?
Ich hatte zu der Zeit das Gefühl, dass meine Beziehung völlig am Ende ist. Ich war drei Monate lang stets und immer gereizt. Schließlich hatten wir dann volle sieben Tage komplette Funkstille. Kein gutes Wort, keine nette Geste. Nur noch vorwurfsvolles Schweigen.

Das ist hart.
Wir waren zu dem Zeitpunkt beide sehr verzweifelt. Jeder fühlte sich ungerecht behandelt. Die Frage stand im Raum: Zieht er jetzt aus? Die Beratung war für uns der letzte Strohhalm. Einen anderen Weg gab es nicht mehr. Außer der Trennung.

Und die wollten Sie beide nicht.
Nein. Wir waren sehr unglücklich übereinander. Es war Lockdown, wir waren also viel zusammen in der Wohnung. Es war viel Stress, denn wir mussten uns ja auch um die Kinder kümmern – und ich habe mich immer sehr gefreut, wenn er weg war. Es war ein Leben als Feinde.

Wie findet man einen Berater oder eine Beraterin, wenn man dringend einen braucht?
Ich habe einiges versucht, um zu einer Entscheidung zu kommen. Ich habe viel im Internet gelesen. Ich habe Podcasts gehört. Ich habe nach Antworten gesucht – vor allem nach Antworten, die mich und meine Sicht bestätigten: Mein Partner ist schlimm. Mit ihm stimmt etwas nicht (lacht). Ich habe sogar danach gegoogelt, ob das emotionale Gewalt ist, was ich erlebe. Oder eine toxische Beziehung.

Läuft eine Beziehung schlecht, dann verhalten sich in der Regel beide Partner eher toxisch, wie Sie es nennen. Und jeder sucht die Fehler nur beim anderen.

In der Phase waren wir wohl beide zu der Zeit. Ich bin dann auf einem Blog auf eine Artikelserie gestoßen, die hieß »Die Feinde der Liebe«.

Das war auf meinem Blog Herzenssache365.

Ja. Die Texte haben mich sehr angesprochen. Dann habe ich mir noch ein langes Video von Ihnen angeschaut. Das hat mir den Weg in die Beratung sehr erleichtert.

Ihr Mann hat nicht nach einer Beratung gesucht?

Nein, das war eher mein Job. Wir hatten zu der Zeit eher unpassende Vorstellungen von einer Beratung. Wir dachten beide: Eine Beratung wäscht dem anderen kräftig den Kopf. Die Schuld liegt ja wohl eindeutig bei ihm – und das würde jeder Berater und jede Beraterin sofort erkennen. Man freut sich zu Anfang immer sehr, wenn dem anderen in einer Sitzung etwas Kritisches gesagt wird. Man möchte unbedingt seine Sicht bestätigt bekommen: Der andere ist schuld. Mir ist dann erst in den Beratungsgesprächen so nach und nach klargeworden, was mein Anteil an den Konflikten ist.

Was zum Beispiel?

Mir ist erst nach einigen Sitzungen überhaupt aufgefallen, dass ich ihn auch häufig kritisiere. Ich hatte das bis dahin nicht bemerkt. In meinen Augen war er der Kritiker – nicht ich.

Beratung hat für mich viel mit Selbsterkenntnis zu tun. Ich bin die Gute – er der Böse, das klingt eher nach einer Erklärung der Krise, die das Ego schont.

Das mit der Selbsterkenntnis kann ich nur bestätigen. Ich habe sehr viel über mich gelernt. In meinem Elternhaus ging es sehr viel um

Leistung. Ich habe deshalb einen hohen Perfektionismus, und ich kontrolliere gerne. Ich möchte die Dinge im Griff haben. Mein Mann fühlt sich dann sehr schnell kritisiert – während ich davon überzeugt bin, dass ich ihm doch nur hilfreiche Hinweise gebe, wie er es besser machen kann.

Selbsterkenntnis ist das eine, den Partner besser zu verstehen das andere.
Auch über meinen Partner habe ich viel gelernt. Er schluckt viel runter ...

... wenn Sie ihm hilfreiche Hinweise geben, wie er es besser hinbekommen kann.
Genau. Er hört sich das lange an – und am Ende wird er wütend. Zudem ist mir erst in der Beratung klargeworden, dass wir zum Teil die gleichen Dinge falsch machen. Wir reden beide sehr schnell und hören dem anderen nur schlecht zu. Und dann beginnen wir beinahe jeden Satz mit einem »aber«. Auf diese Weise verneinen wir uns unablässig. Aber, aber, aber. Das ist überhaupt kein Dialog.

Ich nenne das manchmal auch Pingpong, weil es sehr, sehr schnell geht. Oft halten da zwei Menschen Monologe, die in ihrer Kindheit wenig gehört wurden.
Ja, wahrscheinlich. Diese Einsamkeit und das Nicht-gehört-Werden in der Kindheit haben wir beide so erlebt.

Mich als Berater stimmt es eher optimistisch, wenn beide den gleichen Fehler machen und wenn beide ähnliche Dinge in der Kindheit gelernt haben. In gewisser Weise sitzen sie dann ja im selben Boot. Und könnten sich ihren jeweiligen Gefühlen zuwenden.
Über die Gefühle zu reden, das klappt nur bedingt. Wir reden lieber darüber, wer recht hat. Manchmal gelingt es mir mittlerweile, etwas ganz anders zu machen als früher.

Das freut mich. Als Berater weiß ich, wie schwer das ist.
Neulich war die Stimmung nicht so gut. Ich habe dann vorgeschlagen, ein Brettspiel zu machen. Mein Partner liebt Spiele. Und schon wurde die Stimmung besser. Früher hätte ich nicht versucht, für gute Stimmung zu sorgen – sondern die Probleme ausdiskutiert.

Probleme zu diskutieren, wenn die Stimmung schlecht ist, das ist keine gute Idee.
Jetzt haben Sie mir aber den Kopf gewaschen!

Stimmt. Ich mache das in der Beratung immer mal wieder. Am liebsten in den Einzelsitzungen, die ich mit beiden Partnern habe. Da geht das leichter. Ich passe allerdings auf, dass ich meine Klientinnen und Klienten dabei nicht kritisiere.
Ich habe mich in der Beratung oft eher erwischt gefühlt. Und trotzdem ist es nicht leicht, von dem Selbstbild zu lassen, dass man selber keine Fehler macht.

Und gerade das ist das Allerwichtigste.
Warum?

Wenn beide Partner aufhören, mit dem Finger auf den anderen zu zeigen, und anfangen, vor der eigenen Haustür zu kehren, dann ist die Ehekrise beendet. Und ich sehe das Paar in der Regel nicht mehr wieder.

4. Wissen

*Wieso wir in Zukunft mehr über die Liebe lernen
und mehr von der Liebe wissen werden*

In der Liebe geht es um Gefühle. Hat die Liebe auch etwas mit Wissen zu tun? Kann sie vielleicht sogar davon profitieren, wenn wir mehr von ihr wissen? Wir haben schon im ersten Kapitel gesehen, wie einfach wir es uns oft mit unseren Gefühlen machen. Sie sind da. Oder sie sind eben nicht. »I don't trust my inner feelings. Inner feelings come and go«, singt der Lyriker und Sänger Leonard Cohen. Und warum das alles so ist, das ist ebenso unerfindlich wie unergründlich.

Ja, in der Liebe geht es um unsere Gefühle. Aber wer bitte sagt, dass man über Gefühle nicht auch etwas wissen kann? Gefühle sind ein Teil der menschlichen Biologie. Sie sind zudem die Grundlage unseres Lebens. Sie werden vom limbischen System gesteuert. Das ist der Teil unseres Gehirns, den wir mit den Säugetieren teilen. Säugetiere gibt es schon seit 100 Millionen Jahren. Säugetiere haben Gefühle, weil sie, anders als Reptilien, ihre Mutter kennen. Kurz gesagt hatten Menschen schon Gefühle, als ihr Großhirn noch alles andere als groß war. Und sie hatten sie, weil sie für ihr Überleben wichtig waren.

Das Großhirn, auf das wir Menschen so stolz sind, wurde erst später wichtig. Und immer wichtiger. Seine Leistungen sind unbestritten. Und doch vollbringt das limbische System Dinge, zu denen das Großhirn nur mit sehr viel Zeit und mit sehr viel Aufwand in der Lage wäre.

Ich will Ihnen ein kurzes Beispiel dafür geben. Vielleicht teilen Sie dann meine große Begeisterung für das menschliche Gefühlsleben und seine unglaublichen Fähigkeiten.

Nur mal angenommen, Sie sind Single. Sie kommen zu einem Geburtstagsfest einer guten Freundin oder eines guten Freundes. Dort gehen Sie ins Wohnzimmer. Sie treten durch die Tür – und sehen am anderen Ende des Raumes eine ausgesprochen interessante Frau bzw. einen ausgesprochen interessanten Mann stehen. Sie schauen hinüber, ihr neugieriger Blick wird für kurze Zeit erwidert.

Um jetzt mithilfe des Großhirns herauszufinden, ob Sie sich für Ihr Gegenüber interessieren können, braucht es eine Checkliste, die gut und gerne drei oder auch vier Seiten lang ist. Haarfarbe, Augenfarbe, die Größe der Nase, die Breite der Nase, die Breite der Wangenknochen, die Figur. Ehe ihr Großhirn das alles schlüssig zu einem Urteil verarbeitet hat, ist das Fest längst zu Ende. Die Gelegenheit für einen Flirt wäre vertan. Schade auch.

Zum Glück kommt niemand von uns auf die absurde Idee, das Aussehen eines möglichen Partners oder einer möglichen Partnerin dem Verstand zu überlassen. Wir alle lassen uns von unserem Gefühlsleben leiten.

Nun kommt meine Frage an Sie: Wie lange braucht das limbische System, um den Mann oder die Frau am anderen Ende des Wohnzimmers zu beurteilen? Die Antwort der Forschung: Es braucht gerade einmal 0,2 bis 0,5 Sekunden für eine Entscheidung. Es hebt den Daumen. Oder es senkt ihn. Und das alles in Rekordzeit. Phantastisch.

Das, was ich jetzt gerade beschrieben habe, wird in unserer Kultur »Liebe auf den ersten Blick« genannt. Es ist, erkennbar, nichts weiter als eine Erotik auf den ersten Blick. Ob Ihr Gegenüber sich auch für eine Partnerschaft mit Ihnen eignet, das ist ebenso unklar wie die Frage, ob er überhaupt Single ist. Das alles hat Ihr limbisches System in diesen 0,2 bis 0,5 Sekunden auch gar nicht interessiert. Es hat das Aussehen geprüft. Und es ist zu einem Schluss gekommen, auf den Sie sich verlassen können. Also: Nichts wie hinübergehen und ins Gespräch kommen! Dann wissen Sie mehr.

Gut möglich, dass es uns kränkt, dass so etwas Schönes wie Verliebtsein sich im Labor von Wissenschaftlern und Wissenschaftlerinnen als

Hormonkaskaden erweist, die sich messen und analysieren lassen. Gerade Männer, die doch so oft für sich in Anspruch nehmen, rational zu sein, verweigern sich häufig dem verstehenden Blick auf Gefühle.

Das Handbuch des unnützen Wissens

»Mein Mann liest nicht!« Was glauben Sie, wie oft ich diesen Satz schon gehört habe. Ich weiß, dass er nicht stimmt. Diese Männer lesen keine Romane, und sie lesen auch keine Bücher, in denen es um zwischenmenschliche Gefühle geht. Aber sie lesen. Sie lesen gerne und sie lesen viel.

Machen wir einen kurzen Abstecher in ein Flugzeug, das mich von Berlin nach München bringt. Dort leite ich einen Single-Workshop. Neben mir im Flugzeug sitzt ein Mann – und liest. Mit Hingabe. Er ist so fasziniert von seiner Zeitung, dass er sie wirklich von der ersten bis zur letzten Seite durchliest. Jeden Satz. Jedes Wort. Wie diese Zeitung heißt? *Auto Bild.* Ich nenne das auch gerne: *das Handbuch des unnützen Wissens.*

Gedanken steuern unsere Gefühle

Die männliche Verweigerung gegenüber der Beschäftigung mit Gefühlen hat Folgen – konkrete Folgen für ihr Leben. Weil sie sich Tag für Tag auf Halbwissen und auf Unwahrheiten verlassen müssen.

Viele unserer Gefühle werden von unseren Gedanken über die Liebe maßgeblich beeinflusst. Dabei spielt es keine Rolle, ob es sich um Wissen handelt, das auf Fakten basiert, oder um »Erkenntnisse«, die eher aus dem deutschen Märchen stammen. *Prinz. Prinzessin. Dornenhecke. Kuss. Happy End.*

Wir alle stopfen die Lücken in unserem Wissen mit Annahmen und mit Mythen. Männer tun dies, geht es um die Liebe, noch weitaus mehr als Frauen, und sie tun dies aus einem einleuchtenden Grund: weil ihre

Lücken größer sind. Deshalb neigen sie stärker als Frauen zu romantischen Liebesklischees wie zum Beispiel der Idee von der »Liebe auf den ersten Blick«. Männer sind anfällig für romantische Liebesklischees. Das ist das klare Ergebnis einer sehr umfangreichen Forschung, die die amerikanische Psychologin und Soziologin Terri Orbuch durchgeführt hat. Keine Annahme. Keine Vermutung. Wir werden Terri Orbuch und ihrer bahnbrechenden Studie gleich noch einmal begegnen.

Mythen zu vertrauen statt Wissen, das ist gefährlich. Besser, wir verwenden unsere Zeit gleich darauf, uns Wissen anzueignen. Keine Annahme, keine Vermutung. Und keine ungeprüften Wahrheiten von therapeutischen Schulen. Sondern echtes Wissen.

Einer der beliebtesten populärpsychologischen Mythen über die Liebe lautet, dass wir uns selbst lieben müssen, um eine glückliche Partnerschaft führen zu können. Schon Aristoteles hat das gesagt. Erich Fromm war auch dieser Überzeugung. Gibt es hierfür einen Beleg? Die Antwort lautet: Nein.

»No evidence«, sagt John Gottman zu dieser Frage. Natürlich tut Selbstliebe oder Selbstakzeptanz jedem von uns gut. Sie ist aber keine Bedingung für Erfolg in der Liebe. Weder Aristoteles noch Erich Fromm haben zu dieser Frage je geforscht. *No evidence.*

Wissen ist Macht

Wissen ist Macht. Auch in der Liebe. Um das Wissen über die Liebe steht es heute besser als in jeder vorherigen Generation. Trotzdem gehen wir allzu oft noch immer in die Irre. Wir folgen den gut gemeinten Ratschlägen von Eltern. Wir hören auf die populären Mythen über die Liebe. Wir belassen es bei dem, was Hollywood uns über die Liebe vermittelt. Oder bei dem, was das ZDF uns in seinen Serien mitteilt. Dort ist manches anders als im realen Leben. Wenn sie ihm voller Wut eine Ohrfeige gibt, dann ist das in Hollywood wie in der deutschen Vorabendserie ein sicheres Zeichen dafür, dass sie ihn liebt.

Im realen Leben ist das anders. Dort mögen Männer kein Ohrfeigen – sondern positive Zuwendung.

Dieses Kapitel wird Sie mit den Basisfakten der Forschung vertraut machen. Sie werden erfahren:

- warum Beziehungsgespräche Paare unglücklich machen,
- warum active listening (aktives Zuhören) in Partnerschaften nicht funktioniert,
- dass Männer und Frauen nicht von zwei Planeten sind,
- warum Paare die meiste Zeit über Probleme diskutieren, die sich überhaupt nicht lösen lassen – weil es ewige Probleme sind,
- dass Paare, die sich in den ersten Jahren ihrer Partnerschaft nicht streiten, eine höhere Wahrscheinlichkeit haben auseinanderzugehen als diejenigen Paare, die in dieser Phase von Auseinandersetzungen berichten,
- wie lange Paare sich pro Woche über persönliche Angelegenheiten unterhalten.

Fakt Nummer eins: Das Gespräch ist der Kern einer Partnerschaft

Fangen wir mit dem letzten Punkt an. Wie lange unterhalten sich Paare pro Tag? Wie lange tun sie das pro Woche? Und wie viel dieser Zeit verwenden sie wirklich auf den anderen und seine innere Welt? Seine Gefühle? Um so etwas herauszufinden, eignet sich die teilnehmende Beobachtung. Ein Forscher oder eine Forscherin ist immer dabei und erfasst die Zeit, die Paare miteinander sprechen. Das sind sehr aufwändige Forschungen. Und sehr spannende. Ethnologen haben das bei jungen Paaren in Los Angeles gemacht. Das Ergebnis ist erstaunlich: Diese Paare reden nur fünf bis zehn Minuten in der Woche überhaupt über sich und ihre Gefühle. Ganz salopp gesprochen könnte man sagen: Die Katze weiß mehr über das Gefühlsleben der beiden. Und der Hund auch.

Was diese Paare besprechen, das ist die ewig lange To-do-Liste. *Wer* macht *was* und *wann*. Wer so wenig darüber weiß, wie es dem Partner oder der Partnerin geht, dessen Ehe befindet sich nach einigen Monaten oder Jahren in großer Gefahr. Es wird sich jemand anderes finden, der die Lücke im Interesse füllt. Mit allen Konsequenzen, die das für die Beziehung hat. *Kaffee trinken in der Mittagspause. Nette Komplimente. Ehrliches Interesse. Untreue.*

Fakt Nummer zwei: Sich auseinanderzusetzen hilft beim Zusammenbleiben

Im Jahr 1986 begann die amerikanische Psychologin und Soziologin Terri Orbuch mit einer bemerkenswerten Studie. »Ich wollte herausfinden, wie es frisch Verheirateten in den ersten Ehejahren geht«, sagt die Professorin an der University of Michigan. Terri Orbuch plante, die ersten drei Jahre einer Ehe zu begleiten. Dafür reichte das Forschungsbudget. Doch dann fanden sich weitere Geldgeber und noch weitere und schließlich konnte Terri Orbuch auf 25 Jahre zurückblicken. Meines Wissens ist ihre Studie eine der längsten und größten Partnerschaftsstudien der Welt.

Für die ersten Jahre einer Beziehung kam Terri Orbuch zu einem bemerkenswerten Ergebnis: Paare müssen sich in dieser Phase auseinandersetzten – sonst steigt die Gefahr, dass sie unglücklich werden und auseinandergehen. Wer in Terri Orbuchs Studie angab, sich weder über Geld noch über die Freizeitgestaltung oder die Erziehung der Kinder auseinanderzusetzen, der war langfristig nicht glücklich in der Ehe. Oder er war bald geschieden.

Warum ist das so? Weil die Wünsche und Bedürfnisse zweier Menschen nicht automatisch und wortlos zusammenpassen. Jeder von uns ist eine eigene Welt, sagt die Psychologie. Zwei Individuen in einer Partnerschaft zusammenzubringen erfordert deshalb eine Menge an Auseinandersetzungen. An Gespräch. An Verhandlungen. Wer in den ersten Jahren einer Beziehung nicht streitet, der macht in aller Regel einen folgenschweren Fehler: Er tritt für seine Wünsche und Bedürfnisse nicht ein. Machen das beide Partner so, dann steigt die Wahrscheinlichkeit, dass das Paar unglücklich wird. Und auseinandergeht.

Das Paar, das sich streitet, hat es nur auf den ersten Blick etwas schwerer. Die Auseinandersetzungen führen dazu, dass der andere erfährt, was wir uns wünschen. Und damit steigt die Chance, dass wir es auch bekomme.

Männer lesen keine Gebrauchsanleitungen – wie schade!

Die streitlose Beziehung ist ohne Zweifel das Ideal vieler Menschen. Bei einer großen Zahl von Paaren widerspricht die Idee der positiven Wirkung von Auseinandersetzungen in der Beziehung ihren eigenen Annahmen. Sie wollen Harmonie. Vielen von ihnen fällt es leichter, diesen Gedanken zu akzeptieren, wenn ich nicht von *Auseinandersetzungen* rede, sondern davon, dass wir alle eine *Gebrauchsanleitung* für den Partner oder für die Partnerin brauchen. Jede Waschmaschine kommt mit einer Gebrauchsanleitung ins Haus – die Partnerin bedauerlicherweise nicht. Dabei könnte das für viel Paare eine große Hilfe sein. Geht etwas schief (»Hilfe, sie reagiert nicht wie gewünscht!«), dann brauchen Männer nur in die Gebrauchsanleitung zu schauen – und schon läuft es wieder.

Das mit der Gebrauchsanleitung ist dabei nur das eine Problem. Das zweite: Viele Männer schauen ohnehin nicht gerne in solche Anleitungen. Frauen müssten die wichtigsten Regeln für ihre Handhabung so gesehen gut sichtbar auf der Stirn stehen haben – und alles wäre gut.

Happy wife – happy life

Männer machen ihr Selbstwertgefühl in einer Partnerschaft intuitiv davon abhängig, ob sie ihre Frau glücklich machen können. Das ist nach vielen Jahren der Paarberatung eine meiner wichtigsten Erkenntnisse. Männer fühlen sich großartig, wenn es ihnen gelingt, eine zufriedene Frau zu haben. Und sie fühlen sich schlecht, wenn ihnen das nicht gelingt. Ich gebe zu, das ist nicht unser Bild von Partnerschaften und von der Rolle, die Männer in ihr spielen. Männer sind in meinen Augen nicht so unabhängig und autonom, wie sie sich geben. Und wie sie sich selber gerne sehen. Stattdessen sind sie sehr empfänglich für das angenehme warme Gefühl, dass ihre Frauen zufrieden sind. Ist die Frau glücklich, ist für Männer die Welt in Ordnung. *Happy wife – happy life*, sagt man im Englischen.

Schauen wir uns einen der Fallstricke dieser Dynamik mal genauer an. Manche Frauen legen wenig Wert darauf, ihre Männer mit ihrer Gebrauchsanleitung vertraut zu machen. Sie glauben nicht, dass es für eine glückliche und stabile Partnerschaft nötig ist, eigene Wünsche und Bedürfnisse anzumelden. Oft werden sie von ihren Männern in ihrer Haltung noch bestärkt. Auch die finden es bequem, sich wenig um die Bedürfnisse ihrer Frauen zu kümmern.

Zu nachgiebige Frauen geraten deshalb in einer Partnerschaft häufig in eine Abwärtsspirale. Sie wollen es dem Mann recht machen – kommen dabei aber selber zu kurz. Das macht sie unzufrieden. Wenn es schlimm kommt, macht es sie sogar unglücklich. Damit sinkt auch die Stimmung des Mannes – er kann seine Frau ja nicht glücklich machen.

Schauen wir uns das bei einem konkreten Paar, bei Marleen und Paul, doch kurz einmal an. Marleen hat ein sehr schwieriges Verhältnis zu ihrer Schwiegermutter – ein häufiger Fall in der Beratung. Bevor wir schauen, was da zwischen den beiden (und zwischen den dreien) schiefläuft, werfen wir einen kurzen Blick auf die Zufriedenheit der beiden mit der Beziehung. Paul ist »eigentlich« zufrieden, wie er sagt. Sie wissen inzwischen, dass ich Wert auf Wissenschaftlichkeit lege. Um Pauls Zufriedenheit mit der Ehe zu messen, nutze ich deshalb die Skala von eins bis zehn. Wie viele Punkte bekommt seine Zufriedenheit? Paul denkt kurz nach und sagt dann: »Sechs bis sieben.« Marleens

Werte sind niedriger. Ihre Antwort heißt:»Drei bis vier.« Pauls Zahl liegt oberhalb des Mittelwertes, also oberhalb von fünf. Sie ist nicht kritisch. Marleens Wert hingegen schon. Ihre Zufriedenheit liegt deutlich unter fünf. Und sie liegt deutlich unter der von Paul. Wollen die beiden ihre Partnerschaft verbessern, dann muss die Zufriedenheit von Marleen größer werden. So einfach ist es schon. Deutlich größer! Paul wird davon keine Nachteile haben – im Gegenteil. Er bekommt eine zufriedenere Frau. Das wird dazu führen, dass seine Stimmungswerte auch steigen.

Das Gender-Satisfaction-Gap

Der große Unterschied in der Zufriedenheit von Marleen und Paul findet sich bei vielen Paaren, die in die Beratung kommen. Ist es gerecht, wenn einer deutlich zufriedener ist als die andere? Nein, das ist es nicht. Vom Gender-Pay-Gap (Frauen bekommen weniger Gehalt als Männer) ist in der Öffentlichkeit in den letzten Jahren oft die Rede. Von der Ungerechtigkeit, dass Frauen in einer Partnerschaft oft mit deutlich niedrigeren Zufriedenheitswerten leben müssen, habe ich hingegen noch nie gehört – obwohl ich es in der Beratung beinahe täglich zu sehen bekomme. Das Gender-Satisfaction-Gap findet sich in meiner Beratungspraxis bei rund neunzig Prozent aller Paare.

Auch viele Männer bekommen das Gender-Satisfaction-Gap zu spüren. Nur wenige Frauen sagen ihren Partnern nichts von ihrer Unzufriedenheit. Leider nehmen viele Männer ihre Frauen nicht ernst, wenn sie von deren Unzufriedenheit erfahren.

Mach doch Therapie!

Mit einer besonders fiesen Variante von Männern, mit dem Gender-Satisfaction-Gap umzugehen, will ich Sie jetzt noch vertraut machen. Die geht so:»Da meine Stimmung gut ist, zeigt das, dass mit mir alles in bester Ordnung ist. Deine schlechte Stimmung zeigt hingegen, dass mit dir etwas nicht stimmt.« Haben Sie schon einmal von dieser Argumentation gehört? Sie gipfelt in einer Handlungsempfehlung, die es in sich hat: Die lautet: »Da mit dir etwas nicht stimmt, wäre es am besten, du machst eine Therapie!« Es ist zu offensichtlich, dass es bei diesem Vorgehen nicht darum geht, das Problem innerhalb der Partnerschaft zu lösen. Es geht um eine Schuldzuweisung. »Da ich zufriedener bin, liegt das Problem an dir. Du bist schuld.«

Womit ist Marleen unzufrieden?

Marleen ist schon lange unzufrieden mit der bevorzugten Rolle, die ihre Schwiegermutter in ihrem Leben spielt. Pauls Mutter hat einen Schlüssel zum Haus, steht oft völlig unangemeldet nicht nur vor der Tür (»Ich störe doch nicht, oder?«), sondern sogleich auch in der Küche (»Ihr könnt doch bestimmt ein Bund frischer Möhren gebrauchen!«). Und genauso bereitwillig, wie sie bei Marleen erscheint, verteilt sie dann auch Ratschläge.

Das weitaus größere Problem von Marleen und Paul entsteht allerdings erst, wenn die beiden sich über seine Mutter unterhalten. Marleen ist unglücklich mit der Situation. Und was macht Paul? Statt sich hinter seine Frau zu stellen, versucht er, bei Marleen für Verständnis für seine Mutter zu werben. Er laviert herum. Damit legt er die Axt an die Wurzeln seiner Partnerschaft. Das partnerschaftliche *Wir* ist wichtiger als der Wunsch von Pauls Mutter, dem jungen Paar immer wieder gute Ratschläge zu geben, und wichtiger als Pauls Wunsch, es seiner Helikoptermutter recht zu machen.

Paul sollte sich in meinen Augen entscheiden, in erster Linie seine Frau glücklich zu machen. Er sollte sich klar hinter sie stellen. Dann werden Marleens Zufriedenheitswerte mit der Beziehung steigen. Das Gender-Satisfaction-Gap wird sich schließen. Und auch Paul wird davon profitieren. *Happy wife – happy live.*

Fakt Nummer drei: Zwei Menschen sind immer von zwei Planeten

Männer sind vom Mars und Frauen von der Venus – ach, wie einfach die Welt doch in der Erbauungsliteratur von seichten Ratgeberbüchern ist. Zu den Fakten: Zum einen sind zwei Menschen immer unterschiedlich. Das ist der Hauptgrund, warum wir tatsächlich, genau betrachtet, immer von zwei Planeten stammen. Zum anderen sind die Unterschiede zwischen verschiedenen Männern (und Frauen) sehr viel größer als die statistischen Unterschiede zwischen Männern und Frauen. Zum Dritten bekommen Sie in einer Partnerschaft immer einen *konkreten* Mann und eine *konkrete* Frau und niemals jemanden, der frisch der Statistik entsprungen ist. Reale Männer können durchaus schlecht einparken, haben ein ausgesprochen mangelhaftes räumliches Orientierungsvermögen und besitzen dreißig Paar Schuhe. Alles völlig normal.

In einer Partnerschaft kommt es nicht darauf an, nach vorhandenen oder nicht vorhandenen Unterschieden zwischen Männern und Frauen zu suchen. Es kommt vielmehr darauf an, das reale Exemplar Frau oder Mann, das Sie sich ausgesucht haben, zu verstehen. Mein dringender Rat an die *Generation beziehungsstark* lautet: Meidet Bücher, die euch erklären, warum Frauen oder Männer nun mal so sind, wie sie sind. Der Partner oder die Partnerin ist die wahre Herausforderung. Reale Frauen können durchaus gut einparken, finden sich in fremden Städten nach einem Blick auf den Stadtplan problemlos zurecht und haben nur drei Paar Schuhe. Alles völlig normal. Wir sollten lernen, den Partner oder die Partnerin zu verstehen – und ihn so zu akzeptieren, wie er, wie sie ist.

Der Irrglaube, dass die Probleme in einer Partnerschaft aus der Unterschiedlichkeit der Geschlechter resultieren, offenbart sich sehr schnell als ein Mythos, wenn ein gleichgeschlechtliches Paar in die Beratung kommt. Menschen können sehr unterschiedlich sein, unterschiedliche Wünsche und Bedürfnisse haben. Das gilt auch, wenn sie das gleiche Geschlecht haben.

Fakt Nummer vier: Ewige Probleme in der Partnerschaft

Womit wir beim schwierigsten Punkt bei der Liebe wären – beim Akzeptieren der Eigenschaften und Verhaltensweisen des anderen, die uns nicht gefallen. *Die Liebe akzeptiert alles* – so ungefähr lautet einer der Grundmythen unserer Kultur. Um zu verstehen, warum diese Vorstellung ein Mythos ist, will ich Sie jetzt mit einem der wichtigsten Forschungsergebnisse zur Liebe vertraut machen, das John Gottman in den Jahrzehnten seiner Forschung erzielt hat. Von den Auseinandersetzungen junger Paare und wofür sie nötig sind, war schon die Rede: Wir erfahren etwas über den anderen. Doch wie ist es eigentlich später, nach zehn oder zwanzig Jahren? John Gottman kam mit seinen Untersuchungen zu dem klaren Ergebnis, dass Paare knapp zwei Drittel ihrer Zeit über Probleme diskutieren, die sich gar nicht lösen lassen. Weil sie aus unterschiedlichen Charakteren der Beteiligten entstehen, aus ihren Wertvorstellungen und Zukunftshoffnungen.

Die Probleme, über die diese Paare reden, nennt John Gottman die ewigen Probleme. Die Art der ewigen Probleme entscheidet darüber, ob zwei Menschen zusammenbleiben. In jeder Partnerschaft gibt es ein ganz bestimmtes Setting an ewigen Problemen. Habe ich mir eine Partnerin gewählt, mit der zusammen die ewigen Probleme für mich gut zu bewältigen sind, dann bleiben wir zusammen. Habe ich mir hingegen eine Partnerin ausgesucht, mit der zusammen die ewigen Probleme für mich oder für sie nicht akzeptabel sind, dann gehen wir auseinander.

Klingt schrecklich rational? Ja, das stimmt. Das alles ist ziemlich rational. Verstehbar. Und wird auf Dauer weitaus weniger von der Intensität der Verliebtheitsgefühle bestimmt, die wir zu Beginn verspürt haben. So schön die auch sind, auf Dauer entscheiden die Seiten unserer Partnerin oder unseres Partners über Wohl und Wehe der Beziehung, die wir nicht mögen und die für uns schwierig sind.

Fakt Nummer fünf: Beziehungsgespräche machen unglücklich

Komme ich in meinen Vorträgen zum Thema Beziehungsgespräche, dann hellen sich die Minen der Männer in der Regel deutlich auf. Die Frauen hingegen schauen eher ungläubig. Die Forschung kommt in diesem Punkt zu einem eindeutigen Ergebnis: Das traditionelle Beziehungsgespräch, so wie Frauen es gerne führen, bekommt von mir schlechte Noten. Es kommt noch schlimmer. Terri Orbuch hat in ihrer Langzeitstudie herausgefunden, dass die Häufigkeit, mit der diese Beziehungsgespräche geführt werden, ein klarer Indikator für eine Scheidung ist.

Frauen sprechen generell sehr gerne über ihre Beziehungen. Sie empfinden das als befriedigend. Frauen fühlen sich nach solchen Beziehungsgesprächen besser, Männer aber nicht. Beziehungsgespräche lösen in ihnen eine Spannung aus. Das hat einen ganz einfachen Grund. Das traditionelle Beziehungsgespräch besteht zu großen Teilen aus Kritik. Ein weiterer Teil entfällt darauf, dass die Frau deutlich macht, wie unglücklich sie mit einigen Aspekten der Partnerschaft ist. Nur zur Erinnerung: Männer machen ihr Selbstwertgefühl in einer Partnerschaft davon abhängig, dass sie ihre Frauen glücklich machen können. Die restlichen Anteile entfallen auf Formulierungen, die sofortige Änderungen einfordern. Beziehungsgespräche bestehen also im Großen und Ganzen aus einer gehörigen Portion Negativität. Frauen fühlen sich nach dem Gespräch erleichtert. (Schön, dass wir mal darüber gesprochen haben!) Männer dagegen fühlen sich miserabel. (Musste sie mir das antun?) Ich kann sie verstehen.

Fakt Nummer sechs: Warum aktives Zuhören nicht funktioniert

Beschließen wir unseren Streifzug durch die Welt der Wissenschaft von der Liebe mit einer Frage, die interessanterweise schon seit rund vierzig Jahren geklärt ist: Hilft *active listening* Paaren mit Partnerschaftsproblemen? Aktives Zuhören war und ist eine der Lieblingstechniken, die Paarberaterinnen und Paarberater ihren Ratsuchenden beibringen.

Active listening ist eine Gesprächstechnik, die der amerikanische Therapeut Carl Rogers in den Fünfzigerjahren entwickelt hat. Der Klient spricht – der Therapeut wiederholt das Gesagte in eigenen Worten, bis der Klient oder die Klientin sich verstanden fühlt. Nachfolgende Generationen von Therapeuten kamen dann auf die Idee, dass diese Gesprächstechnik auch Paaren helfen könnte.

Tut sie das wirklich? Eine Münchener Studie aus dem Jahr 1984 kam zu einem ernüchternden Ergebnis. Ähnlich wie beim traditionellen Paargespräch sind beim *active listening* diejenigen erleichtert, die gesprochen haben – und diejenigen schlechter Stimmung, die zuhören mussten. Was in der Therapie funktioniert, führt in der Partnerschaft noch lange nicht weiter. Warum ist das so?

Zum einen ist eine Partnerschaft keine Therapie. Therapeutische Verfahren dorthin zu transferieren ist an sich schon eine zweifelhafte Idee. Der zweite Grund ist viel einfacher: Wie beim traditionellen Beziehungsgespräch auch, geht es denen, die beim *active listening* sprechen, in erster Linie um Kritik.

Active listening führt deshalb in der Praxis häufig dazu, dass Partner sich einer Welle von Kritik gegenübersehen, die sie zu überrollen droht. Deshalb haben sie wenig Lust, das Verfahren erneut anzuwenden. *Active listening* als eine Welle von Kritik. Das Problem hatte Carl Rogers nicht. Als Therapeut hörte er sich an, was seine Klientinnen und Klienten an anderen auszusetzen hatten. Welche Widrigkeiten das Leben bot, welche Gefühle das in ihnen auslöste. Für Carl Rogers war es einfach, geduldig und einfühlsam zuzuhören und das Gehörte in eigenen Worten wiederzugeben. Im Umgang eines Paares miteinander aber gilt: Kritik macht alle Menschen schwierig.

Fassen wir zusammen

- Das 21. Jahrhundert wird uns eine stetige Zunahme des Wissens über die Liebe bringen. Davon kann ohnehin erst seit einigen Jahren gesprochen werden. Davor hatten wir Annahmen über die Liebe. Ansichten. Meinungen. Vermutungen. Eine Forschung, die diese Bezeichnung verdient, gibt es jetzt erst seit gut vier Jahrzehnten. Die wichtigsten Ergebnisse dieser Forschung in Sachen Liebe sind erst in den vergangenen 25 Jahren veröffentlicht worden.
- In einer Partnerschaft müssen wir uns bemühen, den anderen zu verstehen. Denn trotz aller rosaroten Wolken gilt: Der andere ist anders. Von dieser Erkenntnis hält uns nicht nur Hollywood ab, sondern auch all die putzigen Bücher, die davon handeln, wie *die Männer* und wie *die Frauen* sind.
- In Zukunft werden wir realistischer in Sachen Liebe. Pragmatischer. Die Wahl eines Partners ist im Kern die Wahl eines anderen Charakters. Das ist die zentrale Erkenntnis der Tiefenpsychologie, aber auch der modernen Forschung. Unromantisch wird die Liebe dadurch nicht.
- Die Partnerwahl entscheidet nicht darüber, *ob* wir Probleme bekommen, sondern nur und ausschließlich *welche* Schwierigkeiten es sind. In dieser Sicht der Dinge zieht jede Partnerschaft, die wir eingehen, ein ganz bestimmtes Setting an Schwierigkeiten nach sich. Die einen mögen sich für uns als unvereinbar mit unserer eigenen Art und unserem eigenen Charakter herausstellen – andere dagegen als gut zu bewältigen. Das ist kein kühl-rationales Verhältnis zur Liebe, wohl aber ein vernünftiges.
- Männer verweigern sich oft nach wie vor beharrlich einer rationalen Beschäftigung mit menschlichen Gefühlen. Lieber lesen sie *Auto Bild* oder schauen sich das neueste Video über den

sensationellen neuen Güllewagen von Fendt an. Dieses Problem harrt der Lösung. Die *Generation beziehungsstark* wird sie finden müssen, um zu einer guten Lösung für partnerschaftliche Stabilität und partnerschaftliches Glück zu kommen. Männer können lesen. Und sie haben auch die Zeit, um das zu tun. Sie sehen es allerdings in vielen Fällen nicht ein, sich mit zwischenmenschlichen Gefühlen zu beschäftigen. Diese Verweigerung hat einen Preis. Oft ist er hoch. Auch für den Mann selber.

»Wir haben geglaubt, wenn man mit seinem Seelenverwandten zusammen ist, dann ist das mit der Liebe ganz einfach.«

Erik (42) wusste in seiner Beziehung nicht mehr weiter, nachdem er erfahren hat, dass seine Frau untreu war. Erst in der Beratung ist ihm klargeworden, wie wenig er über die Liebe weiß.

Nach meinem Eindruck wissen wir alle viel zu wenig über die Liebe.
Das sehe ich jetzt auch so. Wir sind vor einem Jahr in eine schwere Ehekrise gerutscht. Heute würde ich sagen: Wir wussten viel zu wenig über die Liebe.

Wir neigen in unserer Kultur nicht dazu, uns ernsthaft mit der Liebe zu beschäftigen.
Man denkt, man hat jemanden gefunden – und das reicht. Wir haben gedacht, wir sind auf einen Seelenverwandten getroffen. Und wenn man auf den getroffen ist, dann ist das mit der Liebe ganz einfach.

Bevor die Krise offenkundig wurde, hat meine Frau zu mir gesagt, ich sei nicht mehr ihr Seelenverwandter. Das hat mich sehr getroffen.

Sie hat damit wahrscheinlich versucht, auf die zunehmende Distanz hinzuweisen.
Vermutlich. Heute würde ich sagen: Wenn ich nicht auf ihre Gefühle eingehe, dann ist es ja sehr verständlich, dass sie so etwas sagt.

Mir als Berater leuchtet das Konzept des Seelenverwandten nicht ein. Es besagt, dass man diesen Menschen nur finden muss, dann ist alles gut, und man muss sich auch nicht mehr umeinander bemühen. Mir erscheint diese Überzeugung der direkte Weg in die Krise zu sein. Woher haben Sie diese Idee?
Keine Ahnung. Vielleicht aus Zeitschriften. Oder aus Filmen.

Zwei Menschen sind immer sehr unterschiedlich. Wir alle sind einzigartig.
Möglicherweise kommt es auch aus dem Freundeskreis. Oder aus der Popmusik, die man so hört. Die ist ja voll mit dieser Vorstellung. Heute würde ich auch sagen: Diese Vorstellung von einem Seelengefährten ist ziemlich irreführend. Aber woher sollten wir auch etwas über die Liebe erfahren haben. Also aus der Schule jedenfalls schon mal nicht. Da gab es nur Sexualkunde. Und im Studium ...

Sie haben Betriebswirtschaft studiert.
... da ging es auch nicht um Gefühle.

Dann bleibt ja nur noch das Scheitern in der Liebe als ein Anlass, sich doch mal ernsthaft mit ihr zu beschäftigen.
Bei mir und meiner Frau trifft das genau zu. Meine Frau war untreu, und die Beziehung lief schon seit Jahren schlecht. Im Nachhinein frage ich mich schon, wie ich so naiv sein konnte, das alles so laufen zu

lassen. Ich kann nur davor warnen, es so zu machen, wie wir es gemacht haben. Beziehungskrisen haben einen hohen Preis. Und dann hilft es auch nichts, zu sagen: Sie ist schuld. Sie ist untreu. An der Beziehungskrise haben zwei gestrickt, meine Frau und ich.

Was haben Sie gelesen, um mehr Wissen über die Liebe zu haben?
Als Erstes Ihr Buch darüber, wie man den Partner ändert.

Liebe heißt den Partner nicht so zu nehmen, wie er ist.
Danach John Gottman. Das Buch hieß »Die Vermessung der Liebe«. Dann Ihr Buch über die Liebesmythen. Und dann kam Shirley Glass' Buch über die Untreue, die »Psychologie der Untreue«.

Nachdem Sie vier Büchern über die Liebe gelesen haben, was sehen Sie heute anders?
Ich habe auch nie hinterfragt, warum ich eigentlich so bin, wie ich bin. An der Stelle bin ich jetzt deutlich klüger. Ich habe nie geglaubt, dass die Kindheit einen großen Einfluss auf unsere Persönlichkeit hat. Das ist bei meiner Frau und mir aber ganz offensichtlich. Wir wiederholen miteinander einige Muster aus der Kindheit – und hatten noch nie die geringste Ahnung, dass wir das tun.
Ein zweiter Punkt: Im richtigen Moment einfühlsam zu sein, das ist für mich richtig schwer. Da war ich in der Vergangenheit sicher nicht der Beste.

Der Aufwand für diese Beschäftigung mit der Liebe ist ziemlich gering. Aber der Ertrag ist sehr hoch.
Das empfinde ich auch so. Um die Untreue meiner Frau besser zu verstehen, brauchte ich dringend mehr Wissen. Das war mir sofort klar, als das rauskam. Mittlerweile lese ich sehr gerne – und manchmal bin ich ganz versucht, Paaren aus dem Bekanntenkreis ein paar Bücher zu empfehlen. Ich sehe jetzt sehr viel deutlicher, wie die miteinander umgehen.

5. Kritisieren

Wieso wir Komplimente lieben und Kritik verabscheuen

Starten wir unseren Blick auf die Zukunft der Kritik doch ganz einfach mit einem Klassiker – mit einer Unterhose, die wahllos hingeworfen neben Sabrinas Bett liegt. Beinahe jedes amerikanische Ratgeberbuch enthält diese Szene: Er schmeißt seine Wäsche einfach irgendwohin und signalisiert damit, dass ihn so etwas nichts angeht und dass gefälligst sie sich um das lästige Aufräumen seiner Unterwäsche kümmern soll. Sie macht das dann auch eine Weile, bis sie eines Tages schließlich explodiert. Und er weiß gar nicht, wie sie sich wegen so einer Kleinigkeit überhaupt aufregen kann.

»Eine Unterhose! Meine Güte!« Er hat wahrlich Wichtigeres im Kopf als solche Nebensächlichkeiten. Seinen Beruf zum Beispiel. Das Treffen mit den Sportkumpeln. Das alles ist wichtig. Die Unterhose hingegen nicht. Und überhaupt, ihr Ton ist ihm unangenehm und deutet darauf hin, dass sie ein ernsthaftes psychisches Problem hat!

Die Lösungen, die amerikanische Ratgeberbücher für die Unterhosen-Frage finden, sind ausgesprochen einfach und funktionieren stets und immer. Na ja.

Kommen wir zurück zu Sabrina. Sie findet heute, nach der Abreise von Jürgen, eine Unterhose von ihm neben ihrem Bett. Die beiden sind ein Wochenendpaar und verbringen abwechselnd ein Wochenende bei ihm am Bodensee und eines bei ihr, rund hundert Kilometer entfernt, im Schwarzwald. Beide haben eigene Kinder – und da fällt es schwer, für das Zusammenziehen auf die Schnelle eine gute Lösung zu finden. Mal eben so umziehen? Schwierig!

Jürgen war da!

Sabrina hebt die Unterhose auf, trägt sie ins Bad. Nein, sie explodiert nicht. Sie wirft seine Unterhose in den Wäschekorb und denkt voller Wärme: »Jürgen war da!« Ist es nicht eine Freude, dass sie Jürgen hat? Sie wird die Unterhose waschen, auf die Wäscheleine hängen, liebevoll falten und dann wieder in das Fach im Schrank räumen, in dem ein paar Sachen von Jürgen untergebracht sind. Wechselwäsche für die Wochenenden, die er bei ihr verbringt. Sie ahnen es, die beiden sind noch in der Phase einer Liebe, in der Hormone dafür sorgen, dass selbst achtlos hingeworfene Unterhosen von uns mit einer rosaroten Aura umgeben werden. *Wir sind verliebt!*

Szenenwechsel. Ein paar Wochen später. Jürgen hat das Wochenende mit Sabrina hinter sich. Sie hat ihr Kind ins Auto gepackt und den Hund – und ist gefahren. Nun hat Jürgen sein Smartphone in der Hand und fotografiert alle Hinterlassenschaften von Sabrina in seinem Haus. Im Bad steht ein Glas. Klick. Im Flur liegen Socken von ihrem Sohn. Klick. Zwei Tassen im Schlafzimmer. Klick. Und die Hundehaare! Klick. Klick. Klick. Und dann schickt er all die Fotos mit einigen Bemerkungen über das Chaos, in dem sie sein Haus hinterlassen hat, an Sabrina. Irgendwie muss es ihm doch gelingen, sie zur Einsicht zu bekommen, dass es so nicht weitergeht. *So ein Durcheinander!*

Jürgen wundert sich schon seit einer Weile, was mit Sabrina nicht stimmt, bei dem Chaos, das sie bei ihrer Abreise stets und immer hinterlässt. Und Sabrina? Sie ist irritiert. Was sie am meisten stört an dieser Kritik: Jürgen ist keinesfalls ein Pedant. In seinem Arbeitszimmer liegt hinter der Tür eine umfangreiche Sammlung von Kabelresten. In der Küche liegen regelmäßig noch Kartoffelschalen rum, wenn er geschält hat, und im Bad könnte es durchaus etwas sauberer sein. Es sind ihre Sachen, die ihn stören. Seine dürfen rumliegen. So weit Sabrina.

Kann es sein, dass Jürgen die Kritik liebt?

Mich als Berater wundert auch etwas. Warum hat Jürgen vor der Abreise von Sabrina nicht ein gemeinsames Aufräumen vorgeschlagen, zusammen mit den Kindern? Warum hielt er es für normal, sie mit einem Sack voll Kritik via WhatsApp zu überschütten – statt einfach zu sagen, was er sich wünscht? Mir drängt sich da ein Verdacht auf: Kann es sein, dass er die Kritik liebt? Und noch eine Annahme liegt nahe: Kann es sein, dass er nicht die geringste Ahnung hatte, wie sehr seine Aktion mit den Fotos Sabrinas Gefühle verletzen werden?

Sabrina und Jürgen werden in der Folge den heftigsten Streit ihrer bislang gerade einmal elf Monate dauernden Partnerschaft erleben. Kritik macht alle Menschen schwierig. Auch Sabrina. Drei Wochen lang lässt sie sich nicht mehr am Bodensee blicken und will Jürgen auch nicht bei sich im Schwarzwald sehen. Beinahe hätte sie das Fach mit den Wechselsachen geleert und die Sachen in der Mülltonne entsorgt, so wütend war sie. Doch dann siegte die Traurigkeit über den Streit mit Jürgen – und sie wollte ihn doch wiedersehen. Trotz seiner heftigen Kritik an ihrem »Chaos«.

Darf man in einer Partnerschaft kritisieren?

Zur Kritik gibt es aus Sicht der Paarberatung und der psychologischen Forschung im Grunde nicht viel zu sagen. Wir können (oder besser: könnten) es bei zwei Sätzen belassen: *Kritik macht alle Menschen schwierig. Lassen Sie es.* Wir erinnern uns. »Das Leben ist Liebe. Und Positivität.« Von Kritik war in diesem Zusammenhang nicht die Rede.

Darf man in einer Partnerschaft kritisieren? Meine Antwort und die Antwort aus über vierzig Jahren der Forschung lautet: Nein. Wir sollten das mit der Kritik einfach lassen. Schluss. Ende. Aus. Doch ganz so einfach, wie ich mir es mache, ist es nicht mit der Kritik, wie ein Blick auf moderne Partnerschaften zeigt. Nichts lieben junge Paare so sehr wie die Kritik. Fühlt sich dann jemand durch Kritik angegriffen, was nicht zu vermeiden ist, wird ihm auch das noch zum Vorwurf gemacht. »Ich habe es doch nur gut gemeint. Bist du aber empfindlich! Wie kann man nur etwas gegen konstruktive Kritik haben?« Ausgerechnet die Kritik, die Partnerschaften so sehr zusetzt wie kaum ein anderes Verhalten, ausgerechnet die Kritik wird von vielen jungen, gebildeten Paaren mit einem regelrechten Glorienschein versehen. Sie verhalten sich in ihren Partnerschaften wie in einem Uniseminar und spielen das Spiel »Wer hat recht?«.

Um zu verstehen, wie die Zukunft der Kritik aussieht, will ich jetzt mit Ihnen eine kleine Zeitreise machen – in den Februar des Jahres 2013. Damals kam die berühmte amerikanische Coaching-Expertin Barbara Sher zu einem Seminar nach Berlin. Sie hat das System der Erfolgsteams erfunden. Deren Hauptelement ist, dass wir die Ideen und Unterstützung anderer Menschen nutzen, um unsere beruflichen und privaten Träume zu verwirklichen. Ganz wichtig dabei: andere für ihre Vorschläge *nicht zu kritisieren*.

Warum macht Kritik alle Menschen schwierig?

Die Idee, andere nicht zu kritisieren, ist einem deutschen Publikum sehr fremd. »Was soll ich denn sagen, wenn mir ein Vorschlag so gar nicht gefällt«, fragt eine Mittvierzigerin zweifelnd die alte Dame. Die reagiert lakonisch: »Interesting idea. Have another one?« Das Publikum lacht befreit. So einfach ist das mit der Höflichkeit. Und mit dem Vermeiden von Kritik.

Barbara Sher hat es tatsächlich geschafft, sehr deutlich ihre Abneigung gegenüber dem Vorschlag auszudrücken – ohne ihr Gegenüber zu kritisieren und damit vor den Kopf zu stoßen. Muss man Amerikanerin sein, um zu wissen, wie so etwas geht?

Die Antwort auf die Frage, warum die Kritik so schwierig für uns ist, ist einfach: Weil sie unsere Gefühle verletzt. Schauen wir uns das bei einem anderen Paar mal kurz an. Ralf ist dafür, ein Haus zu kaufen.

Nadine will nicht. Sie will weiterhin zur Miete wohnen. Ralf argumentiert, warum ein Haus logischerweise die bessere Lösung ist. Nadine argumentiert dagegen. Und kritisiert Ralfs Argumente. Ralf hingegen kritisiert ihre.

Fällt Ihnen da etwas auf? Es geht nicht *um die Gefühle der Beteiligten.* Die beiden tun so, als sei der Kauf eines Hauses ein rationaler Vorgang. Ralf und Nadine haben Betriebswirtschaft studiert. Sie sind es gewohnt, dass nur (scheinbar) rationale Argumente zählen. Und keine Gefühle. Wie in einem Uniseminar.

Dabei lassen sie ihre eigenen Gefühle und die Gefühle des Gegenübers außen vor. Um sie geht es nicht. Es geht darum, was *richtig* und was *falsch* ist. Diese Herangehensweise wird sich rächen. Das erste Problem mit *richtig* und mit *falsch* ist leicht erklärt, und niemand hat das einfacher und prägnanter ausgedrückt als der bekannte französische Philosoph Blaise Pascal. »Was diesseits der Pyrenäen Wahrheit ist, ist jenseits Irrtum«, sagte er schon vor über 250 Jahren.

Es geht um die Gefühle der Beteiligten

Richtig und falsch sind in einer Partnerschaft ausgesprochen problematische Konzepte. Was bitte ist an einer Mietwohnung falsch? Oder was ist an einem Haus richtig? Es sind zwei verschiedene Lebenskonzepte. Das ist schon alles. Möglicherweise leben Nadine und Ralf schlicht auf unterschiedlichen Seiten der Pyrenäen.

Wenn Sie mich als Berater fragen, warum Paare darüber streiten, wer im Recht ist, dann würde ich sagen: In Wahrheit ist die ganze Diskussionsfreude von Paaren über die Frage, was richtig und was falsch ist, vor allem dazu da, *sich nicht mit den unterschiedlichen Wünschen, Bedürfnissen und Gefühlen des jeweils anderen auseinanderzusetzen.*

Schauen wir also mal etwas genauer hin. Was bewegt Ralf und Nadine bei ihren unterschiedlichen Einstellungen? Nadine will frei und unabhängig bleiben – ein Haus dagegen bindet an einen Ort. Sie möchte lange Urlaube machen und ist bereit, einen großen Teil ihres Geldes hierfür auszugeben. Nadine liebt die Freiheit und ein wenig wohl auch das Abenteuer.

Kommen wir zu Ralf. Er kommt aus einer Familie, in der der Besitz einer Immobilie Tradition hat. Für ihn gehört ein Haus zum Gefühl von Gesettelt-Sein hinzu. Ralf ist das Reisen zudem bei weitem nicht so wichtig wie Nadine. Ist es nicht interessant, wie unterschiedlich Menschen sein können, die sich entschlossen haben, ein Paar zu sein?

Die Immobilienfrage der beiden ist ganz offensichtlich keine rationale, obwohl Ralf und Nadine die ganze Zeit so tun. Wollen die beiden eine gute Lösung finden, müssen sie die Position der Gegenseite verstehen. Sie müssen verstehen, dass Wünsche und Bedürfnisse nicht richtig und falsch sind. Sondern Ausdruck unserer Persönlichkeit. Sie müssen eine Lösung finden, mit der beide zufrieden sind – und nicht herausfinden, wer im Recht ist.

Nadine und Ralf befinden sich nicht in einem Uniseminar. Sie führen eine Beziehung. In der geht es unablässig *um die Gefühle der Beteiligten*. Und um sonst nichts. Die Vor- und Nachteile von Immobilien lassen sich in einem Seminar erörtern. Weil es stichhaltige Argumente dafür und dagegen gibt. In einer Partnerschaft ist das anders. Hier zählen die wichtigsten Wünsche und Lebensvorstellungen von zwei Menschen. Hier zählen die Gründe, warum der eine dies will – und die andere jenes. Beide Sichtweisen sind wichtig. Beide wollen zumindest gewürdigt werden. Was wir brauchen, wenn der andere etwas ganz anderes will, das ist Verständnis. Und nicht Kritik.

Vitamin V wie Verständnis

Nichts wünschen wir uns in einer Beziehung so sehr, wie dass der andere uns versteht. Verständnis ist eines der wichtigsten Bedürfnisse, das wir in Partnerschaften haben. Nadine hat dieses Bedürfnis. Sie will, dass Ralf das versteht. Ralf hat ebenfalls den Wunsch, von Nadine verstanden zu werden. Und genau das passiert nicht, wenn die beiden über den Kauf einer Immobilie diskutieren und versuchen, den anderen von der eigenen Position zu überzeugen.

Eine Immobilie zu kaufen ist nicht *richtig* oder *falsch*. Es ist eine (legitime) Livestyle-Entscheidung. Es entspricht unseren Wünschen und Bedürfnissen. Oder es entspricht ihnen nicht. Hinzu kommt: In einer Partnerschaft müssen wir uns in so elementaren Fragen wie dem Kauf einer Immobilie einig sein. Nur dann können wir handeln. Sagt Nadine »Nein«, ist der Plan von Ralf nicht durchführbar.

Ausdiskutieren ist so was von 20. Jahrhundert

Kritik ist heute allgegenwärtig in Partnerschaften. Seit den Siebzigerjahren fordern uns Paar- wie Kommunikationsexperten dazu auf, unsere Probleme in der Partnerschaft auszudiskutieren. Die Kritik wird zum Königsweg in der Partnerschaft erklärt. Und so werden wir heute in zeitaufwändige und nervenaufreibende Diskussionen verwickelt, was *richtig* und was *falsch* ist.

Partner versuchen, bei diesen verbalen Auseinandersetzungen unbedingt die Oberhand zu behalten. Wir müssen, ja wir sollen uns vertreten, mit heftigen Argumenten und notfalls auch lautstark. Klingt anstrengend? Ja, das ist es wirklich. Und das alles, weil vielen Psychologen, aber auch Paarberatern in den Siebzigerjahren nichts Klügeres eingefallen ist, als uns zum Diskutieren zu ermuntern. Engagiert *kritisieren* und heftig *diskutieren* statt kuscheln und statt Harmonie – so hatten wir uns das mit der Liebe nun wirklich nicht vorgestellt.

Sabrina und Jürgen

Zurück zu Sabrina und Jürgen und das Chaos, das sie angeblich hinterlässt und das ihn stört. Die beiden hatten ganz andere Vorsätze, als sie sich vor knapp einem Jahr über Tinder kennengelernt haben. Sabrina badete in seiner Bewunderung. Und er genoss ihre Anerkennung. Was für eine Frau! Kein Vergleich mit seinen beiden Ex-Frauen, die stets und immer was zu nörgeln fanden, wenn er sie kritisiert hatte.

Jürgen denkt, es gehe bei seinem Streit mit Sabrina um *richtig* und um *falsch*. Ihre Unordnung ist in seinen Augen ein schwerer Charakterfehler. Diese Strategie zum Umgang in der Partnerschaft nenne ich gerne auch Pathologisierung. Der andere ist nicht einfach anders – er hat einen psychischen Schaden. *Sonst würde er die Dinge doch wohl so sehen, wie wir selber!*

Als Berater kann ich mich seinem Urteil nicht anschließen. Das Ausmaß an Ordnung, das ein Mensch gut und richtig findet, ist höchst unterschiedlich. Es geht dabei nicht um *richtig* und *falsch*. Es geht darum, wie wir uns mit dem Maß an Ordnung oder Unordnung fühlen. Es geht *um die Gefühle der Beteiligten*.

Wie sich Kritik auf die Sexualität auswirkt

Manchen Paare kritisieren sich deutlich lieber und deutlich öfter, als dass sie etwas Nettes zueinander sagen. Und die allermeisten Paare kritisieren sich deutlich häufiger, als dass sie Sex miteinander haben. Kritik geht ihnen ganz leicht von der Hand. Wie schade, denn es gibt einen engen Zusammenhang zwischen häufiger Kritik und seltenem Sex in der Beziehung. Das ist den meisten Paaren nicht klar. Jürgen wäre sehr erstaunt zu hören, dass sein Hang zur Kritik es war, der die stark abnehmende Sexualität in seinen letzten Beziehungen nach sich gezogen hat. Dabei verwundert das ja nicht wirklich. Kritik führt zu Distanz. Wir gehen bei Kritik durch den Partner innerlich auf Abstand zum anderen – um uns zu schützen. Und das ist schlecht für die Erotik. Ganz schlecht sogar.

Keinen Sex zu haben, selten Sex zu haben oder aber eine lieblose Sexualität zu haben – das ist für eine Partnerschaft in der Regel eine große Belastung. Es macht sie instabil.

Im Beruf verhält sich Jürgen übrigens ganz anders. Als Versicherungsvertreter weiß er sehr genau, wie Positivität geht, und was es mit der Kritik auf sich hat. Kritik ist schlecht für den Kontakt zum Kunden. Sie macht ihn schwierig. Weil er innerlich auf Distanz geht. Jeder Verkaufstrainer kennt die Abläufe und die Regeln von Verkaufsgesprächen und weiß um die Befindlichkeit von Kunden. Und wie man ihr Herz gewinnt. *Mit Positivität.* Sie alle wissen das von einem Mann, der sich sein ganzes Berufsleben lang mit diesen Fragen beschäftigt hat – Dale Carnegie. Seine Antwort auf die Frage, wie man die Herzen von Kunden gewinnt, war ganz einfach. Sie lautete: Mit Anerkennung, Wertschätzung, Respekt und Lob. Mit einem Wort: *durch Positivität.*

Wie wirkt Kritik?

Was Kritik mit menschlichen Beziehungen macht, das hat niemand so gekonnt auf den Punkt gebracht wie Dale Carnegie in seinem Bestseller *Wie man Freunde gewinnt.* Sein wichtigster Rat lautet: »Lassen Sie es lieber. Sie werden ein erfolgreicheres Leben führen.« Carnegie selber ging es in seinen Kommunikationskursen, die er ab 1912 in New York durchführte, in der Hauptsache um den beruflichen Erfolg seiner (männlichen) Kursteilnehmer. Doch immer wieder kamen bei Vorträgen vor größerem Publikum auch Ehefrauen auf ihn zu und bedankten sich bei ihm – ihre Ehe lief einfach besser, seit ihr Mann bei Carnegie gelernt hatte, ohne Kritik auszukommen.

Dieser Gegensatz zwischen dem Berufsleben, in dem für viele Menschen Positivität mit dazugehört, und der Partnerschaft ist nicht selten. Aber natürlich gibt es auch Berufe, bei denen es deutlich rauer zugeht. Viele Ratsuchende begründen ihre Kritik gegenüber dem Partner damit, dass sie doch auch bei der Arbeit Kritik gewohnt sind. Die Ärztin findet, ihr Partner solle sich wegen ihrer heftigen Kritik nicht so haben, im Beruf gebe es das doch auch. Der Jurist verhält sich seiner

Frau gegenüber wie bei einem Kreuzverhör im Gerichtssaal. Auf ihre Gefühle nimmt er dabei keine Rücksicht. Und der Ingenieur will unbedingt die betrieblichen Abläufe verbessern, indem er oft auf Dinge hinweist, die in seinen Augen falsch laufen.

Sie sehen, der Übergang von der beruflichen Sphäre, in der manchmal auch Härte zählt und Ellenbogenmentalität, in den privaten Bereich, in dem es um die Gefühle der Beteiligten gehen sollte, fällt manch einem heute schwer. Das verschafft der Kritik in den Augen vieler, vor allem gebildeter Menschen, eine hohe Berechtigung. Sie denken und handeln nach der Devise: »Man muss den anderen doch auch mal kritisieren dürfen, konstruktiv kritisieren.«

Ein Lob auf das Lob

Nun war jetzt schon über viele Seiten von der Kritik die Rede, von den negativen Folgen, die sie hat, und den Verheerungen, die sie anrichtet. Doch in diesem Kapitel geht es ja um die Frage: »Wieso wir Komplimente lieben und Kritik verabscheuen.« Wo bitte bleibt das Positive? Bislang fiel noch kein Wort über Komplimente und über Lob. Das kann so nicht bleiben.

Damit wir verstehen, wie ungeheuer groß die Wirkung von Positivität auf den Menschen ist und wie weit das Spektrum der Positivität reicht, will ich jetzt ein wenig vorgreifen auf das Kapitel, in dem wir uns mit dem Verlieben beschäftigen werden. Es ist das Kapitel 11 mit dem Titel »Wählen«. Viele von uns glauben, das Besondere an dieser Zeit seien die Verliebtheitshormone, die uns in einen rauschhaften Zustand versetzen. Das ist in der Tat so – und doch ist das mit der gründlichen Benebelung unseres Verstandes durch Hormone wie Serotonin, Phenylethylamin, Dopamin und Oxytocin nur die eine Hälfte der Wahrheit. Die andere Hälfte hingegen lautet: Positivität. Zu keiner anderen Zeit ihrer Partnerschaft erleben Männer wie Frauen so viel positive Zuwendung, so viele Komplimente, so viel Anerkennung und

Wertschätzung und Lob wie in dieser Phase, in der die Liebe eines Paares entsteht.

Was alles zählt zu den positiven Zuwendungen?

- kleine Geschenke; Blumen mitbringen
- Anerkennung
- Wertschätzung
- Lob
- Dankbarkeit
- zuhören, wenn der andere uns braucht
- liebevolle Gesten wie Zettel (»ich liebe dich«) oder SMS
- körperliche Zuwendung wie umarmen und küssen
- Sexualität

Wie groß diese Formen der Zuwendung in der Zeit der Verliebtheit ausfällt? *Riesengroß*, würden die meisten Paare jetzt sagen – aber ich hätte es gerne etwas konkreter, etwas präziser und etwas wissenschaftlicher. Wie viele Teile positive Zuwendung kamen denn damals auf einen Teil Kritik? Stellen wir die Frage in dieser Weise, dann bekommen wir ein Zahlenverhältnis. Positivität in einer Partnerschaft wird auf diese Weise messbar. Und sie wird vergleichbar.

Die Plussäule der Verliebten

Die meisten Paare antworten auf die Frage nach der Höhe der Plussäule in der Zeit der Verliebtheit mit sehr hohen Zahlen. Fünfzehn bis zwanzig sind Werte, die oft genannt werden. Wenn auf einen Teil Kritik zwanzig Teile Anerkennung, Lob und Zuwendung kommen, dann fühlt sich eine Liebe extrem gut an. Diese großen Mengen an Zuwendung sind es, die die Phase der Verliebtheit neben den Hormonen für uns so besonders machen. Die Höhe der Dosis variiert von Paar zu Paar. Manche bringen es zu Beginn sogar auf ein Verhältnis von eins zu dreißig. Andere »nur« auf eines von eins zu zehn. Die allermeisten Paare würden in dieser Zeit sofort den Satz unterschreiben: »Das Leben ist Liebe – und Positivität!«

Zehn Jahre später ist von den Verliebtheitshormonen nichts mehr zu merken. Das hat die Natur so vorgesehen. Gegen das Abflauen der Verliebtheit gibt es kein bekanntes Mittel. Leider ist bei vielen Paaren in dieser Zeit auch die tägliche Portion Positivität sehr deutlich geschrumpft. Schauen wir uns das bei Gaby und Michael doch mal im Detail an. Die beiden sitzen bei mir in der Praxis und sprechen über die Streite der letzten Monate. Es waren viele. Und sie waren heftig. Ein Streit ist eine Portion Minus. Dagegen lässt sich möglicherweise so schnell nichts machen, gegen die zu geringen Portionen an positiver Zuwendung aber schon. Sie lässt sich erhöhen.

Während Gaby und Michael von dem letzten Streit berichten, frage ich mich: Wie viele Portionen Plus mag es bei den beiden derzeit noch geben? Gaby und Michael fragen sich das überhaupt nicht. Sie wollen, dass das Streiten aufhört. In dem Punkt sind sie sich sehr einig.

Ein Lob der Psychoedukation

Ich versuche es in der Beratung gerne mit einer Portion Wissenschaft und sage: »Die Forschung hat ergeben, dass eine Partnerschaft glücklich und stabil ist, wenn auf einen Teil Minus fünf Teile Plus kommen.« Um das zu verdeutlichen, male ich zunächst ein Kästchen mit einem Minuszeichen auf meine Flipchart. Dann folgt rechts daneben ein Kästchen mit einem Pluszeichen. Und noch eines. Und noch eines. Und noch eines. Bis fünf von ihnen übereinandergestapelt sind. Das ist die Plussäule eines Paares, dessen Beziehung glücklich und stabil ist.

Ich arbeite in der Beratung oft mit solchen wissenschaftlichen Fakten, die ich den Paaren vermittle. Der große Psychotherapeut Irvin D. Yalom nennt dieses Vorgehen *Psychoedukation*. Mir gefällt der Begriff. Manchmal nenne ich es auch einfach neudeutsch *Input*. Gaby und

Michael sollen bei mir etwas über die Liebe erfahren. Schauen wir mal, wie sie auf die Erkenntnis mit der Plussäule reagieren werden. Beide leben in der längsten Beziehung, die sie je hatten. Sie sind zum ersten Mal verheiratet und haben zwei Kinder miteinander. Beide wissen nur sehr wenig über die Liebe, und vor allem wissen sie nahezu nichts darüber, was dazu beiträgt, dass sie auch hält. Woher auch? In der Schule gibt es kein Unterrichtsfach *Liebe*. Dafür lernen wir, wie die DNA des Menschen aufgebaut ist und welche atomaren Prozesse im Inneren der Sonne ablaufen. Michael hat Wirtschaftswissenschaften studiert und arbeitet in einem Forschungsinstitut. Gaby ist Ärztin und führt seit drei Jahren eine eigene Praxis. Beide haben im Studium viel gelernt – über Wirtschaft und über Medizin. Mit menschlichen Gefühlen haben sie sich wenig beschäftigt. Die Berufstätigkeit ist für beide sehr fordernd. Ihre Kinder (zwei und vier Jahre alt) fordern ebenfalls viel Kraft und viel Energie. Haben sie sich mal Zeit genommen, mehr über die Liebe zu erfahren? Unwahrscheinlich.

Zurück zur Plussäule. Die steht noch immer deutlich sichtbar auf meiner Flipchart. Da Gaby und Michael an wissenschaftliche Erkenntnisse gewohnt sind, werden sie meinen Ausflug in die Liebeswissenschaft vermutlich sehr ernst nehmen. Wie groß mag die Plussäule bei den beiden wohl sein? Gaby sitzt mir gegenüber auf dem Sofa und schaut ab und an von der Seite aus auf das Schaubild. Michael sitzt der Flipchart genau gegenüber. Ständig muss er auf dieses einfache Bild schauen, das die Quintessenz einer glücklichen Partnerschaft zeigt: *Fünf Teile Plus. Ein Teil Minus.* Nach einer Weile bricht es aus ihm heraus: »Aber sag mal, Schatz, bei uns ist es doch genau umgekehrt, oder?«

Was macht so viel Negativität mit einer Beziehung?

Auf fünf Teile Minus kommt in der Partnerschaft der beiden in seinen Augen gerade einmal ein einziger Baustein mit einem Plus. Es gibt in ihrer Beziehung so gesehen gar keine Plussäule mehr. Es gibt vielmehr eine Minussäule. Eine hohe Minussäule. Die Forschungslage ist eindeutig: Paare mit einer Minussäule gehen mit einer hohen Wahrscheinlichkeit auseinander.

Vielleicht halten Sie an dieser Stelle mal einen Moment inne und versuchen, sich in das Lebensgefühl von Gaby und Michael hineinzuversetzen. Beide gehen anstrengenden Berufen nach. Beide haben zwei kleine Kinder. Einen Haushalt zu führen haben sie auch. Da ist einzukaufen, Wäsche zu waschen, zu kochen, und Termine sind zu koordinieren. Das alles ist anstrengend, verantwortungsvoll und fordernd. Die *Rushhour des Lebens*, wie die Soziologie die Zeit zwischen 35 und 45 nennt. Und dann ist da niemand, der regelmäßig sagt, wie gut wir das hinbekommen haben. Da ist keiner, der uns sagt, was für einen super Job wir machen, keiner, der uns sagt, wie gut wir aussehen, und keiner, der uns sagt, dass er uns liebt. Sondern ein Partner, der uns häufig kritisiert.

Versuchen Sie doch bitte kurz, sich das vorzustellen. Und dann denken Sie zurück an die Zeit der Verliebtheit, als die Plussäule der beiden riesengroß war. Wie fühlt sich das alles wohl für Gaby und Michael an, diese dramatische Veränderung von einer überschäumenden Liebe mit einer *riesengroßen* Plussäule hin zu einer superkleinen Portion Anerkennung, Lob und Wertschätzung? »Ich will meinen alten Partner zurück«, ist einer der Sätze, den ich schon oft gehört habe. »Sie hat sich so sehr verändert«, ist ein anderer.

In meinen Augen muss sich das, was sie erleben, sehr schlecht anfühlen. Beide sehnen sich vermutlich nach der Zeit, als die Plussäule groß war. Und doch sind sie in ihrem Alltag nur mit der wachsenden Minussäule beschäftigt. Sie hat die beiden fest im Griff.

Wenn die Minussäule wächst

Das liegt daran, dass unsere Stimmung in einer Partnerschaft nicht nur von der aktuellen Größe der Plus- und der Minussäule beeinflusst wird, sondern auch von der Richtung, in die sie sich entwickeln. Menschen können vergangene Erfahrungen in die Zukunft fortschreiben. Schrumpft die Plussäule seit Jahren, dann verlängern beide Partner die fallende Linie intuitiv in die Zukunft. Menschen leben nicht einfach nur im Hier und Jetzt. Sie denken voraus. Im Fall einer schrumpfenden Plussäule hat dieses Vorausdenken eine logische Folge: Es führt zu Pessimismus in Bezug auf die Partnerschaft.

Nicht dass Sie jetzt denken: »Sind die aber blöd! Warum tun sie denn nichts, um mehr füreinander da zu sein?« Das wäre viel zu einfach. Natürlich ist das, was sie tun, falsch. Gleichzeitig weise ich gerne darauf hin, dass Michael und Gaby genau das tun, was wir als Gesellschaft von ihnen erwarten. Sie sollen viel arbeiten. In vielen Berufen werden Arbeitszeiten von fünfzig bis sechzig Wochenstunden schlicht erwartet. Ich kann mich noch gut an eine Ratsuchende erinnern, die sich sehnlichst wünschte, dass ihr Mann nach zwölf Stunden Arbeit (und einer Stunde Fahrzeit) doch abends bitte um 21 Uhr zu Hause sein sollte. Sein Chef sah das anders.

Viel arbeiten, viel Geld verdienen, sich in der verbleibenden Zeit um die Kinder und den Haushalt kümmern, das alles wird von uns erwartet. Dass wir uns um unsere Partnerschaft kümmern sollten, das sagt uns hingegen niemand.

Die Folge von fünf Teilen Minus auf einen einzigen Teil Plus sind klar: Michael und Gaby sind unglücklich mit ihrer Beziehung. Sie waren allerdings lange Zeit nicht in der Lage, das auch zuzugeben. Noch schwerer fällt es ihnen, den Grund für ihr Unglück zu erkennen. Was sie bemerken – das ist der Streit. Der ist offenkundig. Was sie selten bemerken, das sind die Auslöser für so einen verbalen Schlagabtausch. Es ist beinahe immer eine Kritik, die das Fass zum Überlaufen bringt. Was sie bislang noch nie realisiert haben, das ist, wie extrem ihre Plussäule über die Jahre hinweg geschrumpft ist. Auch Michael und Gaby sind mal mit einer überbordenden Verliebtheit gestartet. Auch bei ihnen gab es früher zehn oder fünfzehn oder zwanzig Plusbausteine auf einen Teil Kritik. Und dann das: »Sag mal, Schatz, bei uns ist es doch genau umgekehrt, oder?«

Positivität ist die Lösung

Michael hat die Antwort auf die Frage »Warum streiten wir so viel?« selber gefunden. Gut möglich, dass ich die beiden nach dieser Sitzung nicht mehr wiedersehe. Sie wissen jetzt, was zu tun ist. Sie müssen die Kritik meiden. Und sich auf die Plussäule konzentrieren. Sie müssen lernen, dass sie in einer Partnerschaft auch nach dem Ende der Verliebtheit dafür da sind, den Partner oder die Partnerin mit Anerkennung, Wertschätzung und Respekt zu versorgen. Positivität ist die Lösung. Es gibt zu ihr keine sinnvolle Alternative.

Wie oft hat Michael Gaby gesagt, dass er dankbar dafür ist, was sie leistet? Dankbarkeit, Anerkennung, Wertschätzung, der Schlüssel zu einer guten Partnerschaft ist Positivität. Und Verständnis. Aber nicht Kritik.

Die Alternative zur Kritik – der Wunsch

Dankbarkeit und Lob sind die positiven Gegenstücke zur Kritik. Dankbarkeit und Lob stärken die Plussäule einer Partnerschaft. Wie aber können Sie Kritik und Vorwürfe meiden, wenn Sie den anderen zu einer Verhaltensänderung bewegen wollen?

Sie können es mit einem *Wunsch* versuchen. Sie können eine *Bitte* äußern. Sie können eine *Feststellung* treffen. Fokussieren Sie bitte zudem auf das, was Sie sich wünschen, und nicht darauf, was Sie sich nicht wünschen.

Können Sie sich vorstellen, dass Gaby und Michael, unterversorgt mit Zuwendung, wie sie es derzeit leider sind, eine leichte Beute sind für Anerkennung, Wertschätzung und Respekt von Seiten eines netten neuen Mitarbeiters oder einer netten neuen Kollegin? Wir werden das später in diesem Buch beim Thema »Betrügen« sehen. Es sind keine moralisch verworfene Menschen, die ihr Heil in einer Affäre suchen – es sind emotional sehr unterversorgte Menschen. Wie Gaby. Und wie Michael.

Ist Ihnen bei Gaby und Michael aufgefallen, dass ich den beiden keinen Rat gegeben habe? Warum heißt das, was ich mit ihnen mache, dann eigentlich *Paarberatung*? Viele Ratsuchende nennen es sogar *Paartherapie*. Haben Sie bei meinem Schaubild mit der Plussäule, die ich dem jungen Paar auf die Flipchart gemalt habe, etwas von einer Therapie bemerkt? Ich nicht. Es war doch nur *Input*. Oder meinetwegen: *Psychoedukation*.

Fassen wir zusammen

* Wer über die Liebe im 21. Jahrhundert sprechen will, der darf über die Kritik nicht schweigen. Die *Generation beziehungsstark* wird neue Wege finden, Wünsche und Bedürfnisse anzumelden. Höfliche Wege.
* Paare müssen sich auseinandersetzen. In diesem Punkt sind sich Paarexpertinnen und -experten rund um den Globus einig. Sie müssen das tun, weil sie sich in einer streitlosen Beziehung zu wenig für ihre Wünsche und Bedürfnisse einsetzen. Das ist die zentrale Erkenntnis der längsten Paarstudie der Welt, die von der Soziologin und Psychologin Terri Orbuch geleitet wird. Doch deshalb müssen Paare weder die Türen werfen noch Beleidigungen austauschen.
* Das 21. Jahrhundert wird das Jahrhundert der Höflichkeit werden. Beziehungen auf Augenhöhe sind eine gute Idee. Wir müssen uns für unsere Wünsche und Bedürfnisse einsetzen. Drei Kernsätze dieses Buches. Das mit dem Einsetzen für Wünsche und der Augenhöhe funktioniert nicht, wenn wir stets und immer zur Kritik greifen, um unsere Sicht der Dinge darzulegen. Wir bekommen nicht, was wir uns wünschen.

»Es gab Kritik auf allen Ebenen.«

Lara (37) ist seit einigen Wochen getrennt von ihrem Mann. Langsam wird ihr klar, wie es dazu kam – und welche Rolle die Kritik dabei gespielt hat.

Wann begann Ihre Ehekrise?
Vermutlich vor drei Jahren. Ich hatte die zwei Kinder, ging dreißig Stunden arbeiten, und es gab kaum noch Zeit für mich alleine. Ich habe dann eine Mutter-Kind-Kur gemacht und da festgestellt, wie schön es ist, auch mal wieder etwas für mich zu machen. Mein Mann unterstützte mich kaum im Haushalt und bei den Kindern. Er war unentwegt mit sich oder mit seinen Eltern beschäftigt. Seine Mutter war schwer erkrankt. Ich habe das, was passierte, allerdings nicht als Krise wahrgenommen.

Haben Sie sich mal beklagt?
Nein. Aus heutiger Sicht weiß ich: Genau das hätte ich tun müssen. Ich hätte darauf bestehen müssen, dass er mich entlastet. Oder hätte weniger arbeiten gehen sollen. Aber dann hätte er protestiert und gesagt, dass das Geld nicht reicht. Oder dass er ja Teilzeit arbeiten könnte und ich in Vollzeit. Das wollte ich aber auch nie.

Sie haben im Grunde beschlossen: Da muss ich durch.
Einerseits ja. Andererseits habe ich mir zumindest einen Job gesucht, bei dem ich kürzere Fahrzeiten habe. Leider war der aber langweilig. Ich hatte mehr Zeit, die Dinge zu erledigen, aber zufriedener wurde ich nicht. Ich habe in dieser Zeit schon gemerkt, dass ich oft keine Lust auf Sex hatte. Ich war müde und geschafft.

Keine Lust auf Sex, das ist oft ein Alarmhinweis, dass etwas nicht stimmt.
Von meinem Mann kam dann leider nur Druck. Er kritisierte mich, wenn ich abends müde war. Und dann sagte er eines Tages, wenn es nicht genug Sex gebe, dann müsse er sich eben eine Geliebte suchen.

Das ist sehr unhöflich. War die Kritik ein häufiger Gast bei Ihnen beiden?
Es gab Kritik auf allen Ebenen. Der Haushalt war nach seiner Meinung nicht ordentlich genug. Die Erziehung der Kinder nicht streng genug. Meine Freundinnen kritisierte er ebenfalls. Und ich hatte nach seiner Meinung auch zu viele Verabredungen mit ihnen.

Wie sind Sie mit dieser Kritik umgegangen?
Ich habe versucht auf ihn einzugehen. Ich habe gesagt: Ja, ich mache das. Ich räume mehr auf. Ich verabrede mich nicht so häufig. Ich gebe mir im Bett mehr Mühe. Ich habe versucht, es so zu machen, wie er es sich vorstellte. Geholfen hat das nicht. Er meckerte viel. Manchmal schon, wenn er nach Hause kam und der Flur unordentlich war oder die Fahrräder der Kinder noch draußen standen. Schon gab es Kritik.

Was macht Kritik mit einer Partnerschaft?
In meinem Fall ist mein Selbstwertgefühl immer mehr gesunken. Ich habe mich gefragt, führt mein mangelndes Selbstwertgefühl dazu, dass ich mich gegen die Kritik meines Mannes nicht wehre? Oder ist es andersherum – und die ständige Kritik führt dazu, dass mein Selbstwertgefühl sinkt?

Spannende Frage. Zumindest ist Kritik eine emotionale Verletzung.
Ich habe das damals nicht so wahrgenommen. Ich bin ein Harmoniemensch. Ich streite mich nicht gerne. Deshalb habe ich gedacht, ich passe mich mal lieber an. Dann wird es gut werden. Und das war ein Irrtum.

Viel Kritik in der Beziehung zu erleben macht anfällig dafür, dass einem jemand anderes sagt, wie toll man ist.
Anerkennung vonseiten meines Mannes, das fehlte wirklich völlig. Eine Freundin, die ein Baby hatte, hat mir mal erzählt, dass ihr Partner zu ihr sagte, wie gut sie das alles hinbekommt mit dem Kind. So etwas gab es bei mir nicht. Er war eher der Überzeugung, dass sein Job anstrengender war als das, was ich leistete. Ich hatte ja nur die zwei Kinder.

Das führt zu einem Zustand, den ich gerne emotionale Unterernährung nenne.
Das Wort trifft es ganz gut. Wir waren ja glücklich miteinander gewesen. Aber seit die Kinder da waren, änderte sich der Umgang. Er wurde so kritisch zu mir. Bei mir hagelte es Kritik – sogar am Essen nörgelte er herum. Andere Frauen hätten dann vielleicht gesagt: Stell dich doch selber in die Küche. Aber so war ich leider nicht. Und so ging es mir mit der Partnerschaft immer schlechter.

Wann haben Sie verstanden, dass Sie so unterernährt sind?
Etwa zwei Jahre vor dem Ende war das ziemlich offensichtlich. Er hat dann ab und an zu mir gesagt, dass er sich eher wie ein WG-Partner fühlt. Das war sicherlich so. Ich wurde kühler zu ihm.

Haben Sie ihm je gesagt, dass Sie sich immer schlechter fühlen in der Beziehung.
Nein. Hätte ich es ihm gesagt, dann wären noch mehr Vorwürfe auf mich eingeprasselt. Zumindest habe ich das befürchtet. Ich wollte nicht, dass es zu einer Trennung kommt.

Menschen halten so eine emotionale Unterversorgung nicht ewig aus.
So kam es dann auch. Ein Kollege ging ab und zu mit mir Kaffee trinken. Er ging im Gespräch auf mich ein und machte mir Komplimente. Das fühlte sich natürlich toll an. Nach ein paar Wochen hatte ich dann

Verliebtheitsgefühle. Kurz darauf hat mein Mann nach einem Streit mein Smartphone gecheckt – und fand den WhatsApp-Kontakt zu dem Kollegen.

Damit nahm die Krise dann doch ihren Lauf.
Ja. Ein paar Wochen später waren wir getrennt. Letztendlich glaube ich: Wenn man in einer guten Partnerschaft lebt, dann trifft man sich nicht zum Kaffeetrinken. Und bekommt keine Verliebtheitsgefühle.

6. Beraten

Warum eine Geschichte der Paarberatung mit den Schaumstoffschlägern des Dr. Bach beginnt

Vielleicht sollte ein Kapitel über Paarberatung und Paartherapie mit den Schaumstoffschlägern beginnen, die Dr. George Bach *(Streiten verbindet)* in den Sechzigerjahren ratsuchenden Paaren an seinem Institut in Kalifornien die Hand gedrückt hat. In dieser Zeit liegen die Ursprünge der modernen Ehe- und Paarberatung. Mit den Schaumstoffschlägern sollten Paare ihre Wut aufeinander ausleben – indem sie aufeinander einschlugen. Danach sollten sie sich besser fühlen. Das folgt der bekannten Katharsis-These: *Wir lassen die Gefühle heraus – dann fühlen wir uns besser.*

Die Schaumstoffschläger des Dr. Bach sind historisch betrachtet so etwas wie das Mittelalter der Paarberatung. Sie dürfen sie auch gerne als ihre Steinzeit ansehen. *Wir lassen die Gefühle heraus – danach fühlen wir uns besser*, gemein, wie ich bin, könnte ich anmerken, dass Paargespräche auch ganz traditionell doch schon genau diesem Schema folgen. *Er* kritisiert *sie* heftig – *sie* kritisiert *ihn* ebenfalls (oder umgekehrt). Und beiden fühlen sich danach – angeblich – besser. Jeder der beiden hat ja gerade *seine Gefühle rausgelassen*. Wie wir alle wissen, ist das Unsinn. Wir fühlen uns nicht besser. Und das liegt an der Kritik, mit der wir uns bei diesem Verfahren überziehen.

Schon an der Behauptung, der Einsatz von Schaumstoffschlägern (oder einem Paargespräch mit viel Kritik) führe dazu, dass wir *Gefühle rauslassen*, sind zumindest Fragezeichen angebracht. Gefühle sind das, was Menschen miteinander verbindet. *Liebe. Freude. Wertschätzung.*

Affekte dagegen trennen Menschen voneinander: *Wut, Neid, Ärger.* Affekte führen in einer Partnerschaft zu Distanz. Mehr Nähe, mehr Verbundenheit kommt dabei nicht heraus. Das ist auch den Paaren mit den Schaumstoffschlägern bei Dr. Bach und seinen Anhängern so ergangen. Sie haben nicht etwa ihre Gefühle rausgelassen (Schatz, wie sehr ich die liebe!) – sie haben vielmehr ihre Affekte ausgelebt und einander bestätigt, wie sehr ihnen der jeweils andere auf die Nerven geht.

Eine kleine Geschichte der Paarberatung

Es waren in erster Linie Psychotherapeuten, oftmals Psychoanalytiker, die sich Ende der Sechzigerjahre und in den Siebzigern im deutschsprachigen Raum der Arbeit mit Paaren zuwandten und mit ihren Büchern einem breiten Publikum bekannt wurden. Einer der Ersten war Jürg Willi (Psychoanalytiker). Ihm folgten Michael Lukas Moeller (Psychoanalytiker) und Hans Jellouschek (Transaktionsanalytiker). Die Kolumne zur Liebe in der Wochenzeitung *Die Zeit* schreibt noch heute Wolfgang Schmidbauer (Psychoanalytiker). Und in der DDR war es der Hallenser Hans-Joachim Maaz (Psychoanalytiker).

Sie alle waren es gewohnt, sich als Therapeuten mit Störungen der menschlichen Psyche zu beschäftigen. Sie alle waren zudem auch Männer. Und sie alle sollten sich im Laufe der Zeit immer weiter von ihren Ursprüngen entfernen, weil die Dynamik einer Partnerschaft sich nicht mit Störungsbildern erklären ließ. Und schon gar nicht ließ sie sich verändern, indem man bei beiden Partnern die jeweilige Störung erhob und dann versuchte, sie zu beheben. Es brauchte ganz offensichtlich neue Ansätze – und die fanden sich mit der Zeit auch.

Jürg Willi orientierte sich mit zunehmender Erfahrung als Paartherapeut immer mehr an der Frage der menschlichen Entwicklung und wie sehr eine Partnerschaft die Entwicklung zweier Menschen fördern kann. Die Partnerschaft, von Paartherapeuten logischerweise als Problem wahrgenommen, erschien aus dieser Perspektive als eine große Bereicherung unseres Lebens. Das war eine für die Achtzigerjahre ungewöhnliche Perspektive. Die Scheidungszahlen stiegen unaufhörlich. Die Ehe befand sich (scheinbar) in einer tiefen Krise. Auf der Intensivstation. Jürg Willi schreckte das nicht. Wir werden diesem Blick auf die Liebe in Kapitel 12 wiederbegegnen.

Michael Lukas Moeller konzentrierte sich auf die Stärken der Psychotherapie im Dialog. Therapien sind ein dialogisches Verfahren, das sehr gutes Zuhören voraussetzt und eine große Menge an Verständnis für das Gegenüber erfordert. Der Analysant öffnet sich mehr und mehr und spricht über das, was sein Herz bewegt. Geheime Wünsche, Gefühle, die ihn bewegen und bewegten. Hoffnungen, die er hegt.

Michael Lukas Moeller fiel auf, wie wenig Paare noch miteinander sprachen, wenn sie erst einmal ein paar Jahre zusammen waren. Und wie wenig es dabei um die wirklich wichtigen Dinge ging. Diese Klage über die Sprachlosigkeit in Partnerschaften durchzieht auch dieses Buch, rund zwanzig Jahren nach dem Tod von Michael Lukas Moeller. Sprachlosigkeit. Beschweigen. Aneinander vorbeireden. Das alles findet sich heute wie ehedem.

Die Katzenfutterindustrie nutzte diese Fakten Anfang der Neunzigerjahre ganz ohne Skrupel und Bedauern für ihre Werbung. Mit dem Ehepartner würden sich Ehepaare nur zehn Minuten am Tag beschäftigen – mit ihrer Katze hingegen deutlich mehr. *Glückliche Katzen.*

Aus der Kritik an der Sprachlosigkeit in langjährigen Partnerschaften entwickelte Michael Lukas Moeller sein Konzept der *Zwiegespräche,* bei denen stets nur einer redet – der oder die andere hört aufmerksam zu. Dann wechseln die Rollen. Der Nachteil dieses Konzepts: Es ist ein sehr künstliches Gesprächsverfahren, das in der Regel nur bei Paaren funktioniert, die sich schon viel mit psychologischen Fragen beschäftigt haben. Oder die therapieerfahren sind.

Input in Sachen Liebe

Paarberatung wird von vielen therapeutischen Schulen sehr unterschiedlich verstanden. Traditionell wird sie im deutschsprachigen Raum als Paartherapie bezeichnet, auch wenn sie das in den meisten Fällen gar nicht ist. Ich selber nenne eine Paarberatung gerne auch ganz einfach *Input*. Menschen, die zu mir in die Beratung kommen, lernen etwas über die Liebe. Sie haben eine Vorstellung von der Liebe und den Regeln, denen sie folgt – nun lernen sie eine andere Sichtweise kennen, eine Sichtweise, die auf Fakten basiert, auf wissenschaftlichen Studien und auf Erfahrungen in der Beratung.

Sie lernen zudem auch einiges über sich selber. Über ihren Charakter und über die Folgen, die er für eine Partnerschaft hat. Selbsterkenntnis zu fördern, dieses Vorgehen kommt ebenfalls aus dem Bereich der Psychotherapie. Es folgt dem bekannten Leitspruch »Erkenne dich selbst«. Außerdem bringen wir alle aus unseren Herkunftsfamilien Erkenntnisse in Sachen Liebe mit. Mit unseren Eltern haben wir alle ganz praktische Erfahrungen mit der Liebe gesammelt. Die nehmen wir dann später in Beziehungen mit und wenden sie dort an. Dieser Vorgang ist uns nicht bewusst. Wir glauben, dass wir das Elternhaus hinter uns lassen. Doch das stimmt nicht. Wir nehmen es mit, egal, wohin wir auch gehen.

Moderne Paarberatung

Lassen wir die Schaumstoffschläger des Dr. Bach ebenso hinter uns wie die psychoanalytisch geprägten ersten Schritte deutscher Paartherapeuten und schauen wir, wie moderne Paarberatungen vorgehen. Wer sich auf dem Buchmarkt umschaut, dem wird auffallen, dass die bekannten Paarexperten derzeit gar keine Experten sind. Sondern Expertinnen. Stefanie Stahl (Trier) steht schon seit Jahren mit ihren Büchern in den Bestsellerlisten. Auch Ann-Marlene Hennig (Hamburg) kennen als Sexologin und Paartherapeutin viele durch ihr Format *Make Love*, das es als Buch und als Fernsehsendung gibt. In den USA hat es einen ähnlichen Schwenk hin zu einer deutlich weiblicheren Riege an Paarexperten gegeben: Terri Orbuch, Michele Weiner-Davis, Sue Johnson – um drei der wichtigsten zu nennen. Das Metier ist weiblicher geworden. Und das ist ein Glück.

Wer heute in eine Paarberatung kommt, dem kann es passieren, dass er (oder sie) im Verlauf der Beratung ein Blatt Papier in die Hand gedrückt bekommt, auf dem zahlreiche Emotionen verzeichnet sind. Die Streits von Gaby und Michael im letzten Kapitel rufen geradezu nach so einem Vorgehen. Die beiden haben keine Ahnung, warum sie sich so heftig streiten. Das liegt ursächlich ganz ohne jeden Zweifel an dem großen Mangel an Positivität, mit dem die beiden schon seit Längerem leben müssen. Es liegt aber auch an den Gefühlen, die ihren Streiten vorausgehen. Und daran, dass sie sich diese Gefühle sehr konsequent weder bewusst machen noch gar darüber reden. Sie werden beschwiegen.

Gaby und Michael halten sich nicht an die Regel: *Es geht immer um die Gefühle der Beteiligten.* Das Blatt, das ein Paarberater nutzt, der von John Gottman und Julie Schwartz Gottman ausgebildet wurde, enthält eine Liste mit Emotionen. In der Beratung müsste Michael sich jetzt an den letzten Streit mit Gaby erinnern (was ganz einfach ist – er war vorgestern), und dann müsste er all die Gefühle durchgehen, die sich auf der Liste befinden, und müsste sagen, welche davon er empfunden hat, als Gaby ihn darauf angesprochen hat, dass »schon wieder« ihr Lieblingsjoghurt fehlte, nachdem er den Einkauf erledigt hatte.

Gespräche zwischen Gaby und Michael drehen sich in manchen Wochen von Montag bis Samstag nur und ausschließlich um die To-do-Listen der beiden. Darum, wie sie sich fühlen, geht es viel zu selten. Also geraten sie aneinander. Wie hat Michael sich gefühlt, als Gaby angemerkt hat, dass »schon wieder« ihr Joghurt fehlt. Auf der Liste von John Gottman stehen viele Möglichkeiten. Er hat sich *nicht gewertschätzt* gefühlt. *Kritisiert. Schlechtgemacht.*

Nach und nach benennt Michael alle seine Gefühle. Derweil muss Gaby zuhören. Langsam wird ihr klarer, warum ihre Bemerkung nicht dazu geführt hat, dass er sich ihr zugewandt hat. Stattdessen hat er sie seinerseits kritisiert. Lassen Sie mich nun doch noch einmal auf die Schaumstoffschläger des Dr. Bach zurückkommen. Geht es Ihnen wie mir, dass Sie den Disput der beiden wie einen Schlagabtausch ohne Schaumstoffschläger erleben? Es wird verbal zugeschlagen. Keiner der beiden fühlt sich anschließend besser.

Die Perspektive der Partnerin

Bisher haben wir den Konflikt von Michael und Gaby aus der Sicht von Michael betrachtet. Die Frage war: Wie hat er sich gefühlt? Doch das ist nur der Anfang. Hat Michael seine Gefühle benannt, ist Gaby an der Reihe. Wie hat sie sich gefühlt, als wieder einmal ihr Lieblingsjoghurt fehlte? Die einfache Antwort auf diese Frage ist: schlecht. Aber wir wollen es uns ja nicht einfach machen, sondern wüssten es gerne ganz genau.

Das Feierabendbier für Michael war mit dabei beim Einkauf. Auch an Brot, Milch und Bananen hatte er gedacht. Sie ist froh, dass er sich gekümmert hat. Auch an die Gummibärchen für die Kinder hat er gedacht. Ihr Joghurt aber hat gefehlt. Das fühlt sich nicht gut an. Sie fühlt sich *nicht gesehen. Unwichtig. Missachtet.*

Michael schaut ein wenig erschrocken, als Gaby ihre Gefühle benennt. »Oh, tut mir leid«, sagt er. Und Gabys Gesicht entspannt sich. Ihre Gefühle sind sich im Beratungsraum der Paarberatung begegnet. Immerhin. Das ist ein Anfang. Auch die Entschuldigung von Michael war vorbildlich. Wir wollen den anderen ja gar nicht verletzen. Also sollte es uns auch leidtun, wenn es doch passiert.

Nicht nur bei John Gottmans Form der Paarberatung geht es sehr häufig um die Gefühle der beiden Partner. Heutige Paartherapien und -beratungen fokussieren in erster Linie auf die Gefühle und setzen darauf, dass die Beteiligten lernen, sie wahrzunehmen und angemessen auszudrücken. In den letzten Jahren wurde diese Sicht in Deutschland verstärkt durch die Emotionsfokussierte Paartherapie (EFT) nach Sue Johnson vertreten, die zunehmend bekannter und beliebter wird.

Bridging the Couple Chasm

John Gottman möchte gerne eine Brücke schlagen, die hilft, die Kluft zwischen den Partnern zu überwinden. *Bridging the Couple Chasm* heißt die Einführung in die Paarberatung, die John Gottman zusammen mit seiner Frau Julie Schwartz Gottman nach vielen Jahren der Forschung entwickelt hat. Er ist der Forscher – sie die versierte Therapeutin.

Das mit der Brücke ist ein schönes Bild – und doch halte ich persönlich das »bridging« von John Gottman und Julie Schwartz Gottman nicht für das eigentliche Ziel einer Paarberatung. Sie soll, wann immer möglich, dazu beitragen, dass Paare, die sich voneinander entfernt haben, wieder zueinanderfinden. Einverstanden. Die Frage ist allerdings: Wie oft ist das möglich? Lässt sich wirklich jeder Paarkonflikt durch eine geschickte Beratung oder eine geeignete Therapie beilegen und das Paar bleibt zusammen?

Die Antwort auf diese Frage lautet: *Nein. Das ist nicht realistisch.* Paare, die eine Paarberatung aufsuchen, kommen im Durchschnitt etwa sechs Jahre nach Beginn der Krise. Das ist der erste Grund, der die Erfolgsquote einer Paarberatung, gemessen an der Frage, ob Paare zusammenbleiben, niedrig ausfallen lässt. Manche Paare kommen vier Jahre nach Beginn ihrer Krise. Andere erst nach zehn Jahren. Nach so vielen Jahren der vergeblichen Bemühung, Probleme zu lösen und einander wieder näherzukommen, sind beide Partner ermüdet, verletzt und erschöpft. Daran kann die beste Beratung oft nichts mehr ändern.

Helfen kann eine Beratung diesen Paaren trotzdem. Sie kann dazu beitragen, dass sie möglichst friedlich auseinandergehen.

Die Hälfte bleibt zusammen – die Hälfte geht auseinander

Die Erfolgsquote von Paarberatungen und -therapien beträgt, misst man sie an der Frage, ob Paare zusammenbleiben, rund fünfzig Prozent. Die Hälfte bleibt zusammen. Die andere Hälfte geht auseinander. Das ist auch bei mir so. In einer Studie, die Jürg Willi durchgeführt hat, haben sich acht Prozent der Paare schon vor der Paarberatung getrennt. Sie kommen, um ihren Entschluss noch einmal zu überdenken. Und sie kommen, um zu verstehen, warum sie gescheitert sind. Achtzehn Prozent waren bei Therapieende getrennt, und 21 Prozent trennten sich bald nach deren Ende.

Aber ist es wirklich angemessen, den Erfolg einer Paarberatung daran zu messen, ob das Paar anschließend in der Lage ist, glücklich zusammenzubleiben? Ich neige dazu, auf diese Frage mit einem klaren *Nein* zu antworten. Wichtiger als die Antwort selber ist allerdings die Begründung hierfür. Sie hat drei Teile.

Erstens: Zu kaum einer Zeit sind Menschen so sehr unter Druck und auch so bedürftig wie während der Zeit einer schweren Beziehungskrise. Ihnen in einer schwierigen Zeit emotionalen Rückhalt zu geben, ist an sich schon eine enorme Hilfe. Das ist auch dann so, wenn aus der Krise des Paares eine Trennung wird. Keine Brücke. Keine Kluft, die sich verringern lässt. Sondern: Cut.

Eine langjährige Beziehung zu verlieren ist für viele Menschen ein traumatisches Erlebnis. Oft bricht dabei auch ihre Familie auseinander. Manche verlieren dabei zudem noch das gemeinsam gebaute Haus. Angesichts dieses mehrfachen Verlustes brauchen sie Unterstützung. Rückhalt. Das Risiko, zumindest für eine Weile aus dem Tritt zu geraten, ist für die meisten Menschen sehr hoch. Trennungen ziehen in vielen Fällen gesundheitliche wie psychische Probleme nach sich.

Zweitens: Viele Paare, die in eine Ehekrise geraten, befinden sich zum ersten Mal in dieser Lage. Sie machen Fehler. Klar. Woher auch sollen sie wissen, was jetzt zu tun ist? Sie sind mit Fragen konfrontiert, die sich ihnen noch nie gestellt haben. Sie müssen mit der Untreue eines Partners oder einer Partnerin zurechtkommen. Sie versuchen, mit immer neuen Aussprachen den Trennungswilligen von seinem Vorhaben abzubringen. Sie sind so hilflos und so wütend, dass sie sich nur noch angiften. *Nicht hilfreich.*

Kommt ein Paar in die Beratung, dann hat es die Möglichkeit, mit jemandem zu reden, der schon Hunderte von schweren Ehekrisen erlebt hat. In der Beratung sehe ich immer wieder, wie hilflos sowohl das familiäre Umfeld wie auch die Freunde auf eine Ehekrise reagieren. Sie schlagen sich bevorzugt auf eine Seite. Der andere ist schuld. Damit gießen sie – leider – noch zusätzliches Öl ins Feuer. *Nicht hilfreich.*

Kommt ein Paar zu mir in die Beratung, halte ich mich stets in der Mitte zwischen den beiden. Jeder von ihnen möchte, dass der andere schuld ist an den Problemen. Bei mir bekommt keiner der beiden, was er sich wünscht. Und keiner bekommt die *Schuld* zugewiesen. Allerdings bekommen beide ihren Anteil an *Verantwortung* für die Krise. Wie hoch der ist? Es ist immer die gleiche Zahl: *fünfzig Prozent.* Das ist eine Zumutung für beide Partner, ist doch jeder und jede davon überzeugt, dass der eigene Anteil zwischen null und zehn Prozent liegt. Den Rest soll bitte der andere übernehmen. *Sie hat eine schwere Borderline-Störung. Er ist ein Narzisst. Sie ist toxisch. Er ist bindungsgestört.* So einfach ist die Welt der Schuldzuweisung. *Nicht hilfreich.*

Beide Partner müssen mit der Zeit akzeptieren, dass ihr persönlicher Anteil an der Krise fünfzig Prozent beträgt. Ist einer der Partner dazu nicht bereit oder in der Lage, dann scheitert die Beratung. Und das Paar geht auseinander. Dabei spielt es keine Rolle, ob er zu dem Schluss gekommen ist, dass sie eine schwere psychische Störung hat, oder ob sie erkannt hat, dass er Narzisst ist. Diese Formen der Diagnose sind Teil des Problems. Sie machen den anderen für das Scheitern der Beziehung verantwortlich. Unser Ego liebt solche Erklärungen.

Beide Partner irren nicht nur – beide haben auch ganz offenkundig recht. Die Vorwürfe der einen Seite treffen ebenso zu wie die Vorwürfe der anderen. Es ist so wie in der bekannten Geschichte von dem Rabbi, zu dem eines Tages ein Mann kommt, um sich über seine Frau zu beklagen. Der Rabbi sagt: »Du hast recht!« Zufrieden kehrt der Mann zu seiner Frau zurück und hält ihr vor: »Der Rabbi sagt, ich habe recht.« Dann begibt sich die Frau zum Rabbi und klagt über ihren Mann. Der Rabbi sagt: »Du hast recht!« Diesmal ist es die Frau, die siegesgewiss nach Hause kommt und ihrem Mann erklärt, dass der Rabbi ihr recht gegeben habe. Das kann der Mann nicht auf sich sitzen lassen. Erbost kommt er ein weiteres Mal zum Rabbi und beklagt sich: »Zuerst sagst du, ich habe recht, und dann sagst du, sie hat recht?« Und der Rabbi antwortet: »Du hast recht!«

Schaut man genau hin, dann hat in der Tat der Rabbi drei Mal hintereinander ein sehr weises Urteil gesprochen. Beide Partner beklagen sich aus guten Gründen. Er. Und sie. Beide könnten sich auch fragen: Was habe ich beigetragen zu dem Schlamassel, in dem wir stecken? So ist es auch in der Beratungspraxis von Sandy in John Jay Osborns Roman *Liebe ist die beste Therapie*.

Liebe ist die beste Therapie

In Sandys Beratungspraxis gibt es vier Sessel. Drei sind von Ikea und werden von Sandy und den Paaren, die zu ihr kommen, genutzt. Der vierte ist ein alter viktorianischer Sessel mit einem auffallenden, grünen Bezug. Er bleibt stets leer. Auf den beiden Ikea-Sesseln sitzen in letzter Zeit Woche für Woche Charlotte und Steve, ein Paar, das schwere Eheprobleme hat und bereits getrennt lebt. Steve hat Charlotte zunächst betrogen (Fehler). Dann hat er sie über den Betrug belogen (noch ein Fehler). Damit hat Charlotte das Vertrauen und den Respekt vor Steve verloren (verständlich). Sie hat sich getrennt und umgehend in die Arme eines verheirateten Kollegen geflüchtet. Verständlich – aber schon wieder ein Fehler. Ob Steve und Charlotte als Paar noch eine Chance haben?

Gute Frage. »Die Chancen stehen eins zu tausend«, sagt Paartherapeutin Sandy. Steve sackt nach diesen Worten in sich zusammen. So schwer hatte es sich der erfolgsgewohnte Mittdreißiger nicht vorgestellt, einen Rettungsversuch zu unternehmen. Das ist der Plot in John Jay Osborns Roman *Liebe ist die beste Therapie*. Paarberatungspraxen mit drei Sesseln gibt es viele. Doch bei Sandy sind es vier. Für wen ist der vierte Sessel da? Immer wieder sitzen Charlotte und Steve hier (manchmal auch alleine, ohne den anderen) und schauen auf den vierten Sessel. Es dauert eine Weile bis Charlotte die Frage nach dem vierten Sessel stellt. »Da sitzt die Ehe«, sagt Sandy. Die Partnerschaft, die Liebe, die Ehe eines Paares – um sie geht es die ganze Zeit in einer Paarberatung. Für die Liebe geht es in einer Paarberatung oder Paartherapie um Leben und Tod.

Sich die Liebe zweier Menschen zueinander als ein eigenständiges Wesen vorzustellen, noch vor zwei Jahrzehnten wäre diese Vorstellung vielen Therapeutinnen und Beratern als sehr esoterisch erschienen. Doch das ist sie nicht. Zwei Menschen sind zwei einzigartige Individuen, die es so auf diesem Planeten kein zweites Mal gibt. Führen zwei Menschen eine Partnerschaft, dann gilt für die Beziehung ebenfalls das Gesetz der Einzigartigkeit. Die Art, wie sie miteinander reden, lachen, sich streiten und versöhnen – das alles ist einmalig. John Gottman spricht bei einem Paar gerne von dem *Wir*, das sie herausbilden.

Die Gefühle, die ein Paar miteinander verbinden, sind wie ein einzigartiges Wesen. Geht die Liebe eines Paares zu Ende, dann stirbt das *Wir*. Beide Partner empfinden das mehr oder weniger intensiv. Sie können sich neu binden, können eine neue Liebe finden mit einem neuen Partner. Sie können das aber nur um einen Preis: den Tod der alten Liebe, der alten Partnerschaft.

Kommen Paare zu mir, dann stelle ich mir ihre Liebe manchmal als eine vierte Person vor. Die Frage lautet: Wie geht es ihr? Die Liebe von Paaren, die in die Beratung kommen, leidet beinahe immer an dem gleichen Problem: Unterernährung. Emotionale Unterernährung.

Oft ist die Liebe viel zu schwach, um mit eigener Kraft den Weg zum vierten Sessel zu finden. Man muss sie stützen, damit sie es schafft. Und mit leiser Stimme sagt sie:»Ich will nicht sterben!« In etwa der Hälfte der Beratungen bekommt die Liebe, was sie will. Das Paar bleibt zusammen. Es wendet sich wieder einander zu. Es sorgt für emotionale Zuwendung. Ebenfalls in der Hälfte der Fälle gelingt das nicht. Das Paar muss lernen, mit dem Sterben der Liebe zu leben. Und sich neu orientieren. Auf eine neue Liebe.

Drittens: Was ist nun das eigentliche Ziel der Beratung, wenn es doch so oft nicht möglich ist, die Beziehung zu erhalten? Für mich lautet das Ziel: Beide sollen profitieren. Sie sollen eine Erkenntnis mitnehmen, die ihnen hilft, ihre Lage besser zu verstehen. Sie sollen mit dem Gefühl hinausgehen, dass sie verstanden wurden. Und ich möchte, dass sie sich selber und ihre Konflikte besser verstehen. Schon das alleine führt zu einer Beruhigung der Lage. Es kann helfen, den Kreislauf an Vorwürfen und Gegenvorwürfen zu unterbrechen.

Begleite ich das Paar am Ende der Sitzung zur Tür, dann weiß ich sehr genau, ob es von der Beratung profitieren konnte. Das ist beinahe immer der Fall. Gibt es Ausnahmen? Ja, die gibt es. Etwa drei Mal im Jahr verlässt ein Paar meine Praxis, und einer von beiden oder beide Partner konnten erkennbar nicht profitieren. Das ist eine sehr kleine Zahl. Gemessen an der Frage »Konnte das Paar profitieren?« ist Paarberatung ein sehr erfolgreiches Verfahren. Die Erfolgsquote beträgt nach meiner Erfahrung über 95 Prozent.

Zu einem ähnlich guten Ergebnis kommt auch die Forschung. In seinem letzten großen Buch über die Liebe (*Psychologie der Liebe. Persönliche Entwicklung durch Partnerbeziehungen*) hat Jürg Willi eine eigene Studie zu dieser Frage vorgestellt. Sein Resümee nach der Auswertung von 96 Paartherapien durch eine Jahre später erfolgte Befragung: »Paartherapie scheint eine besonders wirksame Form der Kurzzeittherapie zu sein.« Er kam in seiner Studie immerhin auf achtzig Prozent von Ratsuchenden, die der Überzeugung waren, von der Beratung profitiert zu haben.

Die Singleberatung als Paarberatung

Zum Schluss noch ein Wort zu den Singles. Auch sie kommen mehr und mehr in die Beratung, um einen Weg zu einer besseren Partnerschaft zu finden. Wer wieder Single wird, der geht in eine Singleberatung, um herauszufinden, was er beim nächsten Sprung in das Abenteuer der Liebe anders machen kann. Drei Kinder bekommen, ein Haus gebaut, Ehe ist gescheitert – das ist kein Spaß und wirft seinen Schatten auf zukünftige Versuche mit der Liebe. Er will lernen – aus den Fehlern der ersten Runde. Für die zweite Runde.

Er will lernen? Vielleicht wäre es ehrlicher, an dieser Stelle zu schreiben, *sie* will lernen. Aus den Niederlagen in der Liebe für die Zukunft zu lernen, dazu haben Frauen nach wie vor die deutlich höhere Bereitschaft als Männer. Daran wird sich im 21. Jahrhundert aller Wahrscheinlichkeit nach nichts ändern. Frauen werden für die nötigen Veränderungen sorgen. Tun sie es nicht, dann tut es keiner.

Manchmal geht es in der Singleberatung noch um den letzten Rest von Liebeskummer, der vom letzten Versuch in Sachen Liebe noch übrig geblieben ist. Oft geht es um die Lehren, die aus der letzten Niederlage in der Liebe gezogen werden müssen, bevor der Mut zu einer neuen Beziehung wächst. Auch die anderen Teile einer Paarberatung finden sich hier in der Singleberatung wieder: die Selbsterkenntnis, die Beschäftigung mit dem eigenen Charakter. Allerdings geht es hier auch um eine Frage, die in der Paarberatung keine so große Rolle spielt, denn in der Singleberatung ist die alles entscheidende Frage: Wer passt denn nun wirklich zu mir?

Halten wir fest

- Partnerschaft ist ohne Probleme nicht zu bekommen. Eine langjährige Liebe ist ohne Krisen nicht zu haben. Das sind die Kernsätze, die wir über die Liebe lernen müssen. Auch das Kino, das

Feuilleton und die Literatur sollten lernen, dass Ehekrisen völlig normal sind. Und was es braucht, um sie zu bewältigen.

- Eine Liebe, die unter die Räder kommt, Sex, der lustlos und selten wird – die moderne Ehe hat eine durchschnittliche Haltbarkeit von rund fünfzehn Jahren. Dann sind beide Partner um eine Erfahrung reicher. Und wieder Single. Das hat Folgen. Anders als frühere Generationen versuchen Paare heute, das Scheitern ihrer Ehe durch professionelle Beratung abzuwenden. Das hat sich als sehr hilfreich erwiesen.

- Im 21. Jahrhundert wird psychologisches Wissen noch leichter verfügbar sein. Eine große Zahl von Blogs bietet heute Rat und Lebenshilfe im Internet an. In den USA versuchen Startups jungen Liebenden mit Liebes-Apps den Zugang zu validem Wissen zu erleichtern. Wissenschaftlich fundierte Beratungsangebote wie zum Beispiel ETF (Emotionsfokussierte Therapie) erleichtern all denen das Leben, die in einer schwierigen Situation nach Hilfe suchen. Das alles wird Ehen nicht in jedem Fall retten können.

- Sechs Jahre nach Ausbruch einer Krise erst eine Beratung zu suchen – das sollte zum Lieblingsthema der deutschen Presse werden (statt der derzeitigen Obsession, was polyamore Beziehungen angeht). Warum fahren wir in die Werkstatt, wenn der Auspuff knattert, weigern uns aber beharrlich, uns Rat und Unterstützung zu holen, wenn die Partnerschaft in eine Schieflage gerät?

»Eine Partnerschaft darf sich gut anfühlen.«

Die Psychologin Diana Boettcher (43) berät in Berlin Paare bei Konflikten (www.diana-boettcher.de). Sie hat eine Ausbildung in Emotionsfokussierter Paartherapie (EFT) absolviert und findet, dass wir sehr viel mehr aus unseren Beziehungen machen können.

Wie bist du zur Emotionsfokussierten Paartherapie gekommen?
Ich habe in meiner Bachelorarbeit zu problematischen Paarbeziehungen geforscht. Dabei kam ich auch auf die Emotionsfokussierte Paartherapie. Dieses Verfahren ist wissenschaftlich gut überprüft und derzeit die erfolgreichste Methode, Paaren dabei zu helfen, eine sichere emotionale Beziehung zu gestalten. Das hat mich überzeugt. Ich hatte vorher schon eine Ausbildung in systemischer Beratung und habe vor meinem Psychologiestudium als Diplom-Sozialpädagogin für verschiedene Beratungsstellen und Jugendämter gearbeitet. Die Beschäftigung mit der Paartherapie hat mich sehr fasziniert. Mir war bald klar, dass ich das gerne hauptberuflich machen möchte.

Was ist die Besonderheit von EFT?
EFT schaut auf die Bindung des Paares. Wenn es einem Paar nicht gut geht, dann hat das mit der Bindung aneinander zu tun. Oft bringt einer der Partner oder aber beide ein unsicheres Bindungsmuster aus der Kindheit mit. Menschen mit unsicheren Bindungsmustern neigen eher dazu, in schwierigen Paarsituationen überzureagieren. Dann bringt es nichts, wenn man einem Paar empfiehlt, doch mehr »vernünftig« miteinander zu reden – es hilft ihnen nicht, weil sie nicht wissen, wohin mit den starken Emotionen, die dann doch ungeplant auftauchen.

Reden wird ja oft als eine Lösung bei Paarproblemen empfohlen. Wenn wir uns dabei wortreich erklären oder mit dem anderen disku-

tieren, führt das aber nicht unbedingt zu mehr Verständnis. Kannst du mal an einem Beispiel erläutern, wie EFT stattdessen vorgeht?
Gerne. Der Mann hat die Spülmaschine nicht ausgeräumt, seine Frau spricht ihn darauf an. Sie ist ungehalten, denn das passiert öfter. Solche Situationen eskalieren oft bei Paaren. In der Beratung fragen wir dann, welche Gefühle die Frau bewegt haben. Sie hat sich im Stich gelassen gefühlt. Und das ist bei ihr ein ganz wunder Punkt. Es triggert sie an.

Weil sie das aus der Kindheit kennt.
Ja. Sie kennt das Gefühl, sich auf wichtige Bindungspersonen, wie ihre Eltern damals, nicht zu hundert Prozent verlassen zu können.
Der Mann wiederum merkt, dass es nicht einfach nur um die Spülmaschine geht – und er versucht sich zu verteidigen. Auch bei ihm kommen unangenehme Gefühle hoch. Er will keinen Streit – und macht dicht. Er ignoriert seine Frau. Und so verliert das Paar die Verbindung zueinander. Die lässt sich wiederherstellen – wenn die Gefühle, die beide beschäftigt haben, offen besprochen werden. Es geht im Kern also nicht um die Spülmaschine, die nicht ausgeräumt wurde.

Es geht um die Gefühle der Beteiligten.
Genau. Der Frau ging es nicht gut, als sie sah, dass er die Spülmaschine wieder nicht ausgeräumt hatte. Das sollte sie dann auch sagen. Sie sollte ihre Gefühle benennen – und die sind in der Situation meistens: sich alleingelassen fühlen, überfordert sein, nicht gesehen werden. All das macht sie tief im Innern eigentlich traurig. Sie folgert unbewusst, dass sie nicht wichtig für ihren Partner ist. Im Streit mit ihm kommen aber nur ihre Gefühle der Wut und des Ärgers zum Vorschein. Ihr Mann sieht, dass sie ihm gegenüber ungehalten ist und ihn kritisiert und Vorwürfe macht.
Wut fühlt sich für viele Menschen besser an. Sie halten sie für ein kräftiges Gefühl. Und Trauer für ein schwaches. Dabei reagieren Menschen auf Trauer beim Gegenüber in der Regel viel positiver als auf Wut.

Kommen wir zu seiner Sicht und zu seinen Gefühlen.
Der Mann weiß nicht, was er tun kann, deshalb verschließt er sich. Wie fühlt sich das an? Er könnte sagen:»Ich weiß nicht, was ich tun kann, um dich zu erreichen.« Wir leiten Paare in den Sitzungen an, so miteinander zu sprechen. Sie sollen diese Gefühle zulassen. Und sie aussprechen.

Mit welchen Problemen kommen Paare üblicherweise zu dir in die Paartherapie?
An erster Stelle kommen sie mit Konflikten. Sie streiten sich oft, und das macht sie unglücklich. Manchmal spüren sie auch nur, dass die Nähe zueinander abnimmt. An dritter Stelle stehen Affären. Sie kommen auch immer wieder vor.

Viele unglückliche Paare kritisieren sich nach meiner Beobachtung sehr häufig.
In der Emotionsfokussierten Paartherapie sehen wir Kritik als einen Hilferuf an, der nicht funktioniert. In dem Beispiel mit der Spülmaschine zieht sich der Mann zurück, die Frau will aber etwas klären. Das nennen wir ein Verfolger-Rückzügler-Muster. Verfolger neigen zu Kritik. Rückzügler zu Ignoranz. Durch diese Interaktion eskaliert der Konflikt.
Wer den anderen anschreit, der hat oft Angst. Zum Beispiel Angst, verlassen zu werden. Hinter der Ignoranz des Partners versteckt sich meistens eine Traurigkeit darüber, nicht geliebt zu werden, und damit auch die Angst davor, die Beziehung zu verlieren. Hier hilft es nur, über diese Ängste zu sprechen.

Viele Paare kommen zu spät in eine Beratung oder Therapie. Was muss sich da ändern?
Wir müssen lernen, dass es in einer Partnerschaft um Bindung geht und um das damit verbundene Bindungsbedürfnis. Wenn eine Be-

ziehung mit der Zeit schwieriger wird und wir uns mit dem anderen weniger verbunden fühlen, fangen wir an, uns vom anderen emotional unabhängiger zu machen, und passen uns dadurch an einen Mangelzustand in dieser Beziehung an. Das Bedürfnis nach einer sicheren Bindung wird dann nicht gelebt. Viele Paare halten sich mit dem Glaubenssatz über Wasser: Keine Beziehung ist perfekt.

Was ja stimmt.
Ja, das stimmt. Aber viele Menschen leben in sehr unzufriedenen Beziehungen und das über sehr viele Jahre.
Ich sage dann gerne: Eine Partnerschaft darf sich auch gut anfühlen. Wir sollten uns nicht über lange Zeit mit zu wenig zufriedengeben. Niemandem ist damit gedient, den beiden Partnern nicht und auch den Kindern nicht. Wer keine Trennung will, der sollte lieber etwas dafür tun, dass seine Beziehung sich sehr gut anfühlt. Und er sollte nicht warten, bis sich die Konflikte oder die mangelnde Nähe zu einer Ehekrise entwickelt haben.

Arbeitest du als Therapeutin auch über Zoom?
Ja. Das hat ja auch Vorteile. Ich habe zum Beispiel ein Paar, das in Jerusalem wohnt und das ich berate. Das funktioniert sehr gut. Für die Paare macht es oft keinen so großen Unterschied, ob man sich persönlich sieht oder nicht – für mich als Therapeutin aber schon. Man nimmt etwas weniger wahr. Zum Beispiel sieht man aufgrund des Bildausschnittes nicht, was die Hände machen. Spielt jemand nervös mit seinen Fingern, ist das ein Zeichen, dass ihm das Sprechen über dieses Thema schwerfällt, obwohl er sehr selbstbewusst erzählt. Das sind wichtige Hinweise für mich als Therapeutin, um hier noch genauer nachzufragen. Wenn ich die Wahl habe, dann arbeite ich lieber persönlich.

7. Berühren

Warum kein Sex auch keine Lösung ist

Die Forschungslage ist eindeutig: Paare, die häufig Sex haben, sind glücklicher als Paare, die nur selten körperlich zueinander finden. Das alleine überrascht schon viele Paare. Eher wenige moderne Paare glauben, dass die Häufigkeit ihrer Sexualität einen Einfluss auf ihre Zufriedenheit miteinander haben könnte. Die Sexualität in Partnerschaften wird in westlichen Staaten schon seit Jahren seltener. Stattdessen werden Pornos konsumiert und es wird auf Handarbeit umgestellt. Solosex ist bequemer. Stärkt die Partnerschaft aber nicht.

Sex macht Menschen Spaß. Doch dafür alleine ist er ganz offensichtlich nicht da. Er macht Paare auch glücklich und zufrieden miteinander. Der Spaß, den sie beim Sex haben, dient also möglicherweise in erster Linie ihrer Bindung aneinander.

Das hat Folgen, Folgen vor allem für die Zufriedenheit von Paaren, wenn der Sex selten wird. Oder wenn er gar ganz verschwindet. Schauen wir mal, wie sich häufiger oder seltener Sex auf die Zufriedenheit mit der Partnerschaft auswirken.

The Good, the Bad and the Ugly

The Good. Paare, die drei- bis viermal in der Woche Sex haben, sind in der Regel sehr zufrieden miteinander.

The Bad. Sinkt die Häufigkeit auf drei- bis viermal im Monat, dann sinkt damit auch die Zufriedenheit von Paaren. Sie sind nur noch unterdurchschnittlich zufrieden mit ihrer Beziehung. Das ist schlecht für ihre Bindung aneinander.

Geht es noch seltener als drei- bis viermal im Monat?

Die Antwort auf diese Frage heißt leider – ja!

The Ugly. Manche Paare suchen nur noch drei- bis viermal im Quartal die körperliche Begegnung. Eine so seltene Sexualität geht in der Regel mit sehr niedrigen Werten der Zufriedenheit mit der Partnerschaft einher. Wir sind jetzt bereits an der Schmerzgrenze. Es tut weh, so selten gewollt und so selten gemocht zu werden.

Viele Paare, die zu mir in die Beratung kommen, befinden sich bereits an diesem Punkt. Sie empfinden sowohl die Beziehung als schlecht als auch die gemeinsame Sexualität. Das Gefühl, in der falschen Beziehung zu sein, geht bei den allermeisten Paaren mit einer seltenen oder sehr seltenen Sexualität einher. Die seltene körperliche Zuwendung alleine vermag viele Menschen schon unglücklich zu machen.

Häufiger Sex macht Paare glücklich miteinander und stimmt sie weicher. Das ist wichtig bei Konflikten. Kein Wunder – bei den vielen Hormonen, die mit der Sexualität einhergehen.

Leider kann der Sex eines Paares noch seltener werden als drei- bis viermal im Quartal. Einmal im Quartal ist auch eine Möglichkeit. Ich nenne das dann ganz salopp Quartalssex. Manchmal versiegt die sexuelle Zuwendung auch völlig, was das Ausmaß der Unzufriedenheit weiter vergrößert.

Warum haben Menschen so viel Sex?

Zum einen führt die Sexualität beim Menschen zur Ausschüttung von Bindungshormonen. Sexualität geht bei uns in der Regel mit Gefühlen einher. Angenehmen Gefühlen. Bindungsgefühlen. Wir fühlen uns aufgehoben und geborgen. Und genau das fehlt den allermeisten Paaren, die nur noch einmal im Quartal Sex haben. Ihnen fehlt es, sich aufgehoben zu fühlen. Ihnen fehlt Geborgenheit.

Das ist nach Auffassung des Sexualtherapeuten Dr. Christoph Joseph Ahlers von der Berliner Charité eine der wichtigsten Funktionen der menschlichen Sexualität. »Wir fühlen uns angenommen. Wir wissen: Hier gehöre ich hin.« Deshalb spricht Ahlers auch gerne davon, dass Sexualität für uns so etwas wie *Heimat* bedeutet.

Heimat – das ist ein starkes Wort, aber in einer Zeit, in der Menschen mal in Hamburg wohnen, dann für drei Monate in Singapur und schließlich für einige Jahre in München, ist das Wort »Heimat« für die Sexualität in der Partnerschaft und für das Gefühl von Angenommenwerden in meinen Augen sehr passend.

Sex als Kommunikation

Sexualität ist für Ahlers weit mehr als eine körperliche Betätigung, die Menschen *Spaß* macht. Dazu reicht sie viel zu tief ins menschliche Gefühlsleben hinein. »Sexualität ist die intimste Form menschlicher Kommunikation«, sagt der Sexualtherapeut. Das ist ein Aspekt, der beim Sex gerne übersehen wird. Hier geht es um Geben und Nehmen. Wir können einfühlsam auf die Signale des anderen eingehen – und er ist glücklich. Gelingt das beiden Partnern, dann sind beide glücklich – und genießen den Sex.

Sex ist also kommunikativ. Er ist zudem eine Form der Kommunikation, die weitaus älter ist als die menschliche Sprache. Wenn wir sprechen, dann nutzen wir dafür Teile des Gehirns, die in der Geschichte des Menschen relativ jung sind. Sie sind im Großhirn angesiedelt. Die Forschung ist sich nicht sicher, ob es menschliche Sprache in der heutigen Form vor 100 000 Jahren überhaupt schon gab.

Beim Sex aber geht es tief hinein ins limbische System, das unterhalb des Großhirns liegt. Dort werden unsere Gefühle gesteuert. Die menschliche Form der Sexualität ist Millionen Jahre alt. Sich körperlich zu lieben ist für Menschen deshalb ein grundsätzlich anderer Vorgang, als »Ich liebe dich« zu sagen.

Noch nie hat mir ein Single von Gefühlen wie *Heimat* oder *Geborgenheit* beim Gelegenheitssex berichtet. Sex mit *irgendeinem* Sexualpartner ist also ganz offensichtlich nicht dasselbe wie Sex mit dem Partner, mit dem wir Tisch und Bett teilen, den wir kennen, dem wir vertrauen und auf den wir uns verlassen können. Hier gibt es *Geborgenheit*. Und *Heimat*. Beim Gelegenheitssex nicht.

Sex tut uns also gut, stärkt die Partnerschaft (das Immunsystem übrigens auch) und gibt uns Geborgenheit. Umso bedauerlicher ist es, dass Sex bei vielen Paaren seltener wird. Die Wissenschaft sieht eine abnehmende Tendenz für die Häufigkeit von partnerschaftlicher Sexualität. Warum ist das so?

Abendliches Zusammentreffen – auf dem Sofa

Noch ein wenig auf dem Sofa gemütlich aneinanderkuscheln und dann ab ins Bett – und dort weitermachen? Von wegen! Bei vielen Paaren kann davon keine Rede sein. So kam die Forschung vor einigen Jahren einem verstörenden Phänomen auf die Spur. Immer mehr junge Paare zwischen 25 und vierzig haben gar keinen Sex mehr. Oder fast keinen Sex. Ungalant wie sie sind, haben sich die Soziologen auch gleich ein passendes Kürzel für diese Paare ausgedacht: DINOS. Das steht für *Dobble Income – No Sex.*

Der Alltag von DINOS ist hektisch: Morgens hetzen sie aus dem Haus, nachdem sie sich vorher flüchtig geküsst haben. Wenn überhaupt. Dann verbringen sie den Tag bis spät abends bei ihren – sehr, sehr wichtigen! – Tätigkeiten. Er arbeitet heute nur bis 21 Uhr, ihr letzter Termin dagegen geht dann noch eine Stunde.

Das Sofa ist die tägliche Konstante der Beziehung von DINOS. Dort finden sich beide völlig erschöpft von ihrem Tag ein. Gibt es bei der Arbeit ein »sehr wichtiges Projekt« (und das ist oft der Fall), dann schreiben die beiden dort auf dem Sofa spätabends noch ihre letzten Mails. Und dann geht es ab ins Bett. Dort passiert dann – gar nichts. Klar. Nach so einem Tag!

Sex is a choice

DINOS haben aus einem ganz einfach Grund keinen Sex mehr: Sie haben schlicht *keine Zeit für die Liebe*. Weil alles andere wichtiger ist. Sex zu haben oder ihn nicht zu haben, das ist auch eine Frage der Entscheidungen, die wir treffen. *Sex is a choice*. Wir können uns die Zeit für ihn nehmen – wenn wir das wollen. Und wenn wir das nicht wollen, dann fällt er eben aus. Was nicht heißt, dass es für DINOS gar keinen Sex mehr gibt. Solosex haben sie durchaus – nur der partnerschaftliche Sex, der ist ihnen zu viel.

Sich Zeit nehmen für Sex, DINOS wollen das ganz offensichtlich nicht. Die Arbeit steht bei ihnen an allererster Stelle. Sie geht immer und in jedem Fall vor. Aber auch am Wochenende klappt es nicht mit dem Sex – denn nun wollen sie alles nachholen, wozu sie unter der Woche nicht gekommen sind. Die Freunde beschweren sich schon. Der Körper auch – er jammert nach Bewegung. Und wie die Wohnung wieder aussieht!

Am Wochenende wird also die Wohnung geputzt, eingekauft und Sport gemacht. Es werden Freunde getroffen, und abends wird ein Rockkonzert besucht. So ein Wochenende ist schnell vorbei, zumal beide noch ein paar Stündchen brauchen, um für die Woche vorzuarbeiten.

Ein Beziehungsmodell wie das der DINOS rächt sich nach einigen Jahren. *Kein Sex* lässt die Beziehung für eine Weile auf Sparflamme weiterlaufen. Auf Dauer aber ist *kein Sex* keine Lösung. Einer der beiden verliebt sich in jemand anderen. Die Leidenschaft, das Gefühl, gewollt und geborgen zu sein – das alles fehlte eben doch.

Und wie sieht es bei Paaren mit Kindern aus?

Nicht viel besser. Wieso auch? Hier ist ja noch mehr los als bei den DINOS. Ein Paar mit kleinen Kindern hat unentwegt Stress. Und in vielen Fällen hat es sogar Stress, wenn DINOS schon lange schlafen. Das Kind hat Fieber und hustet in der Nascht. Mal ist ein Kind krank und einer – zumeist die Frau – muss zuhause bleiben. Mal fordern die Berufe alle Kräfte, mal werden die eigenen Eltern krank und brauchen Hilfe. Und dann gibt es da noch die unendlich lange To-do-Liste.

Viele dieser Paare sprechen in einer Woche gerade einmal fünf bis zehn Minuten lang über persönliche Dinge. Natürlich reden diese Paare miteinander. Sie klären, wer den Einkauf macht und wer Lucia zum Flötenunterricht fährt. Aber darüber, wie es ihnen geht und was sie gerade beschäftigt, darüber sprechen sie nur sehr selten. Wenn es schlimm kommt, sind es nur fünf Minuten in der Woche.

Sie sehen, nicht nur *sex is a choice*, auch die tägliche Zuwendung zum anderen im Gespräch ist das Ergebnis einer Wahl. Einer Wahl mit Folgen. Das Gespräch ist die Grundlage für die Intimität eines Paares. Ohne das Gespräch geht die Intimität, die Vertrautheit mit dem anderen mit der Zeit verloren.

Glückliche Paare nehmen sich Zeit. Zeit füreinander. Zeit für die Sexualität. Sie machen die partnerschaftliche Sexualität zu einer Priorität. Lust auf Sex ist keine Selbstverständlichkeit, wenn wir stets unter beruflicher Anspannung stehen oder wenn Eltern mit kleinen Kindern dauerhaft an Übermüdung leiden. Wir müssen etwas dafür tun.

Nur fünf Minuten Zeit für das Gespräch in einer Woche – gut möglich, dass Sie sich das gar nicht vorstellen können. Man kann doch kein Paar sein, wenn man sich nur fünf Minuten Zeit füreinander nimmt! Ich sehe das genauso. Unglückliche Paare, wie ich sie in der Beratung zu sehen bekomme, leben oft so. Ihr Unglück wundert mich nicht. Sie nehmen sich schlicht keine Zeit mehr für die Liebe. Sie denken, dass es ohne persönliche Gespräche mit dem Partner gehen muss. Sie gehen zudem oft davon aus, dass es auch ohne Sex gehen muss – für eine Weile. Zwei Irrtümer mit Folgen. Beide führen auf dem direkten Weg ins Unglück.

Wenn der Sex selten wird, schwindet auch die Liebe

Müssen Paare einfach nur mehr Sex haben – und dann bleibt eine Beziehung dauerhaft glücklich und stabil? Ich weiß, dass das die bevorzugte Sicht vieler Männer ist. Sie kritisieren ihre Frauen, dass es so selten Sex gibt. Wollen Frauen häufiger (kein seltener Fall), dann tappen sie in dieselbe Falle – und kritisieren ihre Partner.

Das sind unglücklicherweise gleich zwei schwere Fehler, die sie da machen. Und beide Fehler führen dazu, dass der Sex in der Partnerschaft noch seltener wird. Der erste Fehler ist – Sie wissen es – die Kritik. Kritik führt nicht zu mehr Verbundenheit, sondern reduziert sie sogar noch. Zudem führt Kritik in der Regel zu einer Gegenkritik. Der Partner oder die Partnerin wehrt sich. Völlig zu Recht übrigens, denn einem der Partner die Schuld zuzuschieben, wenn die gemeinsame Sexualität nicht mehr so gut oder nicht mehr so häufig ist, das ist unangemessen. Da stricken zwei dran.

Der zweite Fehler ist das mangelnde Interesse der Männer an der Sicht ihrer Partnerinnen. Wie sich mangelndes Interesse anfühlt? Schlecht!

Es sollte niemals eine Kritik sein, wenn Sie eine nachlassende Sexualität in Ihrer Beziehung ansprechen wollen. Das geht in meinen Augen auch anders, als Feststellung zum Beispiel und als Frage:

»Wir haben in den letzten Monaten nur selten Sex gehabt ... Ich vermisse das ... Ich vermisse dich ... Ich würde das gerne ändern. Hast du eine Idee, was wir beide da tun können?«

Das war jetzt eine Gesprächseröffnung wie aus dem Bilderbuch. Kein Vorwurf – sondern eine Feststellung. Zudem spricht der Mann auch noch von sich. Und von seinen Gefühlen. Und dann will dieser Mann auch wirklich wissen, wie seine Partnerin das sieht. Er vermisst seine Frau und den Sex mit ihr. Die Formulierung, die er wählt, ist ziemlich nahe an dem, was ich ganz altmodisch »werben« nennen würde. Wir dürfen uns alles wünschen in einer Partnerschaft. Das gilt auch für die gemeinsame Sexualität. Wir dürfen uns mehr Sex wünschen, dürfen konkrete Vorstellungen haben, was wir beim Sex gerne ausprobieren wollen. Alles legitim. Wir dürfen das alles aber nie einklagen. Wir dürfen den anderen oder die andere nicht kritisieren. Stattdessen müssen wir werben.

Werben – der Begriff ist heute ziemlich aus der Mode gekommen. Wir brauchen keinen Brautwerber mehr, um eine Partnerschaft zu haben. Und die moderne Form der Werbung, wie wir sie von Plakaten oder aus dem Fernsehen kennen, beschreibt auch nicht wirklich, was werben meint. Für mich ist das Wort *werben* die Antwort auf die häufig geäußerte Frage von Paaren, was sie denn tun sollen, wenn sie sich etwas wünschen, der andere aber nicht. Ihnen allen fällt dann die Kritik ein. Und mir das Werben.

Die Frau wird deutlich positiver auf so eine Ansprache reagieren als auf eine Kritik. Oder gar auf eine Kritik mit anschließender Beschuldigung, dass alles nur an ihr liege. Das ist umgekehrt nicht anders. Vermisst die Frau den Sex und möchte gerne mehr, dann reagieren Männer ebenfalls empfindlich auf jede Form der Kritik. Und schiebt die Frau *ihm* die Schuld für die seltene Sexualität in die Schuhe, dann reagieren auch Männer besonders empfindlich. Und auch das führt dazu, dass der Sex in der Partnerschaft seltener wird. Noch seltener.

Was führt zu mehr und besserem Sex?

»Eine gute Sexualität ist keine Raketenwissenschaft«, sagt die amerikanische Soziologin Pepper Schwartz. Guter Sex ist also alles andere als kompliziert. Zu dem Ergebnis kam sie zusammen mit Chrisanna Northrup und James Witte in der wohl umfangreichsten Partnerschaftsstudie der Welt. 100 000 Menschen aus 24 Länder haben ihnen geantwortet – ein Schatz an Erkenntnissen. Aus ihrer Studie, die unter dem Titel *The Normal Bar* als Buch erschienen ist, lässt sich sehr genau ablesen, was ein gutes Sexualleben ausmacht – und was nicht.

Was also tun diese Paare? *The Normal Bar* gibt auf diese Frage eine spannende Antwort. Diese Paare haben einen Set von rund einem Dutzend Verhaltensweisen, mit denen sie sich Zuneigung signalisieren, Anerkennung und Respekt.

Erstens: Sie sagen sich oft, dass sie sich lieben.

Zweitens: Sie küssen sich auch dann leidenschaftlich und gerne, wenn sie keinen Sex haben.

Drittens: Sie machen sich ohne Anlass kleine Geschenke.

Viertens: Sie wissen, was ihr Partner oder ihre Partnerin beim Sex mag – und was nicht.

Fünftens: Sie kommen sich körperlich näher – auch in der Öffentlichkeit.

Sechstens: Sie kuscheln gerne, auch wenn es nicht zur Sexualität kommt.

Siebtens: Sie machen die Sexualität zu einer Priorität in ihrem Leben. Sie ist wichtig – und nicht der letzten Punkt auf einer langen To-do-Liste.

Achtens: Sie sind füreinander sehr gute Freunde.

Neuntens: Sie sprechen miteinander über ihre Sexualität.

Zehntens: Sie begrüßen und verabschieden sich mit einem Kuss und/oder einer Umarmung.

Elftens: Sie interessieren sich für das, was der andere zu erzählen hat – weder ist das Fernsehen wichtiger noch das Smartphone.

Paare die auch nach zehn oder zwanzig Jahren gerne und viel Sex haben, haben also nicht einfach nur so ohne jeden Grund viel Sex. Es ist kein Zufall und es sind auch nicht einfach »die Hormone«. Sie tun vielmehr etwas dafür, dass der andere die Bindung aneinander auch spürt. Sie sind füreinander da.

Vielleicht ist es Ihnen aufgefallen: Sextoys kommen in der Liste nicht vor. Reizwäsche auch nicht. Diese gerne gegebenen Empfehlungen für ein peppigeres Sexualleben haben es nicht einmal in die Top-Ten von *The Normal Bar* gebracht. Romantische Abendessen bei Kerzenschein ebenfalls nicht.

Warum Sextoys und Reizwäsche nicht helfen

Immer wenn die Frage nach Sextoys oder Reizwäsche bei mir in der Beratung auftaucht, dann zeigt sich bald, dass sich ein Paar im Alltag viel zu selten einander zuwendet. Das ist der Grund für ihren Gang in den Sexshop oder ihre Bestellung im Internet. Wie soll ein Sextoy die mangelnde Zuwendung zum anderen ausgleichen? Nicht nur ich halte das für unmöglich. Auch das Forscherteam von *The Normal Bar* kommt zu diesem Ergebnis. Sextoys tauchen in ihrer Elf-Punkte-Liste nicht auf. Viele Paare, die es mit Sextoys versuchen, suchen an der falschen Stelle nach einer Lösung für ihre erlahmende Sexualität. Sie vertrauen populären Mythen. Und diese Mythen schicken sie in die Irre.

Einer der zentralen Punkte auf der schönen Liste von *The Normal Bar* ist die Zuwendung zum anderen. Sie scheint der Sexualität ganz besonders Auftrieb zu geben. Das sieht auch John Gottman so: »Paare mit einem guten Sexleben bleiben auch nach Jahren noch Freunde, gute Freunde. Sie sorgen für eine gute Gefühlsverbindung. Sie erfüllen einander zudem ihre Träume und Lebensziele.« Und die dritte notwendige Zutat ist tatsächlich, dass sie Sex ganz oben auf ihre Liste setzen. Making sex a priority.

Fassen wir zusammen

- Die Liebe im 21. Jahrhundert wird sich dem Trend zu weniger partnerschaftlichem Sex entgegenstemmen müssen. Sex ist wichtig und nicht einfach ein weiterer Punkt auf der unendlich langen To-do-Liste von Paaren.

- Sex is a choice. Wir können uns entscheiden, dass ihr eine halbe Stunde mit lustigen Katzenvideos (52 Mio. Aufrufe) wichtiger ist oder ihm ein Video mit dem neuen Mähdrescher von John Deere (4,5 Mio. Aufrufe). Wir können aber auch die partnerschaftliche Sexualität auf Platz eins setzen.
- Solosex kann partnerschaftliche Sexualität nicht ersetzen. Solosex verbindet ein Paar nicht miteinander.
- Wer sich intensiv bemüht, für den anderen da zu sein, hat in aller Regel auch eine gute Sexualität. Ohne das ehrliche Interesse am Partner oder an der Partnerin leidet die Sexualität.

»Ich dachte, eine Ehekrise besteht aus heftigen Streiten. Und die hatten wir nicht.«

Karl (44) ist mit seiner Frau in eine schwere Ehekrise gerutscht. Das hat ihn völlig überrascht. An den Veränderungen bei der Sexualität der beiden war allerdings gut zu erkennen, dass sie emotional immer weiter auseinanderdrifteten.

Zu Anfang ist die Sexualität bei den meisten Paaren sehr schön. Wie war das bei Ihnen?

Als wir uns vor achtzehn Jahren kennengelernt haben, da fand ich unsere Sexualität wahnsinnig schön. Meine Frau hatte Ideen, war kreativ und hat die Initiative ergriffen. Das kannte ich in dem Maße so aus vorherigen Partnerschaften nicht. Ich war damals wirklich sehr begeistert.

Ich frage in der Beratung gerne ganz ungalant nach einer Punktzahl auf der Skala von eins bis zehn. Wie hoch war Ihre Zufriedenheit mit der Sexualität in dieser Zeit?

Sie lag für mein Gefühl bei zehn. Wir waren dann lange sehr zufrieden mit der Sexualität. Von anderen Paaren habe ich gehört, dass die Sexualität bei ihnen seltener wurde. Oder sehr selten. Das gab es so bei uns nicht. Aber die Sexualität wurde nach der Geburt der Kinder weniger kreativ. Das ist mir schon aufgefallen. Die Initiative ging auch fast nur noch von mir aus. Aber da waren wir ja auch schon zehn Jahre zusammen – und hatten natürlich auch viel Stress durch die Kinder.

Können wir noch einmal einen Blick auf die Skala von eins bis zehn werfen? Wie groß war Ihre Zufriedenheit mit der Sexualität in dieser Phase, als die Kinder da waren?
Sie lag dann nur noch bei ungefähr sechs.

Ich neige in der Beratung dazu, diese geringe Zufriedenheit mit der Sexualität als einen Warnhinweis anzusehen. Sie haben das nicht so erlebt?
Einerseits ja, andererseits nein. Ich habe mir durchaus Gedanken gemacht, ich habe Freunde um Rat gefragt. Die haben gesagt: Wir haben kaum noch Sex. Manche hatten nur zweimal im Jahr Sex – bei uns dagegen waren es eher zwei Mal in der Woche. Verglichen mit Freunden stand ich also sehr gut da. Ich habe gedacht: Das, was bei uns passiert, ist ganz normal. Aber ich sah, wie oft sie mit den Kindern kuschelte. Mich streichelte sie kaum mal, auch nicht, wenn ich sie darum gebeten habe. Und sie hat mich beim Sex kaum noch geküsst. Das habe ich sehr vermisst.

Was Sie beschreiben, spricht für eine langsame emotionale Entfremdung. Irgendwann haben Sie sich dann bei Ihrer Frau heftig beklagt.
Ja. Die Sexualität wurde für mein Gefühl sehr lieblos. Manchmal schlief sie beim Sex fast ein. Das hat mich sehr verletzt. So sehr, dass ich es irgendwann angesprochen habe.

Die menschliche Sexualität reagiert in der Regel sehr sensibel auf die emotionale Seite einer Partnerschaft. Es geht um die Gefühle der Beteiligten.
Ich habe nicht verstanden, dass hinter der liebloser werdenden Sexualität mehr steckte. Sie war unzufrieden mit der Beziehung – das ist mir heute klar. Ich war damit beschäftigt, dass ich mich verletzt und zurückgewiesen fühlte – und nicht damit, was ihr fehlen könnte. Als ich sie darauf angesprochen habe, hat sie beschwichtigt, ich würde überinterpretieren. Am Ende fiel von meiner Seite aus dann der böse Satz: »Dann suche ich mir eine Geliebte oder gehe zu einer Prostituierten.« Ich hätte das nicht wirklich gemacht. Aber ich habe es leider so zu ihr gesagt.

Wir können in einer Beziehung durch Worte sehr verletzen. Haben Sie sich je entschuldigt für diese Äußerung?
Nein. Erst viel später, als die Krise auch für mich nicht mehr zu übersehen war. Heute weiß ich, dass das ein schwerer Fehler war. Mir war damals nicht klar, wie verletzend das für sie gewesen ist. Meine Frau ist dann zu dem Schluss gekommen, dass sie sich beim Sex mehr bemühen sollte.

Das läuft dann auf Pflichtsex hinaus. Und die Chance, ernsthaft über die Entfremdung zwischen Ihnen beiden zu sprechen, wurde vertan.
Ich habe das damals nicht verstanden. Leider.

Eine andere Erfahrung in der Beratung ist: Wenn die Sexualität abnimmt, dann liegt es oft an einem hohen Maß an Kritik. Trifft das bei Ihnen zu?
Auf die Idee bin ich nie gekommen. Ich hatte davon auch noch nie gehört. Ich hatte eine ganz andere Sicht der Dinge: Eine Ehekrise bestand in meinen Augen nicht aus dem, was ich erlebte, sondern aus heftigen Streiten. Und die hatten wir nicht.

8. Entlieben

Die Zukunft des Liebeskummers

Die Zukunft der Liebe, das ist nach Lage der Dinge auch die Zukunft des Liebeskummers. Noch vor hundert Jahren war Liebeskummer, so wie wir ihn heute kennen, eine seltene Erscheinung. Man warf züchtige Blicke, und oft wurde die erste Frau, in die man sich verliebte (oder die die Eltern ausgesucht hatten), auch schon geheiratet. Der Kummer, der kam bei dieser Form der Partnersuche und der Partnerschaft erst mit den Jahren und Jahrzehnten. Beziehungen galten als nahezu unauflöslich. Partnerschaftliches Glück war eher selten.

Heute ist der Liebeskummer allgegenwärtig. Eine stabile Beziehung ist für die *Generation beziehungsstark* ohne vorherige Irrungen und Wirrungen kaum zu bekommen. Wir dürfen selber wählen. Wir dürfen uns ausprobieren. Und wir dürfen auseinandergehen. Der Preis dafür ist – Liebeskummer. *Er* ruft *sie* nach einem One-Night-Stand nicht an. *Sie* verschwindet nach drei Dates ohne jedes Wort und bricht *ihm* das Herz. *Er* weiß genau, dass *sie* die Richtige ist. Wie kann *sie* nur so herzlos sein, das nicht auch so zu sehen? Viele Pop-Poeten wären ohne den Liebeskummer von heute auf morgen arbeitslos. *Gib mir mein Herz zurück!*

Der Kummer ist in unserer Zeit noch aus einem anderen Grund häufiger als früher: Wir halten heute alles für machbar – wenn wir uns denn nur genug anstrengen! Frühere Generationen fügten sich in ihr Schicksal. Akzeptierten. Nahmen hin. Das ist heute anders. Die 32-jährige Betriebswirtin ist nicht geneigt, den Korb zu akzeptieren, den sie von ihrem letzten Flirtpartner bekommen hat. Mit der Rationalität in Gefühlsdingen ist es gerade bei erfolgsgewohnten Frauen und Männern nicht weit her. Er wird seinen Irrtum schon noch einsehen! Wenn sie sich nur genug anstrengt und ihm klarmacht, dass sie genau die passende Partnerin für ihn ist: »Ich bin die Richtige, sieh das doch endlich ein.«

Der amerikanische Comedy-Autor Greg Behrendt (*Sex and the City*) hat diese moderne Form der Ignoranz gegenüber den Fakten in seinem Buch *Er steht einfach nicht auf dich* ganz wunderbar auf den Punkt gebracht. Sein Fazit: Zum Lieben kann und soll man niemanden bewegen. Unser Gegenüber muss es wollen. Sein Gefühlsleben muss es wollen. Deshalb lässt sich über Gefühle auch nicht diskutieren. *Du verdienst meine Liebe nicht!*

Wir müssen niemandem gefallen

»Er wird schon einsehen, dass ich die Richtige bin.« Dieser Haltung liegt eine Fehlinterpretation des gesamten Kennenlernprozesses zugrunde. Wir müssen beim Flirten und Daten niemandem gefallen, und wir müssen auch niemanden von uns überzeugen. Wir müssen jemanden finden, der uns will. So wie wir sind. Will er uns nicht, dann heißt es: »Auf zum Nächsten! Was kostet die Welt!«

Möglicherweise ist es nicht nur die Erfolgsorientierung vieler beruflich sehr engagierter Männer wie Frauen, die an dieser Stelle zu Problemen führt. Romantische Liebesklischees tragen einmal wieder einen Teil der Verantwortung für die Verwirrung unseres Gefühlslebens. Liebesfilme leben von Hindernissen, die überwunden werden müssen. Damit erzeugen sie Spannung. Er hat eine andere? Kein Problem. *Ich bin die Richtige, sieh das doch endlich ein.* Er will sich (aus welchen Gründen auch immer) gar nicht binden. Kein Problem. *Ich bin die Richtige, sieh das doch endlich ein.*

Auch Männer glauben an romantische Leibesklischees, und sie tun das nach dem Stand der Forschung noch viel mehr als Frauen. Sie glauben zum Beispiel in deutlich höherer Zahl als Frauen an die Liebe auf den ersten Blick. Der Glaube an romantische Liebesklischees macht Männer anfällig, ebenfalls zu dem Schluss zu kommen: *Ich bin der Richtige, sieh das doch endlich ein.* Den anderen von sich überzeugen? In Filmen funktioniert das stets und immer. Die Hindernisse sorgen im Kino für eine spannende, das Gefühl bewegende Unterhaltung. Mit der Realität hat das alles zu unser aller Unglück nichts zu tun.

Was sind Gefühle? Wie ist die Liebe?

Warum aber ist gerade die 32-jährige Betriebswirtin so empfänglich für unrealistische Vorstellungen von der Liebe? Diese Frage müssen wir jetzt noch klären. Die Antwort sagt uns einiges über die *Generation beziehungsstark* – und über die Zukunft des Liebeskummers. Die Antwort ist einfach: Weil sie sich in der Zeit zwischen dem 20. und 30. Lebensjahr kaum mit zwischenmenschlichen Gefühlen beschäftigt hat.

Es gab die Bachelorarbeit über »Technologiestrategien etablierter und neuer Akteure in der Phase des diskontinuierlichen Wandels in der Automobilindustrie«, zahlreiche Prüfungen und Klausuren und eine Masterarbeit über die »Einbindung von Corporate Social Responsibility in das Human Recource Management« und die Auswirkungen, die das alles auf die Arbeitgeberattraktivität hat. Danach hat sie ihre erste Stelle angetreten und von früh um neun bis abends um neun gearbeitet. So viel »Engagement« erwartet man heute von 26-Jährigen, die ihre erste Stelle antreten. Die Folge: Die erfolgsgewohnte 32-jährige Betriebswirtin weiß schlicht zu wenig über zwischenmenschliche Gefühle. Auch deshalb läuft sie in die Falle *Ich bin die Richtige, sieh das doch endlich ein.*

Und die Männer? Sie verwenden ebenfalls kaum Zeit und Energie auf die Liebe und sie landen deshalb allzu häufig in der gleichen Situation.

Das Scheitern von Flirts

Gründe für Niederlagen einer Liebe im Anfangsstadium gibt es viele:

- Er arbeitet fünfzehn Stunden am Tag – sein berufliches Vorwärtskommen ist ihm wichtiger.
- Sie zieht sich schon nach wenigen Wochen von heute auf morgen zurück. Sie spürt, dass es nicht passt.
- Er plant, in drei Monaten für seinen Arbeitgeber nach Shanghai zu gehen. Eine feste Bindung will er gerade nicht.

Das alles müsste nicht unbedingt zu Liebeskummer führen. Das Problem ist: Wir sind nicht allzu vorsichtig, auf wen wir uns einlassen. Und wir gehen es in vielen Fällen nicht gerade langsam an.

- Er arbeitet unmäßig viel? Dann ist er für eine Beziehung ohnehin nicht zu haben. Auf zum Nächsten!
- Sie zieht sich nach wenigen Wochen des Zusammenseins zurück? Hätten die beiden es bei Dates belassen und nicht auch die körperliche Annäherung gesucht, dann wäre ihr eher klargeworden, dass er nicht der Richtige für sie ist. Der Liebeskummer bei ihm wäre sehr viel geringer ausgefallen. So aber schwebte er noch gestern auf Wolke sieben – nur um heute zu erfahren, dass es zu Ende ist. Autsch.
- Heute hier, morgen dort: Menschen ohne Lebensmittelpunkt kommen für eine langfristige Beziehung nicht infrage.

So einfach die Erklärungen für dieses frühe Scheitern einer Liebe auch sind, aus Sicht derjenigen, die von diesem Scheitern betroffen sind, ist es schwer. Sie leiden. Und wollen ihr Herz zurück.

Bisher haben wir nur über die Variante des Liebeskummers gesprochen, die sich auf Flirts und kurze Beziehungsversuche bezieht.

Beides ist heute ein alltägliches Phänomen. Die *Generation beziehungsstark* wird lernen, mit diesen Niederlagen umzugehen.

Viele mögliche Partnerschaften scheitern schon in einem frühen Stadium. Langsamkeit würde helfen. Vorsicht. Mehr Treffen, um den anderen kennenzulernen, bevor wir uns körperlich näherkommen. Zudem ist die Bindungsbereitschaft bei jungen Menschen ohnehin nicht sehr hoch: Die meisten Menschen binden sich erst dauerhaft, wenn sie beruflich dort angekommen sind, wo sie hinwollen. Da die Ausbildungswege heute lang sind, bietet die Zeit zwischen dem 20. und dem 30. Lebensjahr sehr viel Raum für diese Form des Liebeskummers. *Gib mir mein Herz zurück!*

Der Liebeskummer nach einer langen Beziehung

Das alles ist ohne jeden Zweifel Kummer, echter Liebeskummer. Doch er ist nicht wirklich gefährlich. Verglichen mit dem, was Menschen durchmachen, die sich aus langjährigen Beziehungen lösen, ist er beinahe harmlos. Wer nach 22 Jahren Ehe vor dem Scherbenhaufen einer Familiengründung steht, der hat eine völlig andere Art von Kummer. Es ist ein Liebeskummer, der nagender ist, der tiefer geht und oft auch bleibende Spuren hinterlässt. »In jeder großen Trennung liegt ein Keim von Wahnsinn«, hat Goethe einmal gesagt. Die Frage ist allerdings, wie wir damit umgehen. Deshalb hat der Dichter dem ersten Teil des Satzes noch einen zweiten hinterhergeschickt: »Man muss sich hüten, ihn nachdenklich auszubrüten und zu pflegen.«

Wir dürfen uns trennen, und in gewisser Hinsicht müssen wir uns sogar trennen, so schwer es uns auch fallen mag. Warum *müssen*? Gelingt es einem Paar nicht mehr, füreinander da zu sein, wendet es sich kaum noch einander zu, sondern vielmehr voneinander ab, und tritt bei ihm an die Stelle von Wertschätzung und Respekt Verachtung und anhaltende Kritik, dann geht es einen schweren Gang. Es hat in dem Fall nur die Wahl, in Ehren auseinanderzugehen oder sich das

Leben dauerhaft schwer oder gar zur Hölle zu machen. Ich würde sagen: Trennt euch! Trotz aller Gefahren des Liebeskummers.

Warum bleiben Paare unglücklich zusammen?

Noch immer entscheiden sich manche unglückliche Paare für das Zusammenbleiben. Sie richten sich in einem Ehedesaster ein. Warum tun sie das? John Gottmans Untersuchungen haben gezeigt, dass sie nicht daran glauben, es in einer neuen Beziehung besser hinzubekommen. Deshalb bleiben sie zusammen.

In meinen Augen fehlt diesen Paaren schlicht der Mut. Die Folgen dieser Entscheidung für eine unglückliche Beziehung sind gut erforscht. Unser Immunsystem wird durch ständige Kritik, durch Abwertung, Wut und Verachtung geschwächt. Herzkreislaufprobleme nehmen in diesen Beziehungen deutlich zu. Wenn sich Respekt in Verachtung wandelt, dann sollten wir darüber nachdenken, zu gehen. Verachtung untergräbt unsere physische wie psychische Gesundheit.

Das zeigt sich auch in schwierigen gesundheitlichen Situationen. Menschen in schlechten Beziehungen werden häufiger krank. Zudem genesen sie nach einer OP langsamer. Wenn sie denn überhaupt genesen. Die Sterblichkeit liegt für sie deutlich höher als bei denen, die glücklich in einer Beziehung leben. Unglückliche Beziehungen haben einen hohen Preis. Dieser Preis ist nach Lage der Forschung ein frühzeitiger Tod. Unsere Lebenserwartung in so einer Partnerschaft ist deutlich kürzer.

Glücklich geschieden – wie entliebe ich mich richtig

Ich halte das Sich-Entlieben für einen ehrenvollen Weg. Keinen leichten Weg. Nein, das nicht. Aber einen Weg, der Respekt verdient. Ist eine Beziehung nicht glücklich und stabil, dann dürfen wir auseinandergehen. Und möglicherweise *müssen* wir das auch.

Genau das habe ich vor über zwei Jahrzehnten auch getan. Ich habe eine unglückliche Beziehung verlassen – und wurde geschieden. Ich bin diesen Schritt seinerzeit nicht leichten Herzens gegangen. Niemandem, den ich in den letzten beiden Jahrzehnten beraten habe, ist es leichtgefallen, zu gehen. Manche Männer oder Frauen haben sich Monate und Jahre mit der Frage gequält, ob eine Trennung die richtige Lösung ist. Diese Zweifel gehören dazu, beim Prozess des Entliebens.

Ich denke, wir sind es uns schuldig. Unserem Lebensglück. Und wir sind es dem Partner oder der Partnerin schuldig. Auch er (oder sie) bekommt bei einer Trennung die Chance, es in Zukunft besser zu machen. Die allermeisten nutzen diese Möglichkeit.

Wer geht, der trägt in der ersten Zeit mehr oder weniger schwer an dieser Entscheidung. Sich zu entlieben hat seinen Preis: Gefühle der Niederlage, Zukunftsängste, Schuldgefühle. Doch das alles ist vergänglich. Beinahe alle sind einige Jahre später sehr zufrieden mit ihrem Weg. Sie haben eine neue Liebe gefunden, eine, die sie glücklicher macht. Mit einem Menschen, der besser zu ihnen passt. Auch das ist mir nach meiner Scheidung genauso ergangen. Das Sich-Entlieben hat also auch seinen Lohn: mehr Zufriedenheit, eine stabilere Beziehung, bessere Gespräche – eine bessere Sexualität.

Der ernsthafte Rettungsversuch

Die Bereitschaft zu gehen ist wichtig für den Prozess des Entliebens. Nur wer bereit ist zu gehen, kann auch handeln. Außerdem gibt er damit dem Partner oder der Partnerin die Chance, etwas zu ändern. Oder einen Rettungsversuch vorzuschlagen.

Niemand von uns wird gerne vor vollendete Tatsachen gestellt. Ich habe schon von Männern gehört, die nach Hause kamen und ohne jede Vorankündigung eine halb ausgeräumte Wohnung vorfanden. Nichts gegen das Handeln. Der erste Schritt ist aber immer, die eigene

Bereitschaft, die Beziehung zu beenden, offenzulegen. Nur dann hat der Partner, hat die Partnerin die Chance, etwas zu ändern. In vielen Fällen endet die Krise an diesem Punkt. Ist die Frau bereit zu gehen, lenkt ihr Mann überraschend ein und geht ein paar Schritte auf sie zu. Umgekehrt ebenso. Ist der Mann bereit zu gehen, sollte seine Frau das wissen. Dann hat sie eine echte Chance, die Partnerschaft zu erhalten.

Ich verstehe eine Paarberatung als einen ernsthaften Rettungsversuch. Der Satz »Lass es uns noch einmal miteinander versuchen« ist es hingegen nicht. Das Zweite läuft auf eine Wiederholung aller Fehler aus der Vergangenheit hinaus. Das Erste hingegen sorgt, wenn es gelingt, für dringend nötige Veränderungen. Der Status quo ist der Feind. Er hat das Paar in die Krise geführt. Ohne grundlegende Änderungen ist eine Ehe nicht zu retten.

Der Mut, es besser hinzubekommen

Eine Paarberatung zahlt sich für Ratsuchende doppelt aus. Erstens eröffnet sie die ernsthafte Chance, zusammenzubleiben. Das gelingt nicht immer. Doch auch wenn ein Paar schließlich auseinandergeht, kann es von einer Beratung profitieren. Das Paar kann lernen, wie es zu der Krise gekommen ist. Das ist eine wichtige Erkenntnis für den Prozess des Sich-Entliebens. »The only real mistake is the one from which we learn nothing«, hat der Automobilmagnat Henry Ford einmal gesagt. Wer den Ursprung der Krise versteht, der bekommt im Fall einer Trennung mehr Mut. Mut zu einer neuen Beziehung. Der Mut, es in einer neuen Beziehung besser hinzubekommen, ist eines der besten Mittel gegen Liebeskummer.

Der Tod einer Liebe ist nicht das Ende der Liebe

Jede Liebe existiert in drei zeitlichen Dimensionen. Sie hat eine Geschichte, ein *Gestern*. Sie hat ein Hier und Jetzt, ein *Heute*. Und sie hat eine Zukunft, ein *Morgen*. Diese drei Bestandteile reagieren sehr unterschiedlich auf das Ende einer Liebe.

Das Heute: Paare, die sich trennen, sind zunächst oft erleichtert. Ihr Umgang miteinander ist sehr aggressiv, ist herabwürdigend und kritisch. Nicht nur ich frage mich manchmal, wie sie das überhaupt aushalten. Vielen ihrer Freunde geht es ebenso. Das *Heute* ist so unbefriedigend, dass das Ende der Beziehung in vielen Fällen eine Erleichterung ist. Für beide Partner. Haben sie Kinder oder ein Haus, verstärkt auch das Ende des *Heute* den Kummer. Ein Haus kann nach einer Trennung nur von einem der beiden bewohnt werden. Der andere wird es verlieren. Ist das Geld knapp, verlieren es beide. Der tägliche Umgang mit den Kindern fehlt einem der Partner, wenn die Kinder in erster Linie bei einem der beiden bleiben. Pendeln sie nach dem Wechselmodell oder wechseln sich die Eltern in der Betreuung ab (Nestmodell), dann fehlen sie abwechselnd – oder beiden Eltern.

Das Morgen: Ganz anders als beim Heute ist die Lage für das *Morgen*. Mit dem Ende einer Beziehung sterben alle Zukunftsvorstellungen, die wir mit der Partnerschaft verknüpft haben. Die Reisen, die wir nach der Pensionierung gemeinsam machen wollten. Die Hochzeit der Tochter, zu der wir zusammen gehen wollten. Viele Paare bleiben für Jahre zusammen, weil sie von diesem *Morgen* nur sehr schwer lassen können. Ein großer Teil des Liebeskummers von langjährigen Paaren rankt sich um diesen Teil ihrer Liebe. Das Ende der Liebe ist der Tod von unendlich vielen Vorstellungen und Träumen von einer gemeinsamen Zukunft.

Gestern: Und dann ist da noch die Vergangenheit. Sie ist das Einzige, was bei einer Trennung scheinbar unberührt bleibt. Scheinbar. Denn auch die Vergangenheit durchlebt im Trennungsfall gravierende Veränderungen. Während wir zuvor die Geschichte unserer Liebe als eine außergewöhnliche Erfolgsgeschichte erzählen und erinnern, müssen wir nun das Scheitern der Liebe in die Erzählung integrieren. Ihre Fehler. Ihre Schwächen.

Die norwegische Psychologin Sissel Gran (*Ich verlasse dich, weil ich leben will*) nennt das die Grabpflege. Der wichtigste Punkt in ihren Augen: Wir müssen lernen, ohne Wut auf die Trennung zu schauen. »Wer es schafft, eine hassfreie Geschichte über die Auflösung der Beziehung zu konstruieren, scheint mit dieser besser zurechtzukommen als Menschen, die kein Verständnis für das Geschehene aufbringen oder weiter über den Betrug des Partners herziehen und darüber brüten.«

Wir müssen innerlich mit der alten Partnerschaft abschließen, um für die Zukunft frei zu werden. Zudem geht es Menschen besser, wenn sie abschließen können. Ohne Wut auf den anderen. Das Ziel ist eine neutrale Betrachtung des Endes, sagt Sissel Gran: »Wir haben getan, was wir konnten, doch am Ende mussten wir aufgeben.« Keine Schuldzuweisung. Nur Bedauern. »Man kann eine große Erleichterung verspüren, wenn eine schwierige Paarbeziehung abgeschlossen ist, doch es ist eine Tatsache, dass einem das Projekt missglückt ist. Man hat geliebt – und verloren.«

Wir müssen lernen, nach dem Ende einer Liebe die Schuldfrage zu meiden. Wer das hohe destruktive Potenzial des Liebeskummers nach einer Trennung in Schach halten will, der sollte vielmehr auf die Zukunft der Liebe setzen. Der Liebeskummer fällt geringer aus, wenn wir verstehen, dass der Tod einer Liebe nicht das Ende der Liebe selber ist. Wir dürfen und wir sollten das Ende einer Liebe bedauern. Und uns dann auf eine neue Liebe freuen. Wer sich mit den eignen Fehlern in der Vergangenheit beschäftigt, erlebt, dass die neue Liebe besser gelingt als die vorhergehende.

Den Kummer vermeiden

Wer beim Weg aus der alten Beziehung die Abkürzung über die Untreue geht, der hat es zunächst einmal einfacher. Die Verliebtheit, in die er sich stürzt, überdeckt die Trauer. Der untreue Partner oder die untreue Partnerin vermeidet so den Kummer. Das sorgt in den meisten

Fällen aber nur für einen Aufschub. Scheitert die neue Liebe (und das ist in den allermeisten Fällen von Untreue der Fall), dann ereilt auch ihn, dann ereilt auch sie der Kummer. Mit aller Macht.

Fassen wir zusammen

- Auch nach gescheiterten Beziehungsversuchen oder langjährigen Beziehungen müssen wir heute zunächst einmal die Wunden heilen, die das Scheitern geschlagen hat. Der Partner, mit dem wir doch ein Leben lang zusammenbleiben wollten – er hat sich als ein Lebensabschnittsbegleiter herausgestellt. Wir müssen uns neu sortieren. Dieses Phänomen wird im 21. Jahrhundert angesichts einer steigenden Lebenserwartung nicht weniger wichtig werden, sondern zur Norm.
- Das 21. Jahrhundert wird das Jahrhundert des Liebeskummers. Liebeskummer ist nicht harmlos und ohne Gefahren. Manche Menschen wirft er für Jahre aus dem Gleis. Immer mehr Therapeuten und Beraterinnen erkennen, dass wir dieses wichtige Thema nicht Blogs und selbsternannten Liebeskummerexperten überlassen dürfen.

»Ich bin ausgezogen und habe den Sex mit der neuen Frau genossen.«

Stephan (34) verliebt sich aus der Ehe heraus in eine neue Frau. Das macht eine Trennung leichter. Haltbar ist es nur sehr selten.

Wie lange waren Sie mit Ihrer Frau zusammen?
Wir waren fünfzehn Jahre zusammen, hatten uns aber schon zwei Mal getrennt, bevor dann die Kinder kamen. Das war vermutlich schon keine gute Idee. Man konnte mit ihr nur wenig reden – über Probleme schon gar nicht. Nach dem zweiten Kind ist der Sex dann total versiegt. So wurde es schwieriger und schwieriger zwischen uns. Als es zur Trennung kam, waren die Kinder gerade mal fünf und drei Jahre alt.

Kein Sex ist oft der Vorbote für ein Ende der Beziehung. So eine Art Warnhinweis.
Ich habe das damals nicht so gesehen. Wir waren noch sehr jung, als wir zusammenkamen, achtzehn und neunzehn Jahre alt. Und als dann nach zehn Jahren die Kinder da waren, da dachte ich: Ich kann mich nicht trennen. Wovon sollte sie denn leben? Sie hatte doch kein Einkommen. Zudem fand ich, ich könnte es ihr nicht antun. Und natürlich habe ich finanzielle Probleme befürchtet. Und genau so kam es dann auch. Eine Zeitlang hatte ich keine Wohnung und habe auf einem Dachboden übernachtet.

Klingt abenteuerlich.
War es auch. Gleichzeitig war es aber auch eine Zeit des Aufbruchs. Ich hatte mich ja erst getrennt, als ich eine neue Frau kennengelernt hatte. Ich bin ausgezogen und habe den Sex mit der neuen Frau genossen.

Das dämpft den Liebeskummer – führt aber meist zu heftigen Vorwürfen der Ex-Partnerin.

Klar, von meiner Frau gab es natürlich viele Vorwürfe. Und finanziell war die Trennung für uns beide ruinös. Ich habe mein Studium abgebrochen und musste mein Auto verkaufen. Und dann habe ich mir einen Ganztagsjob in meinem alten Beruf gesucht. Zum Glück haben wir uns beim Umgang mit den Kindern gut einigen können.

Man bleibt als Paar ja doch verbunden. Durch die Kinder.
Es gab immer wieder Auseinandersetzungen, vor allem als sie vorhatte, von der Stadt aufs Land zu ziehen, und die Kinder mitnehmen wollte. Das ging in meinen Augen so nicht. Jetzt sind die Kinder erwachsen, und sie ist alleine aufs Land weggezogen. Ich habe bis heute Schuldgefühle, weil ich die Ehe verlassen habe.

An einer Trennung stricken beinahe immer beide Partner. Der Sex wird lieblos oder es gibt ihn gar nicht mehr – daran ist doch nicht einfach einer schuld.
Trotzdem denke ich oft so. Das kann ein Fehler sein. Immerhin bin ich gegangen. Ich denke oft in dieser Kategorie der Schuld. Mein Vater hat mir immer das Gefühl von Schuld vermittelt. Und natürlich war ich als Kind immer schuld. Sie war meine erste Frau. Wir hatten beide den ersten Sex miteinander.

Wie ist es mit der neuen Frau ausgegangen?
Nicht gut. Nach gut zwei Jahren waren wir wieder getrennt. Es war ein ständiges On/Off. Es lief stellenweise sehr harmonisch und dann wieder schrecklich und mit heftigen Vorwürfen von beiden Seiten. Unsere Streitkultur war atemberaubend schlecht. Wir stritten oft halbe Nächte durch, nachdem wir etwas getrunken hatten. Sie war sehr bedürftig. Der strahlende Held würde alles für sie tun und ihre Wunden heilen und küssen, und er würde auf den Grund ihrer Seele schauen und ihre Wünsche daraus herauslesen. So etwa hat sie es mal gesagt.

Das ist ein typisches Liebesklischee unserer Kultur: Es geht mir so schlecht – wer rettet mich?

Ich bin in dem Fall der Romantik des Retters verfallen. Ich wollte und sollte sie retten. Um mich ging es in der Beziehung nicht. Als ich dann völlig zerrüttet aus der zweiten Beziehung kam, machte ich mir viele Vorwürfe wegen der Trennung von meiner ersten Frau und meinen Kindern. Ich war mit beiden Frauen gescheitert, hatte eine Menge Schulden angehäuft und hatte viel mit mir selbst zu tun. Bis ich wieder klar denken konnte, vergingen einige Monate. Meine jetzige Frau habe ich erst später kennengelernt. Da war ich dann Single. Wie sie auch.

9. Betrügen

Wieso zwei Männer weniger sind als einer und zwei Frauen weniger als eine

Fangen wir beim Betrügen doch einfach mal mit dem Anfang an, mit dem Anfang des Betruges. Wo der liegt? Bei zerwühlten Laken schon einmal nicht. Zerwühlte Laken sind eher so etwas wie der Höhepunkt der Untreue. Zumindest bei der sexuellen Untreue ist das so. Und der Anfang der Untreue? Wie sieht der wohl aus? Anregende Gespräche in der Mittagspause oder zugewandte Nachrichten über WhatsApp sind es schon eher. Schauen wir doch einfach mal in das Smartphone von Linda (38) und werfen einen Blick in die Nachrichten, die sie seit einigen Monaten mit ihrem Arbeitskollegen Marcel (41) austauscht. Dort finden wir:

- Persönliche Offenbarungen, die zu seelischer Intimität führen.
- Komplimente und Wertschätzung, die dem Ego guttun.
- Die Ereignisse des Tages, die Linda heute am meisten beschäftigt haben.
- Wie toll Marcel ihr Lächeln findet und wie sein Tag verlaufen ist.
- Wie wunderbar es für Linda ist, dass Marcel stets und immer ein offenes Ohr für sie hat – ganz anders als ihr Ehemann.

Und so weiter und so fort. In langen Gesprächen in der Kaffeepause oder Dutzenden an WhatsApps, die über den Tag verteilt gesendet werden, entsteht Vertraulichkeit.

Der oder die außenstehende Dritte, in unserem Fall Marcel, weiß schon bald mehr von den Ereignissen im Leben der später Untreuen, in unserem Fall Linda, als deren Ehemann. Vor allem weiß Marcel mehr von den Gefühlen, die Linda bewegen. Marcels Nachrichten sind schon lange die wichtigste Quelle von Anerkennung, Wertschätzung und Respekt für Linda. Er ist ihr wichtigster Vertrauter.

Diese Vertrautheit geht schon bald über die mit dem Partner weit hinaus. Und das alles passiert, lange bevor die Laken zerwühlt werden. Wenn sie denn je zerwühlt werden.

Ein stetiger Strom an warmen Worten

Manche Affären bestehen nur und ausschließlich aus diesen zugewandten Textnachrichten, Komplimenten und glühenden Beteuerungen der Seelenverwandtschaft. Kein Kuss. Kein Sex. Nur Worte. Man könnte sie auch *romantische* Affären nennen. Oder *emotionale* Affären. Das Smartphone bringt bei ihnen tagtäglich einen warmen Strom an aufmerksamen und wertschätzenden Worten von einem außenstehenden Dritten ins Haus. Es ist ein regelrechtes Bad in Positivität, das sich wohltuend abhebt von der häuslichen Lieblosigkeit, der bleiernen Gleichgültigkeit in der Partnerschaft oder dem steten Strom an Kritik aneinander, der dort vorherrscht.

Aber auch dieses Bad in Positivität ist nicht der eigentliche *Beginn* der Untreue. Es ist ihr *Vorlauf*. Das *Warming-up*, wie man neudeutsch dazu sagen würde. Zwei Menschen gehen regelmäßig Kaffeetrinken, tauschen Nachrichten über WhatsApp aus oder verschwinden nach dem Chor noch zu einem angenehmen und anregenden Spaziergang, bei dem sie sich viel zu sagen haben und endlich einmal wieder so richtig verstanden fühlen. An sexuelle Untreue denkt zu diesem Zeitpunkt möglicherweise keiner der beiden. Und trotzdem wird sie in dieser Phase angebahnt. Emotional ist die Untreue bereits seit Wochen oder Monaten in vollem Gange.

Gehen wir noch einen Schritt zurück bis zu dem Augenblick, an dem Linda in Richtung Untreue abgebogen ist. Schauen wir uns also den wirklichen Startpunkt ihrer späteren Affäre an. Es war einige Monate nachdem ihr Vater die Diagnose Krebs bekommen hatte. Ihr Mann kann sie anfänglich noch trösten – doch mit der Zeit fehlen ihm immer öfter die passenden Worte. Ihr Herz bleibt alleine in seiner Angst, seiner Sorge und seiner Trauer.

Das Herz findet einen neuen Ort

Bei ihrem Arbeitskollegen Marcel ist das anders. Er hört ihr aufmerksam zu, wenn sie von den neuesten Medikationen erzählt, die die Ärzte einsetzen. Ihr Mann kann sich das alles schon lange nicht mehr merken. Er will es wohl auch nicht. Der Kollege hingegen merkt sich alles – und fragt interessiert nach.

Möglicherweise hat Marcel ja ganz andere Ratgeberbücher gelesen als all diejenigen, die versuchen, durch *Zuhören* einen guten Eindruck zu machen. Möglicherweise hat er gelernt, dass nicht etwa *Zuhören* zu Intimität führt, wie viele von uns glauben, sondern dass das Gefühl von Vertrautheit, Nähe und Verstandenwerden durch *Nachfragen* entsteht. Gut möglich auch, dass er das gar nicht in irgendeinem Ratgeberbuch so gelesen hat, sondern nur intuitiv so handelt – weil er Linda mag. Weil er spürt, wie einsam und verloren ihr Herz ist. Einsame verlorene Herzen von gebundenen Frauen üben einen unwiderstehlichen Reiz auf ihn aus.

In diesem Augenblick der Neugier und des ehrlichen Interesses vergleicht Linda ihren Mann das erste Mal mit Marcel. Dieser Vergleich geht positiv aus – positiv für Marcel. Mit diesem ersten Vergleich und seinem Ausgang beginnt die Geschichte der Untreue der beiden.

Lindas Herz findet nicht auf der Stelle einen neuen Ort. So sind Herzen nicht. Unser Gefühlsleben braucht Zeit, um sich um- und neu einzustellen. Auf einen anderen Menschen einzustellen. Einen, der uns versteht. Doch steter Tropfen höhlt den Stein. Nach Monaten des ehrlichen Interesses von Seiten Marcels und des offensichtlichen Desinteresses des Ehemanns und nach Dutzenden, wenn nicht gar Hunderten von Vergleichen zwischen Marcel und ihrem Mann ist für Lindas Herz die Entscheidung gefallen. Es hat die Seiten gewechselt.

Jetzt werden die Gefühle für Marcel immer intensiver. Linda beginnt, ab und an beim Autofahren, bei der Gartenarbeit oder beim Abwasch an ihn zu denken. An sein Lachen. An sein Gesicht. Auch an seinen Mund denkt sie jetzt immer mal wieder. Wie es wohl wäre, ihn zu küssen?

Linda stellt den letzten Topf auf die Spülablage und lässt das Wasser ab. Ach was! Er ist ein guter Kollege. Mehr nicht. Und gerade in diesen schwierigen Zeiten kann sie seinen Rückhalt gut gebrauchen. Was sollte daran nur verkehrt sein! Sie ist eine treue Ehefrau. Und so wird es bleiben – denkt sie. Ihre Phantasien sprechen schon lange eine andere Sprache.

Anfänglich drehen sich Lindas Vorstellungen nur darum, Marcel zu küssen oder seine Hand zu halten. Bald aber beginnen die eindeutigen erotischen Phantasien, die schließlich zu Absichten und zu Taten werden. Mit allen Konsequenzen für die bestehende Partnerschaft.

Früher war man – auch untreu

Untreue gilt vielen Menschen als eine moderne Variante der Liebe. Früher war man treu, heute geht man fremd. Und daraus folgt dann für die Pessimisten der Liebe, dass man in Zukunft sicherlich noch viel häufiger fremdgehen wird. In dieser Sicht der Dinge erwartet die heranwachsende Generation ein Leben als Generation bindungsschwach oder gar als Generation untreu. So viel zur pessimistischen Sicht der Dinge.

Die Fakten sprechen eine ganz andere Sprache. Früher waren Partnerschaften keinesfalls besser als heute. Und die Unzufriedenheit mit der Beziehung war auch früher ein wichtiges Motiv, nach dem Grün in Nachbars Garten zu schauen. Das taten zudem auch früher schon Männer wie Frauen.

Zu diesem Ergebnis kam eine Studie aus den Vierzigerjahren in den USA. Die Studie wollte die Vererbbarkeit bestimmter Eigenschaften von Blutgruppen untersuchen. Die Forscher nahmen dazu sowohl den Eltern als auch ihren Kindern Blut ab. Das erstaunliche Ergebnis, mit dem die Forscher nicht gerechnet hatten: Zehn Prozent der Kinder stammten überhaupt nicht von den Männern, mit denen die Frauen verheiratet waren. Sie waren durch Untreue gezeugt worden. Und das im konservativen Mittleren Westen der USA! Da nicht jede Untreue auch zu einer Schwangerschaft führt, dürfte die Zahl der untreuen Frauen noch deutlich höher gewesen sein. Sie sehen: *Früher war man auch untreu.*

Nun können Sie gerne kritisch die Stirn runzeln und entgegnen: »Aber davon habe ich noch nie gehört! In Studien geben dreißig Prozent der Männer an, dass sie schon mal fremdgegangen sind, und nur fünfzehn Prozent der Frauen. Das zeigt doch wohl klar, welches das untreue Geschlecht ist.«

Sie haben zunächst einmal recht. So sind die Zahlen der Männer und der Frauen, die *angeben*, dass sie schon mal fremdgegangen sind. Logisch ist das allerdings nicht. Mit wem waren die Männer denn untreu? Haben sich immer zwei Männer eine Frau geteilt, mit der sie dann gemeinsam untreu waren? Oder nacheinander untreu waren? Unwahrscheinlich.

Vielleicht hilft uns ein anderer Gedanke weiter: Woher wollen wir wissen, dass die Männer bei der Umfrage überhaupt die Wahrheit gesagt haben? Und, noch wichtiger: Woher wollen wir wissen, dass die Frauen ehrlich geantwortet haben?

Keine der Frauen, die ihr Kind mit zur Blutgruppenuntersuchung brachte, hätte bei einer Umfrage zugegeben, untreu gewesen zu sein. Meinungsumfragen sind nicht mehr als das: Meinungsumfragen. Es sind Worte, keine Taten. Meinungsumfragen zeigen uns nicht mehr als das, was Menschen von sich preisgeben wollen. Auf die Wirklichkeit lässt sich dadurch nur bedingt schließen.

Wie viele Sexualpartner hatten schwedische Frauen?

Vielleicht wird die Verzerrung, die durch Umfragen entsteht, besonders gut deutlich, wenn wir uns anschauen, wie viele Sexualpartnerinnen schwedische Männer in ihrem Leben hatten. Es sind, glauben wir Umfragen, neun. Fragen wir hingegen die schwedischen Frauen, also diejenigen, mit denen diese Männer Sex hatten, dann bekommen wir eine völlig andere Zahl an Sexualpartnern. Sie lautet: sechs.

Es ist offenkundig, dass hier etwas nicht stimmt. Mit welchen Frauen hatten die schwedischen Männer eigentlich diese drei Male Sex, die sie zusätzlich angeben? Sind sie etwa alle nach Finnland gefahren oder nach Italien, haben sich dort verliebt und hatten Sex mit einer finnischen oder italienischen Frau?

Das klingt nicht plausibel. Aber wir müssen es gar nicht bei unseren Zweifeln ob dieser unwahrscheinlichen Erklärung belassen. Wir können die finnischen und italienischen Frauen ja fragen, wie viele Sexualpartner sie in ihrem Leben hatten, und die Männer dort gleich noch dazu. Und schon steht fest, dass auch in Finnland und in Italien Männer eine deutlich höhere Zahl an Sexualpartner*innen* angeben als die Frauen ihrerseits an Sexualpartnern hatten.

Die schwedischen Männer waren also nicht in Finnland oder Italien, um sich zu verlieben, und auch andere Länder wie Norwegen scheiden aus. Stattdessen müssen wir feststellen: Überall auf der Welt geben Männer bei Umfragen eine deutlich höhere Zahl an Sexualkontakten an als Frauen.

Warum ist das so? Weil Männer bei Umfragen die Anzahl der Sexualpartnerinnen nach oben korrigieren, und Frauen korrigieren sie nach unten. Mit diesem Verhalten folgen sie den Geschlechterstereotypen, die eine höhere Zahl von Sexualpartnern bei Männern positiv bewerten. Und eine niedrigere Zahl bei Frauen. So einfach ist es. Die Meinungsumfrage ergibt ein verzerrtes Bild der Wirklichkeit. Es ist, wie es heißt – *eine Meinungsumfrage*. Und es ist kein Abbild der Realität.

Zur Untreue neigen Männer wie Frauen

Kommen wir zurück zur Untreue. Da stellt sich nun folgende Frage: Kann es sein, dass das alles bei der Untreue auch so ist? Ja, das kann sein. Die Studie zu den Blutgruppen gibt darauf immerhin einen spannenden Hinweis. Vermutlich lag die Zahl der untreuen Männer und der untreuen Frauen in der Geschichte noch nie weit auseinander. Mit wem bitte sollen denn untreue Männer vor 100, vor 1000 oder vor 100 000 Jahren untreu gewesen sein, wenn es keine Frauen gab, die das ebenfalls waren? Selbst im konservativen Mittleren Westen der USA war das in den Vierzigerjahren so. Es fanden sich Gelegenheiten. Für Männer. Für Frauen.

Unser Bild der Frau (züchtig) ist anders. Das sagt mehr über unsere Unwissenheit in Sachen Treue und Untreue aus und über Geschlechterstereotypen, die unser Bild von Männern und Frauen prägen, als über die Realität der Liebe in vergangenen Jahrhunderten und Jahrtausenden. Die Medien wie die Wissenschaft haben das ihre dazu beigetragen, ein unpassendes Bild nicht nur zu malen, sondern es in unseren Köpfen fest zu verankern.

Auch die genannte Studie aus den USA hat das getan. Die Forschung zu den Blutgruppen wurde seinerzeit veröffentlicht. Aber der Zufallsbefund, dass zehn Prozent der Kinder nicht vom Ehemann der Frau abstammten, kam nie an die Öffentlichkeit. Die Forscher verheimlichten ihn. Er passte nicht ins Bild der Zeit. Da die durch Untreue gezeugten Kinder zum großen Teil heute noch leben, ist dieser Ausschnitt der Forschung, anders als der zu der Vererbung bestimmter Merkmale der Blutgruppen, bis heute nicht veröffentlicht worden.

Die Fakten werden stattdessen von Mund zu Mund weitergegeben. Der bekannte Evolutionsbiologe und Bestsellerautor Jared Diamond hat in seinem Buch *Der dritte Schimpanse* auf diese Studie hingewiesen. Er musste dem Forscher zusagen, seinen Namen und den Namen und Ort der Studie nicht preiszugeben. Zu groß ist noch heute die Angst, großen Unfrieden in die damals beteiligten Familien zu tragen.

Ähnliche Studien in Großbritannien und in den USA kamen im 20. Jahrhundert zu ziemlich ähnlichen Ergebnissen wie die Studie, die Jared Diamond zitiert. Die Zahl der außerehelich gezeugten Kinder lag je nach Untersuchung bei sehr überschaubaren fünf Prozent bis hin zu unglaublich hohen dreißig Prozent. So viel zur Theorie, dass der Mann seinen Samen streuen will und muss, die Frau hingegen eher züchtig ist. Sie ist – Unsinn. Und von den Fakten nicht gedeckt. Wir kennen die Fakten nicht einmal. Stattdessen nehmen Liebesmythen und Geschlechterstereotype den Raum ein, der dem Wissen gebührt.

Muss ein Mann seinen Samen streuen?

Die Annahme, dass der Mann seine Samen streuen muss und will, ist auch deshalb Unsinn, weil eine sehr große Zahl der Fälle von Untreue in einem Alter stattfindet, in dem von Fortpflanzung keine Rede mehr sein kann. Wie etwa bei Jan (55), von dem später noch die Rede sein wird. Will er wirklich »seinen Samen streuen«, als er eine Affäre mit Anita (52) eingeht und schließlich seine Frau (53) zugunsten von Anita verlässt?

Oder wie bei Anja (44), die sich in Georg (46) verliebt und über zwei Jahre eine emotionale Affäre mit ihm hat, weil er ihr, anders als ihr Mann, so wunderbar zuhört, der aber seine Frau »wegen der Kinder« nicht verlassen mag. Beim einzigen Versuch, es zum Sex kommen zu lassen, hat Georg nicht einmal eine Erektion bekommen. So viel zum Thema »Samen streuen«.

Es ist so einfach, die Biologie für solche Geschichten von Treue und Untreue verantwortlich zu machen – und dabei das psychologische Wissen, die Fakten außer Acht zu lassen. Das macht es sehr schwer, Untreue zu verhindern.

Untreue verhindern

Wer die Formel finden könnte, um Untreue zu verhindern, der hätte ganz ohne Zweifel den Friedensnobelpreis verdient. Dieser wird üblicherweise nicht an Psychologinnen und Psychologen vergeben. Zumeist geht er an Politikerinnen und Politiker und an Organisationen, die geholfen haben, die Welt mit ihrer Arbeit ein wenig friedlicher zu machen.

Im Fall der Treue und der Untreue und dem Betrügen gibt es zwei heiße Anwärter auf den Friedensnobelpreis. Richtiger wäre es zu sagen einen Anwärt*er* und eine Anwärter*in*. Die eine ist Shirley Glass. Und der andere ist John Gottman.

John Gottmans Leben als Forscher und späterer Paartherapeut hat sich ausschließlich um die Liebe gedreht. Als junger Mann will er wissen, unter welchen Bedingungen die Liebe hält. Und er will herausfinden, was sie zerstört. So beginnt seine Forschung in den frühen Siebzigerjahren. Diese Forschungsreise wird nach gut zwei Jahrzehnten dazu führen, dass John Gottman nur ein einstündiges Gespräch eines Paares aufzeichnen *und analysieren* muss, um mit 95-prozentiger Wahrscheinlichkeit zu wissen, ob die beiden fünfzehn Jahre später noch zusammen sein werden. Oder ob ihre Liebe scheitern wird.

Ich habe die Worte »und analysieren« jetzt so herausgehoben, weil John Gottman dem Paar in der Tat nicht einfach so zuhört. Zum einen wird das Gespräch auf Video aufgezeichnet und anschließend Sekunde für Sekunde analysiert. Guy Bodenmann hat das im Interview in Kapitel eins erklärt. Es zählt dabei nicht nur, was gesagt wird, es zählt auch der Tonfall. Auch der Gesichtsausdruck wird notiert und geht in die Bewertung mit ein. Zum anderen erhebt John Gottman bei diesen Paargesprächen auch den Puls, den Hautwiderstand und sogar, ob jemand auf seinem Stuhl unruhig hin und her rutscht. Sehen Sie, wie aufwändig und findig zugleich Forschung ist?

Kein anderer Forscher hat bis dahin mit so hoher Sicherheit Voraussagen über den Bestand einer Liebe machen können. Das hat einen einfachen Grund. Erst mit dem Erlass der ersten Ehescheidungsgesetze in den Siebzigerjahren begann die wirklich fundierte Forschung zur Liebe. Und um Voraussagen über Zeiträume von immerhin fünfzehn Jahren machen zu können, brauchte es Zeit. Mehr als zwanzig Jahre waren dafür nötig. Mitte der Neunzigerjahre wusste John Gottman schließlich mehr über das Gelingen und über das Scheitern der Liebe. Und er wusste mehr als jeder andere vor ihm. Das ist wissenschaftlicher Fortschritt. Er macht auch vor der Liebe und der Frage, warum sie scheitert, nicht Halt.

Untreue spielt bei diesem Scheitern der Liebe eine wichtige, eine entscheidende Rolle. John Gottman würde im Fall von Linda allerdings nicht mit dem Finger auf Linda zeigen. Er würde wohl weder auf sie noch auf ihren Mann zeigen. Die Schuldfrage interessiert John Gottman nicht. Er würde vielmehr Fragen stellen. Etwa die Frage, ob es nicht Lindas Mann gewesen ist, der als Erster den Weg der Untreue eingeschlagen hat. Fakt ist: *Er war nicht für sie da, als sie ihn brauchte.*

Linda litt mit ihrem Vater, der von Chemotherapie über Operationen und Reha-Maßnahmen und einer erneuten Chemotherapie eine Menge durchzumachen hatte und seinen Kampf am Ende doch verlieren würde. Ihr Mann hörte ihr schon bald kaum noch zu. Nach einer Weile vergaß er sogar, wenn wieder einmal ein wichtiger Arzttermin anstand. Er war es, der das Herz seiner Frau verriet, der es einsam und verlassen zurückließ und sich angenehmeren Dingen zuwandte. Seiner Arbeit. Seinen Hobbys. Seinen Freunden. Gut möglich, dass Lindas Mann sein Desinteresse an ihren Sorgen nicht als eine Untreue ansieht. John Gottman sieht das anders.

Wirst du für mich da sein, wenn ich dich brauche?

In John Gottmans Sicht der Dinge ist Untreue ein sehr weites Feld. Wir können den Partner mit einem Arbeitskollegen betrügen, der uns besser versteht. Wir können ihn auch mit dem Bau eines Hauses betrügen, einem Projekt, das uns deutlich wichtiger ist als der Partner oder die Partnerin. Oder wir betrügen ihn mit einer Arbeit, die stets und immer mehr Aufmerksamkeit erfordert als die beruflichen und persönlichen Belange, die unser Gegenüber beschäftigen.

Die entscheidenden Fragen einer jeden Liebe lauten in den Worten von John Gottman: »Wirst du für mich da sein, wenn ich dich brauche? Sprichst du mit mir, wenn ich traurig bin? Wirst du nicht ärgerlich auf meine Stimmungen reagieren?« So hat er es in einem Interview mit dem deutschen Paarberater Oskar Holzberg ausgedrückt. Heißt die Antwort »Nein«, wie bei Lindas Mann, dann ist das in John Gottmans Augen eine Form der Untreue, der seelischen Untreue. Diese Untreue wird Folgen haben. Und sie hat, wie jede Untreue, das Potenzial, die Partnerschaft der beiden zum Scheitern zu bringen.

Ein mangelndes Interesse für den Partner und seine Gefühle rächt sich in einer Partnerschaft immer und in jedem Fall. Nicht immer ist die sexuelle Untreue des anderen dann die logische Folge. Er kann sich auch entfremden, die »innere Kündigung« einreichen und schließlich dann die Scheidung. Er kann sich auch mehr und mehr verschließen. Geht Linda diesen Weg, dann wird sie immer seltener Lust auf Sex haben. Auch die alltäglichen Zärtlichkeiten werden möglicherweise abnehmen. Ihr Interesse an ihrem Mann ebenso.

Linda zieht sich zurück in ihre Welt aus Trauer und Sorge, eine Welt, von der ihr Mann schon bald ausgeschlossen ist. Als Reaktion auf diesen Rückzug wird er möglicherweise schon bald feststellen, was für ein toller Mensch doch seine neue Assistentin Julia ist. Fürsorglich! Zugewandt! Immer ein offenes Ohr für ihn und seine Belange! Und attraktiv ist sie zu allem Überfluss auch noch! Auf diese Weise kann als

Ergebnis seines ersten Verrats an Linda ein zweiter folgen. Er wendet sich einer anderen Frau zu. Mit allen Konsequenzen, die das für die Partnerschaft hat.

Noch jemand hat die Partnerschaft verraten – Linda. Es war ihre Aufgabe, ihren Mann deutlich darauf hinzuweisen, dass sie ein offenes Ohr ebenso braucht wie seinen Trost. Linda hat das nie ernsthaft versucht. Sie hat akzeptiert, dass er sich nicht interessierte. Das war ihr Fehler. Der Weg zur Untreue ist mit Fehlern gepflastert. Und diese Fehler werden nie allein von einer Seite gemacht. Für das Wohlergehen einer Partnerschaft sind zwei Menschen verantwortlich. Tun sie es nicht, dann kann es zur Folge haben, dass sie in einem Dreieck der Untreue landet.

Das Dreieck der Untreue

Shirley Glass hat ihr ganzes Leben ausschließlich dem Thema der Untreue gewidmet. Sie hat mit Ehepaaren gearbeitet, von denen einer der beiden Partner sexuell untreu war. Sie hat auch mit den außenstehenden Dritten gearbeitet, die oft besonders stark unter der Situation leiden. In manchen Fällen kamen sogar alle drei zu ihr in die Beratung. Das ganze Dreieck. Das passiert auch mir immer mal wieder.

Bei ihrer Arbeit hat Shirley Glass im Kern herausgefunden, dass Untreue in der Regel allen Beteiligten schadet. Keiner bekommt, was er oder sie sich wünscht. Oft befinden sich im Verlauf so einer Dreiecksgeschichte alle Beteiligte an irgendeinem Punkt der Entwicklung in einem seelischen Ausnahmezustand, der, wenn es schlimm kommt, bis zum Nervenzusammenbruch führt. Das ist auch in Lindas Fall leicht zu verstehen. Ihr Herz hat notgedrungen eine neue Heimat gefunden. Aber sie lebt mit ihrem Mann und den beiden Kindern zusammen. Sie will nicht, dass ihre Familie auseinanderbricht. Und da sie das nicht will, da sich ihr Herz immer schon sehnlichst gewünscht hat, ein offenes Ohr und eine Schulter zum Anlehnen *bei ihrem Mann zu finden,* hat Marcel dauerhaft kaum eine Chance bei ihr. Kommt die Affäre ans Licht, wird Linda ihn vermutlich fallen lassen – allen jetzigen Liebesschwüren zum Trotz.

Marcel wird in dem Fall mit leeren Händen dastehen – und in ein tiefes Loch fallen. Nie hätte er gedacht, dass er gegen dieses gefühllose Monster von Ehemann verlieren könnte. In schlaflosen Nächten denkt er darüber nach, wie er Linda doch noch für sich gewinnen kann. Einmal wacht er mitten in der Nacht auf, setzt sich an den Schreibtisch und verfasst einen Brief an Lindas Mann. Er wird ihn mit sexuellen Details seiner Affäre mit Linda konfrontieren, von denen der sicherlich nichts weiß. Als er den Brief am nächsten Morgen liest, wird ihm klar, dass er auf diese Weise zwar Zwietracht säen kann. Lindas Herz aber kann er so nicht erreichen. Seine Lage ist – aussichtslos. Linda ist für ihn wohl doch verloren.

Aus Untreue wird so gut wie nie eine stabile Partnerschaft

Lohnt dieser ganze Aufwand, den Marcel betreibt, um eine verheiratete Frau für sich zu gewinnen überhaupt? Wie sind seine Aussichten, dass das gelingt? *Sie sind schlecht*, würde Shirley Glass erwidern. Aufwändige Forschungen kamen zu dem eindeutigen Ergebnis, dass aus Untreue so gut wie nie eine langjährig stabile Partnerschaft entsteht. All die schmachtenden WhatsApps, die, hintereinander gehängt, ganze Liebesromane ergeben, all die romantischen Beteuerungen von Seelenverwandtschaft und auch all die zerwühlten Laken – das alles führt am langen Ende in der Regel zu nichts. Keine neue Liebe. Keine Partnerschaft, die ein Leben lang hält. Es ist und bleibt eine Affäre. Im besten Fall wird es zu einem Beziehungsversuch, der nach ein oder zwei Jahren schon endet.

Marcel hätte sich den ganzen Aufwand also sparen können. Die warmen Worte, die Zuwendung für Linda, die Unterstützung, die er ihr gewährt, all das wird sich für ihn nicht auszahlen. Unser Bild von

Untreue ist anders. Schauen wir Spielfilme im Fernsehen, dann dient die Untreue oft dazu, eine neue Liebe zu begründen. Das geht dort, anders als in der Realität, vergleichsweise einfach und reibungslos.

Zwei Frauen sind weniger als eine

Die Medien überschütten uns mit Berichten darüber, wie *unglaublich schön* Polyamorie ist und dass Untreue eine Partnerschaft bereichern kann. Tja. Es sind diese modernen Märchen, die unser Bild von der Untreue prägen. Die Realität der Untreue ist eher trostlos.

Gegenüber der *guten alten Zeit* hat sich ein Punkt in unseren Tagen deutlich verändert. Damals war Scheidung keine Option – oder zumindest nur für eine sehr kleine Minderheit ein gangbarer Weg. Heute ist das anders. Untreue wird als ein Sprungbrett in eine neue Beziehung angesehen. Hollywood wie auch die deutsche Vorabendserie gaukeln uns diese Sicht der Dinge wieder und wieder vor. Und so glauben auch viele Untreue daran.

Bei Jan (55) zum Beispiel sind die Würfel gefallen. Er hat das Sprungbrett der Untreue genutzt. Mit allen Folgen für ihn und für seine Frau. Jan war 22 Jahre mit seiner Frau zusammen. Warum er gegangen ist, das weiß er nicht. »Meine Frau ist stets liebevoll zu mir gewesen, hat mir in sehr schweren Zeiten zur Seite gestanden«, sagt er. Sie haben gemeinsame Hobbys und schönen Sex. Dann wechselt er die Arbeitsstelle, verliebt sich in eine andere Frau, und das Gefühlschaos nimmt seinen Lauf.

»Meine Ehefrau hat alles versucht, um mich auf vernünftige Art und Weise zurückzubekommen. Alle gut gemeinten Ratschläge habe ich nicht angenommen, im Gegenteil. Ich habe dem liebsten und ehrlichsten Menschen die Zukunft genommen und total unglücklich gemacht«, sagt er voller Reue.

Schließlich zieht er aus und lebt bei seiner neuen Partnerin. Alles gut also? Mitnichten. Denn nun muss er ständig an seine Ehefrau denken. Das belastet auch seine neue Beziehung, in der er ansonsten, wie er sagt, glücklich ist. Aber das kennen wir ja schon von ihm. So unzufrieden er jetzt auch ist (und in der Vergangenheit auch war), angeblich war immer alles suppi. Was bleibt, das ist die Zerknirschung.

»Ich habe meiner Ehefrau gegenüber ein sehr schlechtes Gewissen. Sie hat mir nie etwas Schlechtes getan und ich rangiere sie einfach aus. Warum tut man so etwas, warum habe ich mich nicht um meine Ehe bemüht? Ich bin jetzt 55 Jahre alt, die Schulden für das Haus sind abgezahlt, die Kinder verdienen ihr eigenes Geld, wir haben ein schönes Haus, alles ist bereit für ein gemeinsames Altwerden. Warum tue ich dann so etwas?«, fragt Jan. »Ich verstehe das nicht.«

Verliebten kann man nicht raten

Verliebten kann man nicht raten, sagt der Volksmund. Er hat recht. Das liegt an den starken Hormonen, die da wirken. So viel zu der Frage von Jan, *warum man so etwas tut*. Wenn er seine Ehe erhalten will, dann muss er verhindern, dass er sich in eine andere Frau verliebt. Viele Menschen glauben, das sei schwer. Doch das ist nicht wahr. Es ist sogar *sehr* einfach und es geht so: Jan erzählt Tag für Tag seiner Frau, wie es ihm geht und was er erlebt – auf der neuen Arbeit.

Neue Arbeitsstellen sind gleich in mehrerlei Hinsicht eine Versuchung für die Liebe. Erstens sind sie eine gravierende Veränderung in unserem Leben. Wir müssen uns am neuen Arbeitsplatz neu einfinden. Die Vertrautheit der Kontakte, die wir bei der alten Arbeit hatten, ist verloren. Das schafft Unsicherheit. Auch Jan ist das so ergangen. Zweitens suchen wir deshalb Halt. Bei neuen Arbeitskollegen. Oder Kolleginnen. Und drittens kennt die Partnerin den neuen Arbeitsplatz nicht. Sie muss sich auch erst einmal zurechtfinden in dem, was Jan ihr erzählt. Viertens besteht die Gefahr, dass Jan dort auf eine Kollegin trifft, die Single ist und die sich nicht traut, auf dem Markt der Singles nach einem neuen Partner zu suchen. Sie setzt stattdessen auf die Vertrautheit, die ein gemeinsamer Arbeitsplatz bietet: häufiger Umgang miteinander, vorsichtiges Herantasten im Gespräch, erste zaghafte Komplimente.

Radikale Ehrlichkeit

Dagegen hilft nach Erfahrungen aus der Beratung vor allem radikale Ehrlichkeit. Wenn ihm bei der neuen Arbeit eine Frau schöne Augen macht, ihm schon bald auch *total nette* Nachrichten über WhatsApp schreibt, *dann erfährt das umgehend und auf der Stelle seine Frau*. Die beiden überlegen dann, wie sie die Nachrichten *total nett* und gleichzeitig deutlich beantworten. Gemeinsam beantworten.

Wenn Jan die netten WhatsApp-Nachrichten und die tollen Gespräche mit der neuen Arbeitskollegin im Vorfeld des Sich-Verliebens allerdings vor seiner Frau verheimlicht, dann nimmt das Drama seinen Lauf. Es sind die kleinen Lügen des Anfangs, die den Weg zu den späteren, den großen Lügen bahnen.

Im Fall von Jan liegt das Kind jetzt schon lange im Brunnen. Ich kann ihm auch nur wenig Hoffnung machen, dass es da wieder herauszuholen ist. *Zwei Frauen sind weniger als eine*, heißt die Regel bei Untreue.

Das zeigt sich bei ihm sehr deutlich. Zwei Frauen zu haben führt in der Regel zu einer großen inneren Zerrissenheit. Zwei Männer ebenfalls. Das sollte unterdessen klargeworden sein. Ein bis zwei Prozent der Menschen können mit solchen Konstellationen gut leben, polyamor leben. Sollen sie. Der Rest kann das nicht.

Jan war mit seiner Ehefrau angeblich glücklich. Er hat sie dennoch verlassen. Mit der neuen Frau ist er angeblich auch glücklich. Und denkt doch oft an die andere. Es ist leicht zu merken: Da stimmt etwas nicht. Aber was?

Dass rundum glückliche Männer (und Frauen) einfach so ihre Beziehung aufs Spiel setzen für *eine* oder *einen* anderen, das ist ein

Mythos. Die Realität lautet: In aller Regel fühlen wir uns zu einem anderen Menschen hingezogen, weil uns in der bestehenden Partnerschaft etwas Wichtiges und für uns Grundlegendes fehlt. Mit einem Wort: Jan war unzufrieden. Das hat ihn anfällig gemacht für nette Gespräche mit der neuen Arbeitskollegin, anfällig für liebevolle Blicke, anfällig für Komplimente und für Verständnis. Ganz offensichtlich ist ihm aber nicht klar, warum für ihn das Grün in Nachbars Garten grüner zu sein schien. Er kann die Gefühle, die ihn weg von seiner Frau und hin zu der anderen geführt haben, auch im Nachhinein nicht identifizieren. *Es ist ihm passiert.*

Er hat alle Stadien der Untreue durchlaufen. Das wiederholte Vergleichen der neuen Frau mit seiner. Die anregenden und immer intimer werdenden Gespräche mit der Neuen. Die erotischen Phantasien. Und er hat weder gemerkt, dass er sie durchlief, noch kann er sich jetzt im Nachhinein daran erinnern.

Warum für Jan das Grün in Nachbars Garten grüner war

Die meisten Paare, die ich zur Untreue berate, können nicht sagen, womit sie unzufrieden waren oder sind. Sie wissen es tatsächlich nicht. Wenn es etwas gibt, was die *Generation beziehungsstark* besser machen wird als vorherige Generationen, dann das: Unzufriedenheiten spüren. Und aussprechen.

Anders als Jan weiß es seine Frau Heike ganz genau. »Unsere Beziehung war immer sehr gefühlvoll, natürlich gab es auch Meinungsverschiedenheiten, aber das ist ja normal«, sagt Heike. Doch dann kommt sein neuer Job. »Seine neue Arbeit sollte es leichter für ihn machen. Sie war körperlich nicht so schwer, er hatte mehr Urlaub, musste nicht mehr am Wochenende arbeiten.«

Doch anstatt Erleichterung kommt mit der neuen Arbeit die Unzufriedenheit bei Jan. Jeden Abend sprechen er und Heike nun über seine Sorgen wegen der neuen Arbeit. »Er war nicht mehr ausgefüllt, seine Kollegen waren wenig motiviert, was ihn sehr störte. Auch hatte mein Mann jetzt Zeiten, in denen er nichts zu tun hatte, das war Gift für ihn.«

Eines Abends erzählte er ihr dann, dass er eine Frau kennengelernt hat, die die perfekte Freundin für sie wäre. Sie würde genauso gerne wandern wie sie, liebe Hunde, und sie hätten auch sonst viele Gemeinsamkeiten. »Ich wusste nicht, was ich denken sollte, sah aber noch keine Gefahr«, sagt Heike. Seine Unzufriedenheit mit der Arbeit wächst. Er will nach einem Jahr alles hinschmeißen. »Ich sprach dagegen, obwohl er sehr gelitten hat. Irgendwann kam dann sein Geständnis, dass er sich in eine andere Frau verliebt hat, ich wusste sofort, in wen.«

Die neue Frau versteht, anders als Heike, ganz genau, warum Jan die Arbeitsstelle wechseln will. Heike hingegen findet, er solle durchhalten. Und so wechselt das Herz von Jan nach und nach die Seite. Und findet einen neuen Ort. Zurück bleiben jede Menge Scherben und ein riesiges Gefühlchaos für alle Beteiligte. Jan hatte nie vor, seine Frau zu verlassen – und hat es doch getan. Er wollte Verständnis – und hat es bei seiner Frau nicht eingefordert. Das war seine Aufgabe. Verstanden hat er das zu keinem Zeitpunkt.

Die Aufgabe seiner Frau war es, die Not ihres Mannes mit der neuen Arbeit zu verstehen. Ihr Versuch, ihren Mann zum Durchhalten zu ermuntern, war falsch. Jetzt ist ihr das klar. Doch jetzt ist es zu spät. »Das Abschließen mit unserer Beziehung, das Verarbeiten fällt mir sehr schwer. Seine Zerrissenheit erkenne ich auch daran, dass er mir Komplimente macht, Blumen schenkt und bei allem helfen will. Er kann mir bis heute nicht sagen, was in unserer Ehe schiefgelaufen ist.«

Das Gefühlchaos, von dem Jan spricht, kann ihn noch lange beschäftigen. Auch jetzt, nach der Trennung, kommt Jan von Heike innerlich nicht los. Im ungünstigsten Fall kann das dazu führen, dass er die Liebe beider Frauen verliert. Und das alles, weil Jan seiner Frau nichts von den Angeboten der Kollegin erzählt hat. Und weil er es versäumt hat, seiner Frau klarzumachen, dass er ihre Unterstützung für einen erneuten Wechsel der Arbeit braucht. Sie hätte seine Unzufriedenheit ernst nehmen müssen.

Von sich aus wird jede Ehe schlecht

Treue ist nicht wirklich kompliziert, auch wenn es den an einer Untreue Beteiligten oft so erscheint. Im Grunde ist es mit der Treue sogar ganz einfach. Ein Paar muss in einer engen emotionalen Verbindung bleiben, stets wissen, was den anderen gerade beschäftigt, und immer wieder füreinander da sein. Wie beschreibt John Gottman den Kern einer guten, einer treuen Partnerschaft? »Wirst du für mich da sein, wenn ich dich brauche? Sprichst du mit mir, wenn ich traurig bin? Wirst du nicht ärgerlich auf meine Stimmungen reagieren?« Eine regelmäßige Sexualität hilft auch, denn auch sie ist ein Füreinander-da-Sein und stärkt die Beziehung.

Doch in der Praxis ist das mit dem Verbunden-Bleiben, das mit dem Wissen, was den anderen beschäftigt, das mit dem Für-den-anderen-da-Sein, wenn er uns braucht, und auch das mit der Sexualität bei weitem nicht so einfach, wie es sich schreibt. Wir haben gesehen, wie einfach die Ehe von Linda an den Klippen der Krankheit des Vaters zerschellt ist bzw. zu zerschellen drohte. Und die Ehe von Jan an den grundlegenden Veränderungen wie dem Wechsel des Arbeitsplatzes. Oft sind es solche gravierenden Ereignisse, die eine Ehekrise nach sich ziehen. Doch das ist nicht immer so.

Manchmal reicht auch der Alltag eines Paares mit all den Herausforderungen und Belastungen, um eine Ehe schlechter werden zu lassen. Ein Paar muss im Kern schlicht gar nichts tun, um innerlich immer weniger miteinander verbunden zu sein. Es reicht völlig aus, wenn es kontinuierlich immer weniger tut. Immer mal wieder wird *der* andere, wird *die* andere ein klein wenig weniger beachtet. Und das über Monate und Jahre. *Von sich aus wird jede Ehe schlecht.*

Sie nörgelt – er arbeitet mehr

Im Alltag einer Ehe bemerken die Beteiligten in der Regel nur einige Symptome der zunehmenden Unzufriedenheit. Die Frau nörgelt öfter. Der Mann bleibt häufig länger auf der Arbeit. Das vergrößert die Zufriedenheit mit der Partnerschaft nicht. Es wird noch mehr genörgelt. Und auf der Arbeit geblieben wird auch mehr. Fragt man die beiden, dann würde *sie* sagen, dass sie doch nörgeln muss – so viel, wie er sie alleine lässt. Und fragt man *ihn*, dann wird er erwidern, dass es bei der Arbeit eben deutlich angenehmer für ihn ist – so viel, wie sie nörgelt.

Wenn Paare an dieser Stelle in der Beratung erscheinen würden, wäre es ein Leichtes herauszufinden, was sie ursprünglich einmal umtrieb. Der Berater oder die Beraterin könnte für mehr Zufriedenheit sorgen und alles wäre gut. Doch genau das passiert im Alltag leider nicht. Die *Generation beziehungsstark* wird lernen, ihre Unzufriedenheit ernst zu nehmen. Ob Nörgeln oder stetes auf der Arbeit bleiben, weil es dort angenehmer ist – beides ist ein Krisensymptom. Ich sage dazu gerne auch: Es ist der Rauch, aber nicht das Feuer. Die *Generation beziehungsstark* wird lernen, schon den Rauch ernst zu nehmen. Lange ehe sich ein Feuer ausbreitet. Vielleicht sollten wir die Ehe öffnen, denken dann manche Paare. Bringt das wieder Schwung in die Beziehung? Schon die Logik weist in eine andere Richtung: Ist Unzufriedenheit der Motor für den Wunsch nach einer offenen Ehe, dann wird die offene Ehe nicht dazu führen, dass das Paar zufriedener miteinander wird.

Die offene Ehe ist ein trostloser Ort

Frank ist geschieden und lebt seit sechs Jahren in einer offenen Dreiecksbeziehung mit einer Frau, die mit ihrem Mann verheiratet ist und bleibt. »Wir zwei Männer haben wenig Probleme miteinander«, sagt Frank. Die Frau kommt mit ihrem Mann auch gut zurecht, allerdings ohne sexuellen Kontakt. Ihr Mann will nicht mehr.

Mit Frank ist die Beziehung komplizierter. »Sie gleicht einer Sinuskurve mit abnehmender Wellenlänge, was mich und unsere Beziehung mehr und mehr belastet. Ich befürchte, dass es für die Frau immer schwerer wird, diesen Zwiespalt zu bewältigen«, sagt Frank.

Ich teile Franks Befürchtung. Ein Dreieck, wie er es schildert, führt bei den allermeisten Menschen zu einer starken inneren Zerrissenheit. Auch zwei Männer sind eben weniger als einer. Das hat nichts damit zu tun, ob die beiden Männer (wie in diesem Fall) davon wissen oder ob das alles heimlich passiert. Offene Ehen sind kein besonders gemütlicher Ort.

Der Ehemann schaut ganz offenkundig lieber dabei zu, wie seine Frau die Erotik mit einem anderen Mann sucht, als sich ernsthaft zu fragen, warum sein Begehren denn so sehr abgenommen hat. Das ist aus Sicht der Frau enttäuschend und aus meiner Sicht als Berater zumindest erklärungsbedürftig. Liegt ihm so wenig an seiner Beziehung, dass er den Gang zum Beispiel in eine Beratung lieber meidet? Immerhin könnte er dort herausfinden, warum er nicht mehr will. Die Frage des abnehmenden Begehrens ließe sich klären. Nachlassende Lust ist in Partnerschaften kein Naturgesetz, sondern sehr oft von Menschen gemacht. Von zwei Menschen gemacht. Schade, dass er das nicht begriffen hat.

Aus Sicht der Frau stellt sich das Problem so dar: Sie wünscht sich nichts sehnlicher als eine lebendige Sexualität mit dem Mann an ihrer Seite. Sexualität führt zu starken Verbundenheitsgefühlen. Sie lässt uns die Bindung an den anderen sehr deutlich spüren. Wir fühlen uns zudem auch begehrt – was das Selbstwertgefühl stärkt. Und nicht zuletzt führt Sexualität zu dem Gefühl von Heimat. Heimat in der Beziehung. *Hier gehöre ich hin.*

Kein Sex ist auch keine Lösung

Wird die Sexualität ausgelagert (weil der eigene Mann nicht mehr will), dann wird aus Sicht der Frau auch ein großer Teil der Verbundenheitsgefühle ausgelagert. Das Gleiche gilt für die Bindungsgefühle, die

Freude am Begehrtwerden und für das Gefühl der Heimat (*Hier gehöre ich hin*). Innerhalb der Partnerschaft verbleibt dann möglicherweise noch eine innige Freundschaft sowie die Vertrautheit, die durch die vielen gemeinsamen Jahre entstanden ist. Und zudem noch ein großes Stück an Gewohnheit. Das führt aus Sicht der Frau in eine zunehmend absurd erlebte Situation. Dort, wo sie die Sexualität genießt, ist sie nicht zuhause. Dort, wo sie angeblich zuhause ist, gibt es keinen Sex. Sie wird mit den Jahren mehr und mehr mit dieser Aufspaltung hadern und an ihr leiden.

Aus meiner Sicht ist so eine Dreieckskonstruktion nicht haltbar. Das ist keine moralische Frage, sondern eine Frage des Gefühlslebens der Beteiligten. Es rebelliert eines Tages. Entweder der Ehemann stellt irgendwann fest, dass seine neue Sekretärin genau die richtige Frau ist, um das partnerschaftliche wie das sexuelle Leben fröhlich und vergnügt fortzusetzen. Der Geliebte (der die Frau möglicherweise nicht als Partnerin will) und die Ehefrau, die jahrelang sexuell von ihrem Mann abgelehnt wurde, bleiben konsterniert oder entsetzt zurück.

Oder der Geliebte stellt fest, dass er doch wieder gerne eine echte Partnerschaft führen will, und verabschiedet sich höflich, aber bestimmt. Die Frau muss jetzt mit ihrem Verlust zurechtkommen, was sich für sie ziemlich unangenehm anfühlt. Ihre Ehe ist für sie viel zu einsam. Sie erinnern sich: In der Ehe fehlt das Begehrtwerden, die Verbundenheit und das Heimatgefühl. Nun wird es dort noch einsamer. Sie wird jetzt von ihrem Ehemann sexuell nicht mehr begehrt und von ihrem Lover zugunsten einer anderen Frau verlassen. Das ist bitter – und bietet erneut Zündstoff für Selbstzweifel wie für Zukunftspessimismus.

Oder aber die Frau selber kommt mit der inneren Zerrissenheit nicht mehr zurecht. Das Problem ist aus ihrer Sicht: Egal, was sie tut, sie wird mit einer hohen Wahrscheinlichkeit beide Männer verlieren. Vor diesem Verlust schreckt sie (verständlicherweise) für lange Zeit zurück. Erst wenn ihre Unzufriedenheit sehr groß geworden ist, wird sie handeln. In der Regel handelt sie erst dann, wenn sie merkt, dass sie durch die Lage, in der sie sich mit ihren zwei Männern befindet, immer unglücklicher wird.

Untreue ist in meinen Augen eine sehr schlechte Lösung für ein partnerschaftliches Problem. Sie führt sehr häufig zu einer Auflösung der Beziehung. Untreue hat, kommt es zu einer Trennung, aber noch eine weitere sehr unangenehme Folge: den Rosenkrieg. Trennungen sind nie schön. Spielt Untreue eine Rolle, dann sind sie oft besonders unschön und führen zu hohen emotionalen Kosten.

Fassen wir zusammen

- Untreue beginnt, wenn etwas passiert, das wir unserem Partner oder unserer Partnerin nicht erzählen. In dem Moment öffnen wir ein Fenster zu der neuen Frau oder dem neuen Mann. Und schließen eines zum Partner.

- Untreue ist eine ausgesprochen schlechte Lösung für ein partnerschaftliches Problem: Die bestehende Beziehung macht einen der beiden nicht (mehr) glücklich. Er (oder sie) lebt mit unerfüllten Bedürfnissen und Wünschen, mit einem Mangel an Anerkennung und Wertschätzung oder mit einem Übermaß an Kritik, das ihn (oder sie) zermürbt.

- Bei den meisten Paaren würde es schon helfen, wenn sie die Unzufriedenheit offen aussprechen. Sie sind nicht mehr glücklich und zufrieden. Das zu sagen, fällt vielen Menschen schwer. Und doch ist es der Königsweg, um die Untreue mit all ihren Komplikationen zu vermeiden.

- Aus Liebschaften werden so gut wie nie Partnerschaften. Das ist eine Regel, die den meisten untreuen Menschen, Männern wie Frauen, unbekannt ist. Nur aus drei Prozent aller Affären wird später mal eine stabile Beziehung. Es ist zudem die scheidungsanfälligste Beziehungsform, die wir kennen – weil sie aus Untreue entstanden ist. Beide Beteiligte müssen fürchten, dass die Partnerin oder der Partner diesen Weg erneut einschlägt.

- Die *Generation beziehungsstark* muss diese Fakten kennen, will sie es in Sachen Treue und Untreue leichter haben. Sie muss sie kennen, um souveräner mit Untreue umgehen zu können. Und sie sollte sie auch deshalb kennen, um Untreue verhindern zu können.

»Wir haben beide zu wenig getan, um die Beziehung lebendig zu erhalten.«

Marita (33) betrügt ihren Mann über Monate mit einem anderen Mann. Dem erzählt sie nichts von ihrer Ehe. Dann fliegt ihr Doppelspiel auf. Und eine schwierige Zeit beginnt.

Wie begann Ihre Untreue?
Vor knapp einem Jahr. Meine Unzufriedenheit zu der Zeit war sehr groß. Mein Mann war schon seit dreieinhalb Jahren mit einem schwierigen Projekt beschäftigt, das aus dem Ruder lief. Wir hatten deshalb immer weniger Zeit miteinander. Der Sex wurde seltener. Und er wurde schlechter. Irgendwann wurde dann auch noch die finanzielle Situation meines Mannes schwierig. Er ist selbständig, und sein Projekt kostete ihn immer mehr Zeit und immer mehr Geld. Das hat mich sehr belastet. Urlaube gab es nicht mehr. Und dann wurde ich schließlich auch noch unzufrieden mit meiner Arbeit.

Das sind viele Belastungen. Vielleicht auch zu viele. Das kann die beste Ehe an den Rand des Abgrunds führen.
Damals war uns das nicht klar. Mein Mann dachte: Da müssen wir durch. Wir haben eigentlich nur noch funktioniert, haben sehr wenig

miteinander gesprochen und haben uns immer weiter voneinander entfernt.

Wenn es schwierig wird, dann sollten wir uns gegenseitig den Rücken stärken.
Jetzt ist uns das auch klar. Aber damals nicht. Wir hätten es auch nicht geschafft, so frustriert waren wir voneinander. Wir waren beide unglücklich mit der Beziehung.

Ich habe irgendwann nur noch die vielen Probleme auf meinen Schultern gesehen und keinen Lichtblick weit und breit. Und dann habe ich mich gefragt: Kann es das mit Anfang dreißig schon gewesen sein? Eine Freundin, die Single ist, hat mir von ihren Tinder-Erfahrungen erzählt. Sie hatte da öfter spannende Affären. Nichts Ernstes. Und ich dachte: Ich hätte gerne auch mal wieder ein Abenteuer. Und mehr Leidenschaft beim Sex. Wir haben uns keine Zeit mehr füreinander genommen. Es gab in der Ehe nur noch schnellen Sex, eine Viertelstunde vielleicht. Manchmal hatten wir auch zwei Monate lang überhaupt keinen Sex.

Tinder ist für eine Affäre üblicherweise der ideale Ort.
Sollte man denken. Aber es kam anders. Ich habe mich dort angemeldet und habe vielleicht fünfzehn bis zwanzig Männer nach links gewischt. Das bedeutet, dass man sie interessant findet. Mit sechs der Männer habe ich dann kurz hin und her geschrieben. Getroffen habe ich aber nur einen – zu einem Spaziergang. Es war ja Corona-Zeit. Dass ich verheiratet war, habe ich nicht erwähnt. Wir haben uns sehr nett über unsere Jobs unterhalten und über Länder, in denen wir schon waren. Und dann sind wir zu ihm gegangen.

Beim ersten Date.
Ja, beim ersten Date. Mein Mann wartete ja nicht auf mich. Ich hatte ihm gesagt, dass ich bei meiner Freundin übernachten würde. Vier Tage

nach dem ersten Date schrieb er mir, dass er gerne für mich kochen würde. Wir haben uns dann öfter gesehen. Er hat gekocht. Und dann gab es Sex. Für meinen Mann war ich immer bei meiner Freundin.

Wie lange ging das gut?
Etwa sechs Monate. Ihm ist sicherlich aufgefallen, dass er nie zu mir konnte und dass er keine meiner Freunde kennenlernte. Bis auf meine Tinder-Freundin eben. Er hat dann herausgefunden, dass ich ein Facebook-Profil unter meinem Mädchennamen habe.

Damit war Ihre Geschichte aufgeflogen.
Das war ein Schock für mich. Er hat auch ganz schnell meinen Mann im Internet gefunden. Er war sehr wütend und verletzt und hat gedroht, meinen Mann zu informieren.

Haben Sie überlegt, Ihrem Mann von der Untreue zu erzählen?
Ich wollte nicht, dass es mein Mann erfährt. Ich habe befürchtet, dass es ihn sehr stark verletzt. Gleichzeitig muss ich aber zugeben, dass ich sehr traurig war, dass die Affäre zu Ende war. Die Treffen mit dem Lover waren ja die Highlights meiner Tage gewesen. Ich habe mich gefragt, wie ich es meinem Mann erzählen kann. Und dann kam der Brief.

Von Ihrem Lover.
Ja. Er hat ihn an meinen Mann geschrieben. Dessen berufliche Adresse stand ja im Internet. Der Brief enthielt auch WhatsApp-Dialoge zwischen dem Lover und mir. Alles sehr eindeutig.

In dem Augenblick war die Krise der Beziehung für Sie beide offenkundig. Eine Ehekrise hatten Sie aber schon lange vorher, spätestens als Sie über eine Affäre nachdachten. Gab es in Ihren Augen denn keine Alternative zur Untreue?

Welche denn? Mir ist keine eingefallen. Ich hatte eine so schreckliche Unzufriedenheit in mir. Ich habe meinen Mann viel kritisiert und häufig genörgelt. Das hat aber nicht geholfen. Heute weiß ich: Das konnte nicht helfen.

Sie hätten sagen können, dass Sie ernsthaft darüber nachdenken, sich zu trennen. Viele Männer wachen erst dann auf und nehmen die Bedürfnisse ihrer Partnerin wieder ernst.
Ich habe das nicht erwogen. Ich wollte meinen Mann ja nicht verlieren. Der Brief meines Lovers hat interessanterweise genau zu dem geführt, was Sie gesagt haben: Ich war ihm wieder wichtig. Es gab auch sehr persönliche Gespräche. Mein Mann wollte wieder Sex mit mir. Und wir waren auch wieder richtig gut. Nicht so lieblos wie zuvor. Gar kein Vergleich.

Ende gut, alles gut, könnte man sagen. Aber so ein Vertrauensverlust, wie er mit einer Untreue einhergeht, ist ja nicht einfach für eine Partnerschaft.
So ist es. Für meinen Partner war es sehr schlimm. Aber auch ich hatte große Angst, dass ich ihn verliere.

Dann hätten Sie erst den Lover verloren und dann den Ehemann.
Das ist zum Glück nicht passiert. Wir haben allerdings auch umgehend eine Paarberatung aufgesucht. Und eine Menge anders gemacht. Wir haben viel mehr über uns gesprochen, wir haben geredet, wie vielleicht zuletzt in der Zeit, als wir verliebt waren. Wir haben über unsere Wünsche und über unsere Bedürfnisse gesprochen, über all die Enttäuschungen der vielen Jahre mit dem verflixten Projekt meines Mannes. Es ging auch um die Kindheit. Man hört als Paar ja schnell auf, über so etwas zu reden – heute erscheint mir das als ein Fehler. Aber durch die Beratung wurde das alles jetzt ein Thema für uns beide: seine Familie, meine Familie. Wie wir beide aufgewachsen sind.

Was haben Sie herausgefunden?

Ich habe schon als Kind gelernt, nicht die Wahrheit zu sagen, um meine Eltern zu schonen. Ich weiß noch, wie mir als Kind alleine zuhause mal eine Untertasse runtergefallen ist. Ich hatte so schreckliche Angst vor dem Liebesentzug meiner Mutter. Sie konnte so gnadenlos sein. Ich habe die Scherben dann alle aufgesammelt. Und ich hatte eine riesige Angst. Und das alles nur wegen einer blöden Untertasse!

Eltern können sehr unbeholfen sein.

Ich habe nicht wirklich gelernt, mich für meine Wünsche und Bedürfnisse einzusetzen. Mein Mann allerdings auch nicht. Wir geben uns da nichts. Jetzt ist uns das klar. Uns ist jetzt auch klar, dass zwei Menschen, die sich nicht für ihre Wünsche und Bedürfnisse einsetzen, zwar gut zueinander passen – immerhin machen sie ja das Gleiche. Sie geraten aber sehr leicht in eine Situation, in der beide schlicht zu wenig tun, um die Beziehung lebendig zu erhalten.

10. Trennen

Warum der Rosenkrieg einer der größten Feinde der Liebe ist

Wenn Nadja von Saldern über die Liebe spricht, über Trennungen und über Kinder, die von ihren Eltern in einen schweren Rosenkrieg hineingezerrt werden, dann hört man die tiefe Betroffenheit der Potsdamer Paarberaterin. Draußen legt sich die winterliche Dämmerung über den nahen Wald und das Jagdschloss Glienicke. Hier drinnen in ihrem großen Beratungsraum mit drei gemütlichen Sesseln dagegen glüht die 54-Jährige für ihr Thema: die Scheidungsmediation.

»Paare mit Kindern sollten vom Gesetzgeber verpflichtet werden, zunächst eine Scheidungsmediation aufzusuchen, bevor sie einen Rechtsanwalt oder eine Rechtsanwältin mit der Wahrnehmung ihrer Interessen betrauen dürfen«, sagt Nadja von Saldern, die in ihrem Leben schon mit vielen Scheidungswilligen den friedlichen Weg aus der gescheiterten Liebe gegangen ist. Der friedliche Weg, der läuft über sie und über die spezielle Form der Beratung, die eine Scheidungsmediation darstellt. Der unfriedliche Weg, der geht über einen Rechtsanwalt. Oder eine Rechtsanwältin.

Das Tor zum Scheidungskrieg

»Einen Rechtsanwalt mit der Vertretung der eigenen Interessen zu betrauen, das ist das Tor, das zum Scheidungskrieg führt«, sagt die gelernte Mediatorin und studierte Juristin. In vielen Fällen gibt es nach dem Gang durch dieses Tor keinen Weg mehr zurück in jenes unschuldige Land, in dem Paare sich einfach einigen, in dem sie die Dinge, die zu klären sind, miteinander besprechen und regeln. Aber woher sollen trennungsbereite Paare das alles auch wissen? Sie befinden sich zum ersten Mal in der Lage, dass sie vor dem Scherbenhaufen einer langjährigen Ehe stehen. Sie erleben zum ersten Mal das Scheitern einer Familiengründung und das Platzen ihrer Hoffnungen und Träume von einer gemeinsamen Zukunft. Und sie alle sind in den meisten Fällen vollständig ahnungslos, welche Folgen es hat, wenn sie den Weg der anwaltlichen Scheidung gehen. Folgen für die Betreffenden selber. Folgen für den Partner oder die Partnerin. Folgen aber auch für die gemeinsamen Kinder.

Bislang hat der Gesetzgeber Scheidungswilligen das Tor zum Scheidungskrieg weit geöffnet. Nadja von Saldern will es ihnen verschließen. Weil es schadet. Es schadet dem Partner oder der Partnerin. Es schadet den Scheidungswilligen selber. Vor allem aber: Es schadet den Kindern. Nadja von Saldern schaut hinaus in die zunehmende Dunkelheit des Dezembernachmittags. In der Ferne versinkt das Jagdschloss der preußischen Könige im Schwarz der Nacht. Friedrich der Große war lieber hier in Potsdam, im nahen Schloss Sanssouci, als bei seiner Frau, Elisabeth Christine. Er liebte seine Jagdhunde. Seine Frau dagegen liebte er nicht.

Eine Scheidung im 18. Jahrhundert? Unvorstellbar!

Hätte er ein paar Jahrhunderte später gelebt, hätte er die Boulevardpresse mit pikanten Details einer königlichen Trennung erfreut.

Im 18. Jahrhundert war eine Scheidung unvorstellbar. Was damals blieb, das war die Distanz. Er lebte bevorzugt in Potsdam, sie im fernen Pankow, damals eine anstrengende Tagesreise mit der Kutsche entfernt.

Heutige Rechtsanwälte wären entzückt, so ein Scheidungsverfahren abzuwickeln. Geht es um viel Geld, verdienen sie viel. »Rechtsanwälte müssen im Streitfall die möglichen maximalen Rechte ihrer Mandanten immer im Auge haben«, erklärt Nadja von Saldern den Schlamassel einer modernen Ehescheidung. Ist finanziell bei einem Paar nichts zu holen, etwa, weil beide Partner Hartz IV beziehen, gibt es nur wenig Anlass, sich zu streiten. Und für Anwälte gibt es nichts zu verdienen. Sie werden nach dem Streitwert bezahlt. Haben die Beteiligten kein Vermögen, dann ist der Streitwert niedrig. Und die Rechnung ebenso. Bei wohlhabenden oder vermögenden Paaren ist das anders. Kommen Immobilien mit ins Spiel, hohe Einkommen und Erbschaften, eskaliert der Konflikt. Der Konflikt ums Geld. Und das passiert auch deshalb, weil Anwälte von der Höhe des Streitwerts profitieren.

Die Gefühle der Beteiligten

Geld steht allzu oft für die Gefühle der Beteiligten, sagt die Psychologie. Wer sich in der Partnerschaft nicht ernst genommen gefühlt hat, der kann danach im Kampf ums Geld einen scheinbaren Ausgleich suchen. In der Regel sind zum Ende einer Ehe *zwei* Menschen emotional zu kurz gekommen. Nicht *einer*. Deshalb sind oft beide sehr leicht zum Streit ums Geld zu motivieren. Wenn sie es nicht ohnehin von sich aus vorhaben. Die Arztgattin, die von ihrem Mann nach 24 Ehejahren zugunsten der dreißig Jahre jüngeren Arzthelferin verlassen wird, ist selten auf eine friedliche Einigung aus. Zu tief sitzt der giftige Stachel der Demütigung.

Das moderne Scheidungsrecht macht es Scheidungswilligen leicht, die Konflikte, die in der Partnerschaft bereits bestanden, und die Enttäuschung über den anderen in einen Streit um Hab und Gut zu überführen. Wer in der Ehe das Gefühl hatte, zu kurz gekommen zu sein, der kann sich jetzt revanchieren. Beim Kampf ums Geld, ums Haus und um die Kinder. Genau das ist der Job von Anwälten. Sie stellen maximale Forderungen, wollen den höchstmöglichen Gewinn für die eigene Partei. Die Gegenseite hingegen soll bluten.

Das Wohl der Kinder

»Konzentrieren sich zwei Scheidungsanwälte auf die Vorteile ihrer jeweiligen Mandanten, dann sorgt niemand dafür, dass die gemeinsame Elternschaft erhalten bleibt«, sagt Nadja von Saldern. »Und niemand setzt sich für das Wohl der Kinder ein«, setzt sie hinzu. *Das Wohl der*

Kinder. Das ist es, was Nadja von Saldern, die selber ein Scheidungs-kind ist, umtreibt. Wenn Paare ohne Kinder sich um das gemeinsame Haus streiten und um die Aufteilung des gemeinsamen Vermögens oder um den Hund, dann ist das tragisch. Kommen aber Kinder hinzu, dann wird aus der Tragik allzu oft eine Tragödie. Die emotionalen Kosten eines Rosenkrieges können sehr hoch sein. Sie werden am Ende auch und vor allem von den Kindern bezahlt.

Oft erleben sie die jetzt einsetzenden Kämpfe mit. Sie sind dabei, wenn die Eltern sich streiten. Oder sie werden von einem Elternteil über die »unmöglichen« Verhaltensweisen des jeweils anderen Elternteils »in-formiert«. Zudem liegen bei den Eltern in dieser Phase, in der Kinder vor allem Halt und Zuverlässigkeit von ihren Eltern brauchen, oft die Nerven blank. Und auch das schadet den Kindern. Was sie jetzt brau-chen, das sind zuverlässige Eltern. Eltern, die sich um sie kümmern. Ein Rosenkrieg macht das manchmal nur schwer, manchmal auch nahezu unmöglich. Niemand verlässt bei so einer Auseinandersetzung unverletzt das Schlachtfeld. Es verlieren alle. Ausnahmslos.

Die Scheidung als Kriegsschauplatz

»Oft wird das alles den Betroffenen erst Jahre nach einer Scheidung klar und sie erkennen, dass sie sich besser im Vorfeld geeinigt hätten«, sagt Nadja von Saldern. Manchmal schicken auch Familienrichter Paare im Rahmen des Scheidungsverfahrens zu ihr in die Mediation. Landet ein Fall vor Gericht, haben zwei Anwälte in der Regel ihre Mandanten mit Maximalforderungen schon über Monate und manchmal auch Jahre nachgerade aufeinandergehetzt.

Noch einmal: Das ist ihr Job. Sie sind schließlich Anwälte. Sie müs-sen die finanziellen Vorteile für ihre Mandantin, für ihren Mandanten anstreben. Das friedliche Auseinandergehen von zwei ehemals Lieben-den ist nicht ihr Job. Hinter beiden Partnern liegen Zeiten mit schlaf-losen Nächten und heller Empörung über Schriftsätze, die ihre ohnehin zerrüttete Ehe in einen Kriegsschauplatz verwandelt haben. Ihre Ehe war einmal ein Hafen der Ruhe und der Sicherheit. Jetzt ist sie zu einem Ort des Schreckens geworden. Das hat auch für die Eltern gravierende Folgen. Viele verlieren den Mut, je wieder eine Beziehung einzugehen. Sie sind traumatisiert von den zermürbenden Auseinandersetzungen, die sich über Jahre hinziehen können.

Beide sollen gewinnen

Wer zu Nadja von Saldern in die Scheidungsmediation kommt, freiwillig und ohne richterlichen Druck, der geht einen anderen Weg. »Bei mir gibt es keinen Rachefeldzug gegeneinander. Das passiert ja vor allem dann, wenn einer von beiden gefühlt als Verlierer aus der Beziehung herauskommt.« Ihr Ziel ist das Gleiche wie bei jeder guten Diplomatie: »Beide sollen gewinnen. Oder zumindest gleich viel verlieren.« Die Wahrheit über das Ende einer Liebe liegt stets irgendwo in der Mitte zwischen dem, was *sie* erzählt, und dem, was *er* erzählt. Passiert es ihr, dass sie sich auf einer Seite wiederfindet bei den Geschichten, die Scheidungswillige ihr erzählen? »Aber nein«, sagt sie und schaut dabei fast erschrocken. »Darüber denke ich nicht einmal nach. Vor mir sitzen zwei Menschen in Not. Mein Job ist es, dafür zu sorgen, dass sie da möglichst heile wieder herauskommen. Beide.«

Richtig schwierig wird das vor allem, wenn ein Partner vom anderen ganz plötzlich von heute auf morgen verlassen wurde. Dann sinnt der Verlassene oft auf Rache – und will demjenigen, der geht, gerne schaden. Der, der geht, das ist im Alltag von Trennungen und Scheidungen allzu oft gar kein *der*, sondern eine *die*. Die Frau.

Eine Scheidung im 18. Jahrhundert

Wie anders war das doch im 18. Jahrhundert. Kaum eine Frau hat es gewagt, einen Mann zu verlassen, mochte das Leben an seiner Seite auch noch so hart und grausam sein. Oder lieblos. Friedrich der Große hat seiner Frau das Schloss Schönhausen als Wohnort zugewiesen. Das ließ sich zur damaligen Zeit durchaus als eine Scheidung verstehen. Fortan lebten sie getrennt von Tisch und Bett. Die Ehe blieb kinderlos.

Über die Liebe vergangener Zeiten sagt uns das alles eine ganze Menge. Sie folgte Zwängen, Vorschriften und gesellschaftlichen Verpflichtungen. Sie beruhte nur selten auf dem freien Entschluss Einzelner. Fanden die Eheleute keinen guten Weg zueinander – ein ausgesprochen häufiger Fall in der *guten alten Zeit* –, dann gingen sie sich aus dem Weg. Normalsterbliche fanden hierfür andere Lösungen als Könige, keine Frage. Getrennte Schlafzimmer gehörten zu den beliebtesten Lösungen im Bürgertum. Das einfache Volk lernte, sich auszuhalten. Irgendwie.

Auseinandergehen war keine Option

Auseinanderzugehen, so wie Nadja von Saldern es für richtig hält, war keine Option. Nicht im Bürgertum, nicht bei den Handwerkern, und auch den Bauern blieb keine Wahl. Sie betrieben eine Wirtschaftsgemeinschaft, die auch aus ökonomischen Gründen kaum aufzulösen war. Also arrangierte man sich. Irgendwie. So schwierig es oft auch war.

Noch unsere Großeltern waren diesem Denken des 18. und 19. Jahrhunderts verhaftet. Eine Ehescheidung war schlechterdings undenkbar. Undurchführbar war sie in den meisten Fällen noch dazu. Wie hätte so ein Bauernhof denn zwischen den Eheleuten aufgeteilt werden sollen? Wer die Ehe nicht aushielt, der ging ins Wasser oder verlor den Lebensmut und erkrankte schwer.

Vielleich tut es uns Heutigen ganz gut, uns diese unrühmliche Vergangenheit der Liebe immer mal wieder vor Augen zu führen. Gut war damals in Sachen Liebe wenig. Wir können froh sein, dass unsere Liebe heute eine andere ist, froh sein über die großen Freiheiten, die wir haben, froh sein, dass wir auch Fehler machen dürfen, die sich durch eine Trennung korrigieren lassen.

Erst in den Siebzigerjahren des 20. Jahrhunderts fand der Gesetzgeber den Mut, Scheidungen für unglückliche Ehen zu vereinfachen. Eine Scheidung, so wie wir sie kennen, gibt es überhaupt erst seit gut vier Jahrzehnten. Nun mussten in der Regel bei einer Trennung auch keine Bauernhöfe mehr zerteilt werden. Stattdessen wurde der Unterhalt festgesetzt. Und das vorhandene Vermögen wurde geteilt. Dafür brauchte es ein rechtliches Verfahren – so kamen die Anwälte mit ins Spiel.

Für die Kinder fand der Gesetzgeber keine Lösung. Sie hatten keine Vertretung. Die Scheidungsmediation war damals noch nicht bekannt. Und im Grunde hat sich daran nicht allzu viel geändert. Denn nun sichern Scheidungen Anwälten einen Teil ihres Einkommens. Sie ist für sie zu einer lukrativen Einnahmequelle geworden. Die Scheidungsmediation bedroht den finanziellen Gewinn, den Anwälte aus dem Rosenkrieg erzielen.

Zuhören als Schlüssel zum Frieden

Paare, die zu Nadja von Saldern kommen, haben zwei sehr unterschiedliche Geschichten zu erzählen. Und genau das tun sie dann auch bei ihr. Sie erzählen ihre Geschichte. Und der andere hört einfach still zu. »Das ist eine Übung, die Paaren oft schwerfällt«, sagt die Scheidungsmediatorin. Die Paare sollen nur zuhören, wenn der andere spricht. Beide Partner erzählen ihre Version. Ihre eigene und ganz persönliche Wahrheit.

Oft sind die Versionen der beiden sehr unterschiedlich. »Die Krise begann vor zwei Jahren«, sagt er. Vorher war in seiner Welt noch alles in Ordnung. »Ich bin jetzt seit zehn Jahren unglücklich«, sagt sie tonlos und mit Tränen in den Augen. »Du hast mich nie ernst genommen, all die Jahre nicht«, ergänzt sie. Sie hat vor acht Jahren eine Paarberatung vorgeschlagen. Er hat abgelehnt. *Was seine Frau nur immer hatte! Wahrscheinlich waren es die Wechseljahre, die sie so unzufrieden machten.*

Nach dem Ende der Beziehung hat er dann eine Beratung ins Gespräch gebracht. Da war alles längst zu spät. *Acht Jahre zu spät.* Sein

Vorschlag kam nicht gut bei ihr an, erinnerte er sie doch an ihre aussichtslosen Versuche, ihn zu Veränderungen zu bewegen. Erst als sie lange entschieden war zu gehen, war er bereit zu handeln. *Acht Jahre zu spät.* Ihre Worte kommen jetzt erstickt von Tränen, und in der Stimme ist die Wut zu hören. Die Wut auf seine Untätigkeit. *Ihre Version.*

Als er fest entschlossen war, seiner strauchelnden Ehe wieder auf die Beine zu helfen, da hat sie umstandslos »Nein« gesagt. Er war doch bereit, etwas zu tun! Und sie lehnte ab. Seine Schultern hängen kraftlos nach unten, als er seine Version erzählt. Ich nenne diese Phase einer Ehe gerne auch das *Endspiel. Vortrennungsphase* sagen Fachleute dazu. Was die beiden Ehepartner in dieser Zeit erleben, innerlich erleben, ist beinahe immer sehr unterschiedlich. Sie driften unaufhaltsam auseinander – und sind durch dieses Driften zudem auch noch maßlos verstört. Ihnen droht, die Basis ihres Lebens verloren zu gehen – ihre Ehe.

Die Scheidungsmediation kann das alles nicht mehr verhindern. Sie hat ein anderes Ziel: Das Paar soll sich über die Umstände der Trennung verständigen. Das fällt leichter, wenn jeder versteht, wie der andere, wie die andere die letzten Jahre der Ehe erlebt hat.

Ein Ende für das Aufrechnen von Fehlern

»Wenn beide sich wirklich zuhören, dann kommt Friede auf«, sagt Nadja von Saldern. Friede. Endlich einmal hat der andere wirklich zugehört. Gelingt das, dann kann das ewige »Aufrechnungspingpong« ein Ende finden. Das Aufrechnen von Fehlern reißt stets neue Wunden auf. »Verbrennungen dritten Grades« nennt Nadja von Saldern diese Wunden. Verbrennungen ersten Grades sind leicht zu heilen. Die zweiten Grades erfordern mehr Mühe und Pflege. Verbrennungen dritten Grades hingegen sind für Menschen möglicherweise tödlich. Für eine Liebe sind sie es auch.

Das »Aufrechnungspingpong« ist in Nadja von Salderns Augen nur ein Grund, der den Karren der Ehe in den Morast fahren lässt. Daneben gibt es noch viele weitere. Paare arbeiten viel (wichtig!) und kümmern sich nicht darum, was ihre Liebe gerade braucht (unwichtig!). Manchmal haben beide Partner bei der Partnersuche schlicht nicht hinreichend aufgepasst und sich stattdessen lieber dem Rausch der Verliebtheitshormone anvertraut, der sie mit sich riss. Jahre später folgt dann die Ernüchterung: Der andere passt einfach nicht zu den eigenen Vorstellungen vom Leben und von der Liebe. Die Liebe war ein Irrtum der Beteiligten. Irgendwann wird ihnen das klar. Und ihre Wege trennen sich.

»Manchmal ändern wir uns aber auch im Laufe der Zeit«, sagt Nadja von Saldern. Zwanzig Jahre sind eine lange Zeit, in der wir uns in sehr unterschiedliche Richtungen entwickeln können. Langsam. Stück für Stück. Bis die eigenen Wünsche und Bedürfnisse eines Tages in der Partnerschaft viel zu kurz kommen und beide sich fragen, ob das so bleiben soll. Soll das so bleiben?

Die Ehe als Mehrgewinn – win-win

»Die Ehe ist kein Durchhaltewettbewerb«, stellt Nadja von Saldern klar. Sie ist in ihren Augen vielmehr ein Mehrgewinn. Das ist die modernste Definition einer glücklichen Ehe, die wir kennen, eine Sichtweise, auf die wir noch zurückkommen werden (Kapitel 12). Zwei Menschen sind und bleiben ein Paar, weil sie sich zusammen mit dem anderen besser entwickeln als ohne ihn. So einfach ist es schon. Win-win. Beide müssen gewinnen. Das ist die Quintessenz für die *Generation beziehungsstark*.

Nicht jeder kann sich eine Vielzahl von Schlösser leisten wie die preußischen Könige. Oft gibt es nur ein Haus, und jeder hält erbittert an ihm fest. »Jeder soll gleich viel verlieren«, sagt Nadja von Saldern noch einmal. Eine Scheidung ist ohne Verluste nicht zu haben. Wir verlieren eine Partnerschaft. Wir verlieren die Familie, die wir mit großem Enthusiasmus und oft auch großem feierlichen Aufwand gegründet haben mit einer Hochzeitsfeier auf den Seychellen und einem extra eingeflogenen

Hochzeitsfotografen für die hübschen Fotos von glücklichen Stunden der Liebenden.

Wir verlieren das gemeinsame Zuhause, müssen das gemeinsame Haus hinter uns lassen und in manchen Fällen auch verkaufen, weil das Geld zu keiner anderen Lösung reicht. Was liegt da näher, als dem Partner für diesen Schlamassel die Verantwortung in die Schuhe zu schieben? Er ist schuld! Also soll er auch dafür bezahlen.

Nadja von Saldern geht zur Flipchart und schreibt die wesentlichen Verluste auf, die Paare in einer Trennung erleiden. Es ist ein Schaubild von unglaublicher Einfachheit. Schaubilder müssen einfach sein, damit Ratsuchende sie verinnerlichen. In die Mitte malt sie das Paar, das sich zur Trennung entschlossen hat. Doch hier entstehen die Schmerzen der Beteiligten in der Regel nicht. Mit dem Auseinanderbrechen ihrer Beziehung haben die Beteiligten sich über Jahre hinweg immer mehr abgefunden. Die großen Schmerzen einer Trennung, sie entstehen anderswo – in den drei Bereichen, die Nadja von Saldern wie düstere Wolken über dem Paar schweben lässt.

Die Paartherapeutin und Mediatorin schreibt nur drei Worte dort oben hin. Dann malt sie Kreise um diese drei Worte: *Familie. Geborgenheit. Aufbau.* Pfeile führen vom Paar hinauf zu diesen drei Worten. Dort oben entstehen die heftigen Schmerzen einer Trennung, Schmerzen, die Menschen bis zum Grund ihrer Seele erschüttern können.

»Wir verlieren die Familie, die wir gegründet haben. Wir verlieren die Geborgenheit, die wir erlebt haben«, sagt Nadja von Saldern. Und wir verlieren, was wir uns als Paar für die Zukunft aufgebaut und erträumt haben. Keine gemütlichen Kaminabende im Ruhestand. Keine gemeinsame Freude an den Enkeln. Und die lange verabredete Weltreise wird es auch nicht mehr geben. »Mit dem Ende der Beziehung sterben Hunderte an zukünftigen Hoffnungen. Das tut weh und löst Angst aus«, sagt Nadja von Saldern. Die Zukunft ist ungewiss. Nur eines ist klar: Sie wird nicht zusammen mit dem bisherigen Partner erlebt werden.

Fassen wir zusammen

- Wir dürfen froh sein, dass es die Ehescheidung gibt – auch wenn wir mit der praktischen Umsetzung von Scheidungen und den Folgen, die das für Kinder nach sich zieht, unzufrieden sind. Wir dürfen von einer Welt träumen, in der nicht nur die Scheidung das selbstverständliche Recht eines jeden Paares ist, sondern die Scheidungsmediation die ebenso selbstverständliche Pflicht eines Paares mit Kindern.
- Der Gesetzgeber sollte Scheidungsmediation zur Pflicht machen, wenn ein Paar Kinder hat. Er hat das Tor zum Rosenkrieg geöffnet. Er hat das Recht und möglicherweise sogar die Pflicht, diesen Weg wieder zu verschließen. Oder zumindest zu erschweren.
- Für die Liebe im 21. Jahrhundert ist es wichtig, dass wir uns von der Schuldfrage auch innerlich verabschieden.

»Ich kann mich an nichts anderes als Rosenkrieg erinnern«

Seit einigen Jahren gibt es auch einen Podcast zur Liebe von mir. Er heißt »Die Sache mit der Liebe«. Ich mache ihn zusammen mit der Kollegin Anna Peinelt (annapeinelt.de). Besonders gerne beantworten wir Hörerfragen zur Liebe und berichten im Podcast von deren Erfahrungen. Dabei kann auch Anna selber eine spannende Geschichte erzählen. Die Trennung ihrer Eltern zog sich über fünfzehn Jahre und begann, als sie fünf Jahre alt war.

Kannst du dich noch daran erinnern, wie du von der Trennung deiner Eltern erfahren hast?
Seit ich denken kann, befand sich die Ehe meiner Eltern in einem Zustand der permanenten Trennung. Ich war fünf oder sechs Jahre alt, als

das losging. Meine Oma wohnte nebenan. Regelmäßig nahm meine Mutter die Bettdecke und uns Kinder, meinen Bruder und mich, und wechselte in das Haus ihrer Mutter. Zumeist hatten die beiden sich zuvor sehr heftig gestritten. Es wurde gebrüllt, und manchmal wurden auch Stühle geschmissen und Geschirr geworfen.

Das klingt ja schrecklich. Ist das für ein Kind nicht sehr verunsichernd?
Natürlich. Ich hatte oft große Angst. Mein Bruder war zehn Jahre älter als ich. Der blieb eines Tages einfach bei meiner Oma. Und ich war sozusagen alleine mit beiden und ihren ständigen Auseinandersetzungen, die neben der Lautstärke auch oft mit Beschimpfungen und Drohungen einhergingen.

Wenn Kinder Ohrenzeugen von verbaler Gewalt werden, dann tut ihnen das, vorsichtig ausgedrückt, nicht gut. Wie endeten die Aufenthalte bei der Oma dann?
Am nächsten Tag gingen wir in der Regel wieder zurück in unser Haus. Meine Mutter, mein Bruder, ich …

… und die Bettdecke.
… und die Bettdecke. Eines Tages kamen wir aber nicht mehr ins Haus rein. Ich weiß nicht, ob mein Vater das Schloss ausgewechselt hatte oder ob der Schlüssel von innen steckte. Jedenfalls kam ich nicht an meine Schulsachen. Es war fürchterlich. Irgendwann waren wir dann doch wieder in unserem Haus, und die beiden haben eine Trennlinie gezogen im Haus und in der Küche. Es gab einen Bereich für meinen Vater und einen für mich und meine Mutter. So wie man das aus schlechten Filmen kennt.

Warum sind deine Eltern nicht einfach auseinandergegangen?
Schwer zu sagen. Mein Vater wurde sehr krank – meine Mutter pflegte ihn dann. Sie kamen einfach nicht auseinander. Meine Mutter ging nicht

arbeiten, sondern war abhängig von seinem Geld. Was hätte ich mir gewünscht, dass sie arbeiten geht! Ich habe ihr das auch gesagt. Als ich zehn Jahre alt war, starb meine Oma, und meine Mutter zog mit mir in ihr Haus. Ich war ein Mama-Kind und hatte vor meinem Vater eher Angst, weil er oft laut wurde. Nach der Schule bin ich dann aber täglich zu ihm und habe seinen Haushalt gemacht, weil auch ich ihn unterstützen wollte. Ich war da gerade mal elf Jahre alt.

Ganz schön viel für eine Elfjährige.
Ja. Die Rolle, die ich in meinem Familiensystem eingenommen habe, war die »Retterin«. Ich hatte schon immer das Gefühl, meine Eltern retten zu müssen, was für ein Kind ja auch ein logischer Schluss sein kann, wenn die Eltern so unglücklich sind und selbst nichts daran ändern. Mit dreizehn wurde es für mich allerdings erst richtig schlimm. Damals hat meine Mutter die Scheidung eingereicht und wollte Unterhalt von meinem Vater. Mein Vater hat mich dann unter Druck gesetzt, dass ich zu ihm ziehen muss, sonst würde er meine Mutter finanziell fertigmachen. Also lebte ich – um sie zu schützen – einige Jahre bei ihm. Ich war mit diesem Schicksal allerdings nicht alleine. Ich hatte eine Freundin, die zu ihrer Mutter zog, aus Angst, dass diese sich sonst etwas antut. Wir beide haben uns mit unseren Gesprächen durch diese schwierige Zeit geholfen.

Um das Wohl des Kindes kümmert sich bei so einem Rosenkrieg leider niemand.
Nicht wirklich. Es gab zwei Rechtsanwälte, die haben sehr viel Geld an den beiden verdient. Es gab eine Jugendpsychologin, die aber wenig Positives beigetragen hat. Ich glaube, sie wollte oder konnte nicht richtig begreifen, was da los war. Es gab das Jugendamt, das ich aber auch nicht als sonderlich interessiert an mir erlebt habe. Es gab den Scheidungsrichter. Der hat sogar mit mir gesprochen, ganz alleine. Aber ich habe mir nicht erlaubt zu sagen, was ich erlebte, fühlte und wirklich wollte. Ich wollte beide nicht verletzen und habe mich daher nicht aktiv auf eine

Seite gestellt, sondern nach demjenigen gerichtet, der mehr von mir forderte. In dem Fall war das meist mein Vater. Ich dachte auch, dass meine Mutter ohne mich besser zurechtkommt, weil sie nicht zu stark an mir zerrte. Auch wenn ich lieber bei meiner Mutter wohnen wollte, habe ich so das Verhältnis zu meinem Vater verschönert. Ich hatte schließlich auch Angst, dass ich sonst bei niemandem bleiben könnte und in ein betreutes Wohnen müsste – das wollte ich unter keinen Umständen.

Die Trennung deiner Eltern zog sich ja unglaublich lange hin.
Ja, ich kann mich eigentlich an nichts anderes erinnern.

Gab es sonst niemanden, der für dich da war?
Nicht wirklich. Ich hatte allerdings einen sehr empathischen Mathelehrer, der sich wirklich für mich und mein Befinden interessierte.

Immerhin. Ein Lob an den Mathelehrer.
Allerdings habe ich mich auch hier nicht getraut, mich ganz anzuvertrauen, und habe dann oft gelächelt und gesagt, dass es mir doch ganz gut gehe, auch wenn es in mir ganz anders aussah. Ich hatte einfach Angst, dass das, was ich sage, sofort gegen den anderen Elternteil verwendet würde.

Außerdem habe ich aufgrund meiner Rolle schon immer weniger nach mir, sondern nach den Bedürfnissen meiner Eltern geschaut. Das schlimmste war für mich sogar, es beiden nicht recht machen zu können. Mir ging es vor allem um ihr Wohlbefinden und darum, möglichst nicht noch mehr Probleme zu machen. Ich war deshalb auch sehr gut in der Schule und bin sozusagen zum »Overachiever« geworden. Einer meiner Antreiber, der sich in dieser Zeit entwickelt hat.

Bist du manchmal wütend auf die beiden?
Spannenderweise war ich es nie. Natürlich hätte ich mir für mein jüngeres Ich vieles anders und unbeschwerter gewünscht. Als Coach

weiß ich auch, was solche Erfahrungen mit der Entwicklung, mit dem Selbstbild, der Psyche und auch dem Beziehungsmuster eines Menschen machen. Und ich hatte natürlich einige Herausforderungen in meinem Leben, denen ich mich stellen musste. Meine ersten Erfahrungen mit der Liebe waren zum Beispiel nicht viel besser als das, was ich bei meinen Eltern beobachtet habe. Muster wiederholen sich eben, wenn man sie nicht durchbricht. Deshalb habe ich auf der einen Seite schon manchmal gedacht: »Na, vielen Dank! Wegen euch muss ich jetzt an mir arbeiten.« Auf der anderen Seite aber habe ich es noch nie eingesehen, mich selbst als Opfer zu betrachten, denn sonst würde ich ja das Schicksal meiner Eltern wiederholen. Schließlich waren sie keine bösen Menschen, sondern in ihren Mustern gefangen. Und natürlich gab es auch genug, was sie für mich getan haben, und gute Werte, die sie mir trotzdem mitgegeben haben. Deshalb habe ich zu beiden ein sehr gutes Verhältnis und bin darüber sehr froh. Denn hätte ich Groll gegen die beiden, könnte ich meine eigenen Qualitäten nicht erkennen. Ich bin ja schließlich ein Produkt dieser Menschen.

Du konntest also sogar etwas für dein Leben gewinnen.
Ja, in gewisser Weise bin ich meinen Eltern sogar dankbar für die schwierigen Zeiten, weil ich beim späteren Verarbeiten meiner Geschichte sehr viel über mich lernen und an mir arbeiten durfte. Dadurch bin ich nun sehr bewusst und weiß, dass ich manche Erfahrungen nicht mehr machen muss. Ich wäre vielleicht niemals Coach geworden. Mit Sicherheit hätte ich aber nicht so viel Empathie für meine Klienten. Es gibt schließlich wenig, was ich nicht selbst schon gesehen oder erlebt hätte. Auch hätte ich nicht die sichere Gewissheit, dass es auch mit einer sehr schwierigen Kindheit sehr wohl möglich ist, ein glückliches Leben und eine erfüllte Partnerschaft zu führen. Denn wenn ich es geschafft habe, dann schafft ihr das auch!

11. Wählen

Wieso die Partnersuche in Wahrheit eine Wahl ist und warum die deutsche Vorabendserie uns das mit der Wahl sehr schwer macht

Miriam (39) hat neulich Adrian (41) gedatet. Es war ein *nettes Treffen*, wie sie sagt, ungezwungen und unterhaltsam. Einerseits. Andererseits war Adrian ihr ein wenig zu schnell. Sie hält nichts von drei WhatsApp-Nachrichten am Tag, wenn man sich noch gar nicht kennt. Und Küssen beim ersten Date ist auch nicht so ihre Sache. Während Adrian sich das durchaus vorstellen kann. Sie wollte das nicht. Und als sie ihm dann geschrieben hat, dass sie ihn gerne wiedersehen will, da hat er zwei Tage für die Antwort gebraucht. Er habe gerade keine Zeit. Na ja.

Miriam ist für Langsamkeit, weil sie bei ihrem letzten Beziehungsversuch sehr unangenehm auf die Nase gefallen ist. Da war sie 37 Jahre alt, hatte einen dringenden Kinderwunsch und hoffte, dass ihr Liebesleben diesmal aber endlich in ruhigeren Bahnen verlaufen würde. Es wurde nichts daraus. Stattdessen hatte sie einen Partner, dem seine Tochter deutlich wichtiger war als sie – und das ging nicht lange gut. Was dann folgte, das waren viele Schuldzuweisungen von ihrem Partner und viele Monate mit schwerem Liebeskummer. Jetzt will sie es besser machen und *viel besser* hinschauen. Sie will keinen Liebeskummer mehr.

Das *Viel-besser*-Hinschauen fällt Miriam allerdings erkennbar schwer. Sie fürchtet, einen Kandidaten zu verprellen, wenn sie ihre Vorstellungen wie die vom langsamen Kennenlernen beibehält. Und sie hat ja recht: Das wird nicht allen gefallen, die sie trifft. Dem passenden Mann allerdings schon. Willkommen in der Realität der Partnersuche!

Wir haben die Wahl

Schon das Wort Partner*suche* ist allerdings ein Irrtum und verrät eine Menge über unsere Kultur, die es sich in diesem Punkt zu einfach macht. Wir müssen ja nur *suchen*! Und wer sucht, der findet, so wie der Prinz im Märchen. Doch das ist falsch. Wir müssen vor allem *wählen*, und das ist genau das, was die *Generation bindungssstark* lernen muss und lernen wird. *Wir haben in der Liebe die Wahl!*

Um zu wählen, müssen wir zum einen für Auswahl sorgen – und dann müssen wir die unpassenden Kandidatinnen und Kandidaten aussieben. Um anschließend den passenden oder die passende zu finden.

Die ideale Partner*wahl* ist also in meinen Augen alles andere als die von Dornröschen und dem Prinzen, der sie wachküsst. Beide haben ja im wahrsten Sinne des Wortes überhaupt und gar keine Wahl. Mir wäre eine Prinzessin lieber, die zunächst einmal viele Prinzen vorlädt und sie dann mit einer Reihe von schwierigen Aufgaben konfrontiert. Die erste könnte noch leicht ausfallen: einen Drachen töten. Ist das erledigt, dann kommen die schwierigeren Herausforderungen. So werde ich auch Miriam beraten. Sie ist die Prinzessin. *Sie hat die Wahl!*

Stellenbeschreibung für den Job als Mann an Miriams Seite

Will ein Bewerber den Job als Mann an Miriams Seite haben, dann muss er sich dazu auch wirklich eignen. Er soll einen Kinderwunsch haben (wie sie), gebildet sein (wie sie) und gut aussehen sollte er auch (wie sie). Er sollte sie beim ersten Date nicht bedrängen (und auch bei den folgenden nicht). Er soll nicht unentwegt nur von sich erzählen. Miriam hatte schon einige Treffen mit Männern, die so waren. Sie findet diese Dates schrecklich, aber vermutlich tut sie während der

Verabredung so, als wenn ihr das alles nichts ausmachen würde. *Sie ist nett zu ihm.*

Ich frage mich bei Männern, die nur über sich reden, immer: Wie kommen die nur darauf, sich bei Dates aufzuplustern wie ein Pfau? Warum interessieren sie sich kaum für Miriam? Warum denken sie, dass sie eine Frau bei einem Date schwer beeindrucken und mit ihr möglichst bald ins Bett müssen? Und noch eine zweite Frage stellt sich: Wenn diese Männer sich schon beim ersten Date nicht anstrengen, etwas über ihr Gegenüber zu erfahren, wie mögen sie sich dann erst später verhalten, wenn aus dem Flirt eine Partnerschaft geworden ist?

Für den Mann an Miriams Seite gilt: Er soll sich wirklich für sie interessieren und nicht nur wie hypnotisiert auf ihr hübsches Gesicht schauen. Und deshalb soll er ihr neugierige Fragen stellen – und sich für die Antwort ernsthaft interessieren. Mir fällt noch einiges mehr ein, was bei Miriam unbedingt auf die Liste gehört. Sie selber ist ein eher braves und angepasstes Kind gewesen, Sie haben es vielleicht gemerkt, denn bei der Partnerwahl setzt sie darauf, sich brav und angepasst zu verhalten. Sie ist nett zu den Männern, auch wenn die sich gerade danebenbenehmen.

Menschen bleiben sich in ihrem Verhalten in der Regel sehr treu, nicht nur bei Miriam ist das so. Im Kern machen wir alle es so. Das, was wir als Fünfjährige im Umgang mit unseren Eltern (die erste Liebe unseres Lebens) als Verhaltensweise erlernt haben, das wenden wir auch mit 39 (und auch mit 93 immer noch) an, wenn wir Menschen näherkommen – in einer Partnerschaft.

Für Miriam heißt das: Es wäre hilfreich, wenn der Mann an ihrer Seite ähnlich gestrickt ist wie sie. Denn bei der Partnerwahl gilt das Prinzip der Ähnlichkeitswahl. Alle Männer, die sich in Selbstdarstellung ergehen und sich bei einem Date spreizen wie ein Pfau, sind damit ohnehin schon aus dem Rennen. Sie zu treffen ist für Miriam in meinen Augen reine Zeitverschwendung. Der Mann an ihrer Seite sollte ihr ähnlich sein. Wie wäre es denn mit einem, der nett ist, brav und etwas angepasst?

Das war jetzt eine Kurzfassung einer »Stellenbeschreibung«. Es wird noch einige Punkte mehr geben, die für eine glückliche und stabile Partnerschaft im Fall von Miriam wichtig sind. Für diese Ansprüche an einen Mann muss ich Miriam Stück für Stück gewinnen. Sie ist immer wieder in der Versuchung, es mit deutlich niedrigeren Anforderungen zu versuchen. Sie möchte keine allzu anspruchsvolle Prinzessin sein. *Schade.*

Was macht eigentlich ein Singleberater?

Seit über zwanzig Jahren arbeite ich als Singleberater. Ein Teil der Singles kommt zu mir, weil sie den Weg in eine stabile und glückliche Partnerschaft nicht finden. Ihre Beziehungen enden immer schon nach einigen Monaten oder nach wenigen Jahren. So ist es bei Miriam. Will sie das ändern, dann braucht sie höhere Ansprüche.

Andere Singles kommen zu mir, weil sie nach einer langjährigen Partnerschaft wissen wollen, was sie bei ihrer nächsten Wahl anders machen müssen, damit die Liebe diesmal dauerhaft hält. Oder zumindest länger als beim letzten Mal. Für beide Gruppen gilt: Menschen wollen sich mit der Zeit verbessern. Auch in der Liebe. Ich begleite sie dabei ein Stück des Weges.

Welcher der fünf ist der Richtige?

Manchmal verwechseln mich Ratsuchende mit einem Flirttrainer. Das bin ich nicht. Bei einer bekannten Hamburger Flirttrainerin lernen Frauen, wie sie in eine Kneipe gehen und dort fünf Männer um den Finger wickeln. Ich halte dieses »Wissen« für unnütz. Mal ganz ehrlich: Was will eine Frau denn mit fünf Männern? Klar tut das dem Ego gut, aber die spannende Frage ist doch: *Was passiert dann?* Nimmt sie den mit den blauen Augen und dem strahlenden Lachen? Oder doch lieber den Dunkelhaarigen, der so nachdenklich und tiefsinnig wirkt? Die wirklich wichtige Frage für unser aller Liebesleben lautet: *Welcher der fünf ist der Richtige?*

Genau das lernen Menschen in einer Singleberatung. Nicht nur die Frauen lernen das, auch den Männern bringe ich es bei. So wie Frauen die Prinzessinnen sind, sind Männer in meinen Augen die Prinzen. Auch sie sollten Auswahl haben. Nur eine Prinzessin (Dornröschen) zu finden und die dann gleich zu küssen und zu heiraten, das reicht auch für sie nicht her und nicht hin. Auch Männer sollten hohe Ansprüche haben. Bei mir in der Praxis sind die Frauen allerdings bei weitem in der Überzahl. Sie suchen einen Mann – also gehen sie zu einem männlichen Berater. Männer gehen in der Regel eher zu den Kolleginnen. Wundern Sie sich also nicht, wenn ich Ihnen in diesem Kapitel mehr von Klientinnen berichte und ihrer Neigung, aus der Partner*wahl* eine Partner*suche* zu machen (»Hurra – ich habe einen!«). Männer machen all das ganz genauso.

Die Partnerwahl ist mein Thema – auch als Paarberater

Als Singleberater habe ich ohnehin schon Tag für Tag mit dem Thema der Partnerwahl zu tun. Das gilt allerdings nicht nur für diesen Teil meiner Arbeit. Auch als Paarberater sehe ich immer wieder die Folgen einer passenden und einer unpassenden Partnerwahl. Die unpassende Wahl führt zu einer Menge an Paarproblemen, die nur sehr schwer zu lösen sind.

Manche Schwierigkeiten, die Paare miteinander haben, resultieren zudem erkennbar aus dem hohen Tempo, das die Paare zu Beginn gewählt haben. Sie haben am Anfang ihrer Liebe nicht genau hingeschaut, sondern den schnellen Weg der Annäherung genommen. Der geht über sehr wenige Dates (oder auch gar keine) und die schnelle körperliche Nähe. Auch bei Paaren, die schon einige Jahre zusammen sind, können partnerschaftliche Schwierigkeiten aus dem hohen Tempo der Anfangszeit resultieren. Das führt oft zu einer tiefen Enttäuschung, ein Vorgang, der uns später noch beschäftigen wird.

Die Frage ist also nicht nur: »Nehme ich den Blonden oder den Dunkelhaarigen?«, sondern vor allem auch, in welchem Tempo wir uns für einen Partner oder eine Partnerin entscheiden. Die Frage ist, ob wir uns Zeit nehmen genau hinzuschauen. Gerade in ihren Zwanzigerjahren wählen Menschen heute gerne schnell – und schauen nicht so genau hin. Ab dem 30. Lebensjahr ändert sich das dann. Nun wollen viele von ihnen eine Familie gründen – und schauen deshalb viel genauer hin, auf wen sie sich einlassen. Auch diejenigen, die keine Kinder wollen, wählen nun anspruchsvoller. Auch sie wünschen sich eine langjährige Partnerschaft.

Der große Psychotherapeut Nossrat Peseschkian (*Der Kaufmann und der Papagei*) hat das mit dem genauen Hinschauen so ausgedrückt: Für eine gute Partnerschaft sei es hilfreich, wenn wir der alten arabischen Regel folgen: »Vor der Ehe, Augen offen. In der Ehe, Augen halb geschlossen.« Ein großer Teil der Probleme, die wir in der Liebe haben, komme daher, dass wir es genau umgekehrt machen: Vor der Ehe (oder: vor der Beziehung) schauen wir nicht ganz so genau hin. Wir halten die Augen also *halb geschlossen*. Sind wir dann aber erst einmal gebunden, dann reißen wir die Augen ganz weit auf und sind von dem, was wir sehen, manchmal regelrecht entsetzt. *Wir sind enttäuscht!*

Bin ich etwa zu anspruchsvoll?

Nossrat Peseschkian war ein Therapeut, der Geschichten und Weisheiten aus der orientalischen Kultur liebte und gerne in seine Bücher und Vorträge einflocht. »Vor der Ehe Augen offen« – das scheint mir noch immer eine sehr schlüssige Zusammenfassung für die erfolgreiche Partnerwahl zu sein – und ein passendes Motto für die *Generation beziehungsstark.*

Der Zeitgeist sieht das leider ganz anders. Er empfiehlt Frauen wie Miriam nicht nur, fünf Männer um den Finger zu wickeln, sondern auch, danach mit der Entscheidung nicht lange zu fackeln. Und ab geht es in die Kiste. Nur nicht lange prüfen! Wenn heute eine Klientin zu mir in die Beratung kommt, dann erzählt sie beinahe immer die gleiche Geschichte: Ihre Freundinnen, ihre Eltern und auch sonst alle, die sie fragt, raten ihr dazu, ihre Ansprüche an einen Partner doch bitte deutlich zu reduzieren. Sie ist (angeblich) zu anspruchsvoll. Frage ich die Ratsuchenden nach ihren vergangenen Partnerschaften, dann zeigt sich oft ein klares Muster: Sie haben sich in der Vergangenheit weitgehend darauf verlassen, ob sie ihr Gegenüber erotisch begehrenswert fanden. Er sah gut aus, und man konnte die Freizeit gut mit ihm verbringen. Und das war es auch schon.

Nichts gegen Erotik. Aber das ist doch nicht alles, wenn wir eine stabile und glückliche Partnerschaft haben wollen.

Nichts gegen Freizeit. Auch die spielt im Leben von Menschen heute eine große Rolle. Zumindest solange sie noch keine Kinder haben, ist das so.

Beziehungen nach diesem Strickmuster halten oft nur ein bis zwei Jahre. Dann sind sie vorbei. Es sind auch gar keine stabilen Partnerschaften – es sind Beziehungs*versuche*. Ein Jahr dauert das Kennenlernen, dann beginnt das Auseinandergehen. Der Versuch ist schon im Ansatz gescheitert.

Wer will mich haben?

Manchmal finden die Frauen, die bei mir Rat suchen, ihr Gegenüber auch gar nicht erotisch begehrenswert, sondern bekommen schlicht ein Angebot von ihm. *Er* findet *sie* erotisch begehrenswert – das erweicht ihr Herz. Die Devise dieser Form der Wahl lautet: »Ich nehme den, der mich will.« So ähnlich hat es auch Miriam in der Vergangenheit gerne gemacht. Sie hat die Augen vor der Ehe nicht weit aufgemacht und hat auch nicht ernsthaft geprüft. Stattdessen hat sie sich gefreut, dass sie ein Angebot bekam.

Da Miriam sehr gut aussieht, passiert das mit den Angeboten nicht allzu oft. Im Märchen ist das anders. Die schöne Prinzessin bekommt da immer mit Leichtigkeit einen Prinzen und wird glücklich bis ans Ende ihrer Tage. Der Prinz ist im Märchen allerdings auch sehr gutaussehend. Und gutaussehende Prinzen sind natürlich – selten. Sehr gutaussehende Frauen treffen, anders als durchschnittlich gutaussehende, nur selten auf ein passendes Gegenüber. Das ist für Männer nicht anders. Sehr gutes Aussehen ist nun mal – selten.

Gerade beim Aussehen wählen wir alle in der Regel nach dem Prinzip der Ähnlichkeit. Durchschnittlich gutaussehende Männer und Frauen wählen durchschnittlich gutaussehende. Und wer überdurchschnittlich gut aussieht, der wählt in aller Regel jemanden, der ebenfalls überdurchschnittlich gut aussieht.

Alternde Rockstars, bekannte Politiker und reiche Männer halten sich bekanntlich nicht an diese Regel der Ähnlichkeit. Der Rest aber tut das. Eine besonders gutaussehende Frau bekommt somit nur selten ein Angebot. Aber sie bekommt welche – von Männern, die finden, dass sie gut aussieht. Und das war für Miriam in der Vergangenheit nicht die reine Freude. Ein Angebot zu bekommen war zwar angenehm für sie. Die Männer waren aber leider nicht darauf aus, Miriam kennenzulernen. Sie sah gut aus – und das war es dann aus Sicht der Männer auch schon.

Nichts gegen Angebote. Sie tun dem Ego gut, und manchmal erweichen sie auch unser Herz. Doch eine langjährig stabile Partnerschaft garantieren Angebote nicht. Um dieses Ziel zu erreichen, müssen wir gewissenhaft prüfen. Und dann wählen. Ein wenig Auswahl wäre auch nicht verkehrt.

Die beiden Kaufhäuser der Partnerwahl

»Ist er erotisch begehrenswert? Kann man mit ihm gut etwas unternehmen? Will er mich?« Klingt das in Ihren Ohren anspruchsvoll? In meinen nicht. Mein Job ist es, den Frauen, die in die Beratung kommen, klarzumachen, dass ihre Partnerschaften nur glücklicher und stabiler werden können, wenn sie ihre Ansprüche deutlich erhöhen. »Dass er jedes Wochenende mit seinen Sportkumpels unterwegs war, das hat mich zwar gestört, ich dachte aber, ich muss das akzeptieren.« So (oder so ähnlich) lauten die Argumente, die Frauen vorbringen, warum sie bei der Partnerwahl nachsichtig sind. Sie wählen statt eines passenden Partners einen, bei dem sie mit ihren Wünschen und Bedürfnissen viel zu kurz kommen. *Schlechte Idee.*

Mein Hinweis an diese Frauen liegt mit dem Zeitgeist ziemlich über Kreuz. Ich will, dass sie ihre Ansprüche erhöhen – deutlich erhöhen! Damit sie glücklichere und stabilere Partnerschaften erleben. Der Zeitgeist fordert sie derweil auf, sie zu senken. Und sich zu freuen, dass sich überhaupt jemand für sie interessiert. *Ganz schlechte Idee.*

Viele Ratgeberbücher wie auch die Medien spielen dieses Spiel: Singles sind (angeblich) nur aus einem einzigen Grund Single. *Sie sind zu anspruchsvoll.* Vor allem Frauen müssen sich diesen Vorwurf wieder und wieder gefallen lassen. Um ihn zu untermauern, werden dann gerne Geschichten erzählt wie die von den zwei Kaufhäusern, dem Kaufhaus, in dem es Männer gibt, und dem Kaufhaus, wo Frauen zu haben sind. In beiden gibt es sieben Etagen und zudem noch eine sehr spezielle Regel: Wer die Etage, in der er ist, nach oben verlässt, der kann nicht mehr in die darunterliegende Etage zurückkehren.

Im Kaufhaus für Männer gibt es in der ersten Etage eine große Auswahl an Männern, mit denen der Sex gut ist. In der zweiten gibt es Männer, die umgänglich sind, und der Sex ist gut. In der dritten beteiligen sich die Männer gelegentlich an der Hausarbeit, sind umgänglich, und der Sex ist gut. Und so weiter. Das Problem dabei: Bis zur sechsten Etage kann sich kaum eine Frau für einen der Männer entscheiden. Sie alle wollen mehr. Und so gehen sie von der sechsten Etage hinauf in die siebte, in der Hoffnung, hier noch bessere Exemplare vorzufinden. Doch die siebte Etage ist leer. Und die Frauen können nicht mehr zurück. Sie müssen das Kaufhaus ohne einen Mann verlassen.

Klingt gemein? Ist gemein!

Das Kaufhaus, in dem es Frauen gibt

Kommen wir zum Kaufhaus, in dem es Frauen gibt. Auch dieses Gebäude hat sieben Etagen. Und auch hier gibt es in der ersten Etage tollen Sex. In der zweiten Etage gibt es umgängliche Frauen, mit denen der Sex gut ist. Ich erspare Ihnen jetzt den Hinweis, was in der dritten und der vierten Etage alles zu haben ist, denn keiner der Männer, die in dieses Kaufhaus gegangen sind, um eine Frau abzubekommen, hat die dritte Etage je betreten. Sie alle waren schon in der ersten oder in der zweiten Etage rundum zufrieden. Solche Geschichten werden erzählt, um die Überlegenheit der männlichen Partnerwahl gegenüber der der Frauen zu demonstrieren. Und um die völlig überzogenen Ansprüche der Frauen aufzuzeigen. Diese Geschichte beschuldigt Frauen. Sie sind (angeblich) zu anspruchsvoll. Wären sie es nicht, dann wäre alles gut. Männer dagegen machen in dieser Sicht der Dinge alles richtig. Ich finde diese Geschichte reichlich fies. Sie führt uns auch komplett in die Irre. Die »Wahrheiten«, die sie enthält, sind allesamt falsch – bis auf den Punkt mit den wenigen Suchkriterien der Männer. Da ist in der Tat etwas dran. Ich habe drei Einwände gegen die Geschichte vom Kaufhaus für Männer und für Frauen.

Erstens: Die Frauen bleiben alleine, die Männer hingegen nicht. Sie bekommen in dieser Variante der Geschichte ja alle eine Frau ab – und leben glücklich und zufrieden in einer Partnerschaft. *Mit wem eigentlich?,* könnte man da fragen. Wo die Frauen doch (angeblich) alle an zu hohen Ansprüchen leiden. *Ein wenig unlogisch ist das schon.*

Zweitens: Warum bitte glauben Sie, sind Partnerschaften so (relativ) haltbar, wie sie es sind? Ehen halten im Schnitt um die fünfzehn Jahre. Glauben Sie mir: Das liegt nicht an den gerade einmal zwei Suchkriterien, die die Männer angelegt haben, die ja bereits in der zweiten Etage des Kaufhauses glücklich und zufrieden waren. Es liegt an den deutlich höheren Ansprüchen der Frauen. Mein Fazit: *Es sind Frauen, die für stabile und glückliche Partnerschaften sorgen.*

Drittens: In der Realität bekommen Frauen mit niedrigen Ansprüchen unbefriedigende Partnerschaften. Die Männer an ihrer Seite übrigens auch. Warum sollte *er* rundum glücklich sein, wenn *sie* es nicht ist? Beide ziehen auf diese Weise in der Lotterie des Lebens die Nieten. Und der Hauptgewinn? Der geht an die Frauen, die die Partnerwahl mit möglichst hohen Ansprüchen angehen. Das ist bei der Partnerwahl nicht anders als bei anderen Entscheidungen im Leben auch. Wer den erstbesten Job annimmt, der sich bietet, der bekommt den erstbesten Job. Und wer den erstbesten Mann akzeptiert, der sich anbietet, dem ergeht es ähnlich. Mein Fazit: *Wählerisch zu sein, zahlt sich aus.*

Männer haben nur zwei Suchkriterien

Kommt eine Frau (oder ein Mann) zu mir in die Singleberatung, dann erzähle ich ihr im Kern eine ganz ähnliche Geschichte wie die mit dem Kaufhaus. »Männer haben nur zwei Suchkriterien«, erkläre ich Frauen gerne. Die Frauen sind dann oft ganz erschrocken. Wichtiger noch als die ausgesprochen beschränkte Zahl der Kriterien (»Meine Güte, nur zwei!«) sind die beiden Gründe selber.

Das erste Kriterium heißt: »Sieht sie gut aus?« Das haben Sie sich jetzt sicherlich gedacht. Der zweite Punkt, auf den Männer achten, heißt: »Ist sie nett zu mir?«

Frauen hingegen haben 20 bis 200 Suchkriterien. Ihr Kaufhaus hat also ziemlich viele Etagen. Ich bin sehr dafür, dass sie diese vielen Suchkriterien haben. Noch einmal: Stabile Partnerschaften basieren darauf, dass wir hohe Ansprüche haben und dass wir *vor der Ehe* die Augen weit aufmachen.

Die drei Probleme der Partnerwahl

Den richtigen Partner zu wählen ist schwer. Die richtige Partnerin zu wählen auch. Wir müssen herausfinden, ob unser Gegenüber zu uns passt. Dazu müssen wir seinen bzw. ihren Charakter einschätzen. Wir sollten zudem auch die Zukunftsplanung besprechen. Hat unser Gegenüber den Wunsch, eine Familie zu gründen? Will er bzw. sie mal ein Jahr ins Ausland, um dort zu leben und zu arbeiten? Oder mal mit einem Segelboot die Welt umrunden?

Die Zahl der Lebensentwürfe hat sich in den letzten fünfzig Jahren sehr deutlich erhöht. Ich habe jetzt gerade nur drei Aspekte davon herausgehoben: die Kinderfrage (Gründen wir eine Familie?), eine internationale Orientierung (Gehen wir zwei Jahre nach Australien?) und die Abenteuerfrage (Was hältst du von Trecking im Himalaya?). In einer Multioptionsgesellschaft wie der unseren sind die Antworten auf diese Fragen nicht durch die Tradition vorgegeben und auch nicht durch wirtschaftliche Notwendigkeiten diktiert. Wir können uns entscheiden. Wir müssen uns entscheiden!

Für Paare ist es hilfreich, in wichtigen Aspekten ihrer Zukunftsplanung zumindest nahe beieinander zu liegen. »Ich habe einen Bausparvertrag – und du?« Das ist kein cooler Spruch bei einem ersten oder zweiten Date. Berichte vom letzten Snowboard-Wochenende kommen in den Augen der meisten Menschen besser an. Für eine langfristig stabile Partnerschaft ist das Snowboarden hingegen völlig unwichtig. Ob zwei Menschen beim Thema Geld, Vorsorge oder Immobilienkauf auf einer Wellenlänge liegen, das ist hingegen eine wirklich wichtige Frage.

Bei der *idealen Partnersuche* würden wir die wirklich wichtigen Fragen bei vier oder fünf Dates ansprechen – um danach zu einem optimalen Urteil zu kommen. Und genau das passiert bei der *realen Partnerwahl* nur selten. Das liegt an den drei Problemen, die die Partnersuche in unserer Kultur nach sich zieht. Ich will sie jetzt zunächst einmal auflisten. Und dann schauen wir sie uns nacheinander in aller Ruhe an.

Das erste Problem heißt »Hauptsache Erotik«. Wir achten viel zu sehr auf die erotische Anziehung – und schon schlägt der Blitz ein!

»Wir verstehen uns wirklich ganz ohne Worte – unglaublich. Und dieses Knistern!«

Das zweite Problem heißt »Hauptsache verliebt« und ist einer der Grundmythen unserer Kultur, wenn es um die Liebe geht. Sie hat das strahlendste Lächeln der Galaxie, er ist der Fels in der Brandung – das reicht aus, um sich jetzt möglichst schnell zu verlieben. »Wow, ich habe einen Partner!«

Das dritte Problem ist das der Gegensatzwahl, zu der viele Menschen neigen. Sie wollen sich durch eine Partnerschaft charakterlich ergänzen. (Liebevoller) Chaot sucht (liebevolle) Pedantin – und ärgert sich anschließend über ihre Ordnungsliebe. »Hilfe, wie werde ich diesen Idioten wieder los?«

Die *Generation beziehungsstark* wird lernen, alle drei Punkte als Klippen zu begreifen, die sie bei der Partnerwahl umfahren muss. Fangen wir mit dem ersten Punkt, mit der Erotik an. Die Erotik als Klippe bei der Partnerwahl. Wie ist es dazu nur gekommen?

Warum die sexuelle Anziehung alleine für eine stabile Beziehung nicht reicht

Vielleicht sollten wir der Einfachheit halber das ZDF beschuldigen, für die Klippe »Hauptsache Erotik« verantwortlich zu sein. Das ist nicht ganz fair gegenüber diesem eher als konservativ angesehenen Sender (60+), aber es ist auch nicht ganz falsch. Seit vielen Jahren schon verlaufen Liebesfilme dort nach folgendem Muster: Mann trifft Frau, die Anziehung ist groß (Erotik), also versuchen sie es umgehend (gerne auch nach etwas Alkoholkonsum) mit Sex. Und nachdem sie das gemacht haben, fragen sie sich: Ja, und was nun? Bin ich verliebt? Werden wir ein Paar? Passt er, passt sie zu mir?

All diese Fragen hätten die beiden vor dem ersten Sex klären können (und sollen), aber die Dramaturgie moderner Liebesfilme (»Wir sind doch nicht prüde!«) sieht vor, dass erst der Sex kommt und dann die wirklich wichtigen Fragen auf den Tisch gelegt werden. *Hauptsache Erotik!*

Am Beginn einer Liebe steht heute beinahe immer das Begehren. Wir fühlen uns erotisch zu einem anderen Menschen hingezogen. Moderne Formen der Partnersuche wie die Dating-App Tinder heben diesen Aspekt der Suche hervor. »Wow, siehst du gut aus«, sagt der Mann und wischt die Frau nach links. Sie tut das Gleiche – und es entsteht ein Match. Ein optisches Match, geprägt von (vermuteter) erotischer Anziehung auch im realen Leben. *Hauptsache Erotik.*

Nicht anders verläuft es *offline*, wie Soziologinnen und Soziologen die Partnersuche im Alltag ganz ungalant nennen. *Er* kommt zum Geburtstag einer Bekannten. *Sie* steht in der Küche am Buffet. Der erste Blick ist lang und tief und offenbart alles: Sie begehrt ihn. Und er begehrt sie. Und beide wissen das sofort und unmittelbar. Sie haben es am Blick des anderen gesehen. Ohne jedes Wort. Das fühlt sich gut an. Für *sie* wie für *ihn.* Ich will das gar nicht schlechtreden. Solche Momente sind magisch. Und doch führt es in der Liebe zu einer Fülle von Problemen, wenn wir uns auf das Begehren alleine verlassen.

Der Stand der Forschung ist eindeutig: Je mehr Dates ein Paar hatte, bevor es sich nähertritt (jeder Kuss zählt), desto stabiler und glücklicher ist die Partnerschaft. Drei Dates sind demnach besser als zwei. Vier Dates sind besser als drei. Und fünf sind besser als vier. Die Forschung ist unbestechlich. Sie interessiert sich nicht dafür, welcher Überzeugung Sie persönlich sind. Oder welcher Überzeugung ich bin. Auch die häufig geäußerte Ansicht, dass es beim dritten Date doch bitteschön zum Sex zu kommen hat (bei Tinder: erstes oder zweites Date), gilt dem kühlen Blick von Wissenschaftlern als das, was es ist: eine vage Ansicht. Eine ungeprüfte Annahme. Es ist ein ausgesprochen moderner Liebesmythos, der seine Entstehung vor allem einer Tatsache verdankt: den sehr guten Verhütungsmitteln, über die wir heute verfügen.

Die ideale und die reale Partnersuche

Bei der *idealen Partnersuche* reden wir über wirklich wichtige Dinge: Zukunftspläne, charakterliche Eigenheiten, unsere Vorlieben und Abneigungen. Die *ideale Partnersuche* ist kein Schaulaufen und kein Gefallen-Wollen. Sie versucht nicht, den anderen unbedingt von uns zu überzeugen.

Um zu verstehen, was bei der *realen Partnersuche* passiert und was das ZDF bei seinen Liebesfilmen umtreibt und auch die deutsche Vorabendserie, müssen wir uns jetzt mit dem Konzept der *Heuristik* des Nobelpreisträgers und Psychologen Daniel Kahneman beschäftigen. Daniel Kahneman hat den Bestseller *Schnelles Denken, langsames Denken* geschrieben. Bei ihm geht es gar nicht um die Liebe, sondern um eine Fülle von anderen Phänomenen aus dem Bereich der menschlichen Entscheidungsfindung, bei denen wir uns angewöhnt haben, das zeit- und energiesparende *schnelle Denken* zu nutzen. Statt gründlich und *langsam* vorzugehen.

Für das *schnelle Denken* nutzen wir oft etwas, was Kahneman eine *Heuristik* nennt. Um eine schwer zu beantwortende Frage zu beantworten, nutzt unser Gehirn dabei eine interessante Strategie: Es beantwortet schlicht eine ganz andere, deutlich einfacher zu beantwortende Frage. Eine *Heuristik*.

Ein Beispiel aus der Politik: Statt sich mit umständlichen politischen Fragen zu beschäftigen (anstrengend), entscheiden viele Menschen schlicht nach der Frage, welchen der möglichen Kandidaten sie sympathischer finden (leicht). Das ist viel einfacher für sie – und führt zu dem gleichen Ergebnis: Sie haben eine Meinung. Und sie wissen, was sie in der Wahlkabine tun werden.

Unser Gehirn liebt Heuristiken. Und es tut das aus einem ganz einfachen Grund: weil sie den Prozess des Nachdenkens und der Entscheidungsfindung enorm vereinfachen. Der gedankliche Aufwand für das zweite Verfahren (mithilfe der Heuristik) ist sehr viel niedriger als der für das erste (mithilfe von Nachdenken). Deshalb nutzen wir dieses Vorgehen nicht nur bei politischen Entscheidungen, sondern auch in der Liebe.

Ob Politik oder Liebe, beide Entscheidungen sind hochkomplex. Sich bei so komplexen Problemen auf eine einfache Heuristik zu verlassen, das ist eine ständige Versuchung in unserem Leben. Die Folgen für uns sind gravierend. Miriam hat das wieder und wieder erlebt. Ihr Liebeskummer bei der letzten Beziehung hat auch damit zu tun, dass sie dem *schnellen Denken* den Vorzug gab.

Wie wir uns die Entscheidung in der Liebe einfach machen

Wenn Sie das Konzept der Heuristik kennen, dann können Sie verstehen, warum der durchschnittliche Mann etwa zwanzig Stunden darauf verwendet, sich vor dem Kauf eines neuen Autos zu informieren (einfach). Auf den Abschluss einer privaten Altersvorsorge (viel komplexer) verwendet er aber nur etwa zwei Stunden. In der Liebe (noch viel schwieriger) reichen ihm dann zwei bis zwanzig Minuten.

Das wirkt auf den ersten Blick absurd – ist es aber nicht. Die Altersvorsorge ist so komplex, dass wir intuitiv dazu neigen, uns auf eine Heuristik zu verlassen. Wir unterschreiben einen Vertrag nicht, *weil er besonders gut zu uns passt* (wer weiß schon, wie sein Leben in dreißig oder vierzig Jahren aussehen wird) oder *weil er besonders günstige Konditionen hat* (manche Verträge für Lebensversicherungen bieten uns frecherweise für zehn oder gar fünfzehn Jahre null Prozent Verzinsung und verstecken diese Fakten im Kleingedruckten).

Das alles verstehen Experten, die gewohnt sind, das Kleingedruckte zu lesen. Wonach aber entscheiden ganz normale Menschen, die von alledem wenig verstehen? Die Antwort lautet: *Vertrauen.* Wir unterschreiben (ganz ähnlich wie bei der Frage, welche Partei wir wählen) bei dem, den wir nett finden und der es geschafft hat, *unser Vertrauen zu gewinnen.* Heuristiken machen uns das Leben leicht.

Kommen wir zur Partnerwahl. Kommen wir zu der spannenden Frage, wie viel Zeit der durchschnittliche Mann (und viele Frauen auch) auf die Entscheidung in der Liebe verwendet. Da die Liebe noch komplizierter ist als die Altersvorsorge, wird es Sie nicht wundern, dass wir auch in diesem Fall Heuristiken zu Rate ziehen, die den Vorgang drastisch beschleunigen – auf nur noch zwei bis zwanzig Minuten. Im Kern vollzieht sich der Vorgang sogar noch schneller: Wer sich auf die Heuristik des sexuellen Begehrens verlässt (*Is she hot? Is he hot?*), der vertraut auf einen Vorgang, der unser Gehirn nur für Sekundenbruchteile beschäftigt. In so kurzer Zeit kann es herausfinden, ob wir unser Gegenüber erotisch interessant finden.

Warum jetzt noch zögern?

Nach einem kurzen Gespräch – zwei bis zwanzig Minuten – ist auch die Frage geklärt, ob wir harmonieren, wenn wir uns unterhalten. Bleibt die Frage: *Warum jetzt noch zögern?* Das ist die Frage, die sich Adrian gestellt hat, als er auf Miriam getroffen ist. Schon auf den Fotos, die er im Internet von ihr gesehen hat, fand er sie umwerfend. Bei seinem Date mit ihr war das nicht anders. Warum also soll er mit dem Küssen jetzt noch warten? Miriams Zögern hat er nicht verstanden. Er hat angenommen, dass er leider nicht ihr Typ ist, und sich umgehend mit Ann-Katrin getroffen. Das Date mit ihr war super, und küssen kann sie – der helle Wahnsinn! Am Wochenende fahren sie zum Schwimmen an einen romantischen Waldsee. Das gibt ihm die Gelegenheit, sie im Bikini zu sehen und ihr beim Baden noch näherzukommen. *She is so hot!*

Adrian verlässt sich bei der Partnerwahl voll und ganz auf die Heuristik der sexuellen Anziehung. Alles andere wird sich finden. Denkt er. Ihm ist nicht einmal klar, dass er das tut. Wenn Adrian sich aufgrund des guten Aussehens und der hohen erotischen Anziehung erst für Miriam und dann für Ann-Katrin entscheidet, dann weiß er nicht, dass er gerade eine Heuristik angewendet hat. Die Gefühle, die ihn überfluten, sind so intensiv. Es muss dafür in seinen Augen gute Gründe geben – so etwas wie Liebe auf den ersten Blick. Denkt er.

Frauen denken oft länger nach, fragen sich, ob ihr Gegenüber wohl ein guter Vater ist (schwer zu sagen). Sie überlegen, ob er auch nach zehn Jahren noch ein liebevoller Ehemann sein wird (sehr schwer zu sagen). Viele Frauen wollen eine Menge über ihn wissen, bevor sie sich innerlich festlegen. Sie machen sich ihre Entscheidung also nicht leicht. Gut, dass das so ist.

Ich bin ja so enttäuscht!

Seit Jahren schon erzähle ich Männern wie Frauen, dass sie sich beim Kennenlernen mit der Sexualität Zeit lassen dürfen. Und sollten. Auch in dem Podcast *Die Sache mit der Liebe*, den ich zusammen mit der Kollegin Anna Peinelt mache, ist dieser Punkt oft ein Thema. Manchmal halten mich Hörerinnen und Hörer deshalb für schrecklich konservativ. Konservativer noch als das ZDF.

Ich sehe das anders. Wegen mir dürfen Paare schon beim ersten Tinder-Date übereinander herfallen. Sie sollten sich allerdings über die Probleme, die das nach sich zieht, nicht wundern. Ich will nur zwei davon nennen: Das erste Problem heißt Überforderung. Das zweite *Enttäuschung*.

Überforderung. Eine sehr schnelle Annäherung überfordert in vielen Fällen unser Gefühlsleben. Sexualität fühlt sich für die meisten Menschen besser an, wenn sie sich mit ihrem Gegenüber vertraut fühlen. Das braucht Zeit. Ansonsten droht das Gefühl der Überforderung. Die Annäherung ist zu schnell, und wir schrecken zurück. Wir ziehen uns zurück. Oder unser Gegenüber tut das.

Enttäuschung. Ich habe Sie in diesem Kapitel schon mehrfach auf das Phänomen der Enttäuschung hingewiesen. Jeder von uns kennt zwei Menschen, die sich nach wenigen Monaten oder Jahren sehr enttäuscht voneinander getrennt haben. Jeder der beiden schwört Stein und Bein, dass mit dem anderen etwas nicht stimmt. Jeder fühlt sich vom anderen schlecht behandelt. Und jeder ist sehr enttäuscht.

Fall: Sabine und Holger

Mehrmals im Jahr sitze ich mit einem traurigen Single in meiner Praxis, werfe zusammen mit ihr (oder mit ihm) einen tiefen Blick auf den letzten Beziehungsversuch und komme zu dem Schluss: *Die beiden haben überhaupt nicht zueinander gepasst.*

Neulich kam Sabine (43). Sie hat Holger (48) im Internet kennengelernt. Schon nach wenigen Monaten gibt es große Probleme. Holger will Sabine nur am Wochenende sehen, und wenn er dann am Freitag zu ihr kommt, dann will er keinen Sex mit ihr. Es kommt noch schlimmer für Sabine: Holger will nicht nur keinen Sex mit ihr, er will sie auch nicht berühren, streicheln oder küssen. Puh. Erst am Sonntag sei er »aufgetaut«, wie er sagt, und würde ihr dann gerne näherkommen. Doch dann ist Sabine schon lange stocksauer.

Sabine ist von Holger sehr enttäuscht. Klar. Sie denkt darüber nach, ob Holger eine Therapie braucht. Das ist umgekehrt allerdings nicht anders. Holger hätte am Sonntag ja wirklich gerne Sex mit Sabine gehabt – aber da sie stocksauer ist, geht das ja nun mal leider nicht. In seinen Augen verursacht Sabine die Probleme. Wäre sie lockerer, dann wäre alles gut. Eine Therapie würde ihr vielleicht helfen.

Meine Annahmen, warum sie sich in dieser misslichen Lage befinden, lauten:

- Weil sie beide zu keiner Zeit zueinander gepasst haben! Bei drei bis fünf Dates hätten sie das merken können. Beide!
- Weil sie eine Abkürzung gewählt haben beim Prozess der Partnerwahl. Sie haben sich auf die Heuristik der sexuellen Anziehung zwischen ihnen beiden verlassen. Beide!

Die Selbsttäuschung

Die Enttäuschung besteht nur zu einem geringen Teil aus dem, was unser Gegenüber getan hat (»Er hat mich getäuscht!«). Und sie besteht zum weitaus größeren Teil aus der Selbsttäuschung. Wir haben uns nicht die Mühe gemacht, genau genug hinzuschauen.

Sabine hat Holger, wie von mir vermutet, gleich beim ersten Date mit zu sich nach Hause genommen. Der Sex war großartig und überschwemmte Sabines Körper mit einer großen Dosis an Glücks- und Bindungshormonen. Den anderen jetzt noch realistisch wahrzunehmen, das ist nicht möglich. Schon beim zweiten Date war Sabine verliebt in Holger. Was sollte jetzt noch schiefgehen?

Mir persönlich fallen bei dieser Frage immer gleich tausend Möglichkeiten ein, was alles schiefgehen könnte – aber bei Sabine ist das anders. Das hat allerdings auch mit den Hormonen zu tun, die jetzt mit im Spiel sind. Womit wir beim zweiten Problem der Partnerwahl wären, den überschwänglichen Gefühlen, die mit der Verliebtheit von Menschen einhergehen.

Problem Nummer zwei: Hauptsache verliebt

Warum verlieben sich Menschen, bevor sie ein Paar werden? Das machen die Gorillas nicht. Und auch die Fledermäuse nicht. Sie alle begründen ihre Form einer Beziehung ganz anders. Ohne den Rausch der Verliebtheit.

Die Bewunderung des anderen ist das zentrale Element, das die Phase der Verliebtheit so besonders macht. Wir erkennen in unserem Gegenüber einen Wert, sagt die Wertphilosophie. Für das, wie er ist, was er tut, denkt und fühlt, bekommt der Liebespartner in dieser Phase der Liebe ein hohes Maß an Anerkennung. Die Bewunderung durch den anderen stärkt unser Selbstwertgefühl und lässt uns spüren, wie einzigartig wir sind. Bewunderung verstärkt den ohnehin schon sehr wirksamen

Hormoncocktail, der mit der Verliebtheit einhergeht. Es ist das Paradies. Wehe, wenn wir aus ihm vertrieben werden!

Verlieben kann man nicht raten. Sie nehmen die Welt und vor allem auch den anderen verzerrt wahr. Positiv verzerrt. Sie können ihr Gegenüber nicht realistisch einschätzen, und niemand sollte das von ihnen verlangen. Die menschliche Biologie lässt das nicht zu. Zu intensiv ist die Wirkung der vielen Hormone, die jetzt mit ins Spiel kommen. Den anderen realistisch wahrzunehmen, das ist nun schlicht unmöglich.

Die Folge von alledem ist, dass die beiden Verliebten erst nach Wochen oder Monaten überhaupt beginnen, ihr Gegenüber wirklich kennenzulernen. Das ist auch bei Holger und Sabine so.

Holger kritisiert Sabine pausenlos. Das hat er mit jeder seiner Partnerinnen so gemacht. Hätte sie ihn drei- oder viermal getroffen, bevor sie ihn mit zu sich nach Hause nahm, dann hätte sie das ohne jeden Zweifel bemerkt. Und sie hätte sich ziemlich viele durchdiskutierte Nächte erspart. Und jede Menge Liebeskummer. Nun ist sie enttäuscht. Sie fühlt sich regelrecht betrogen. Er hat sich allerdings zu keiner Zeit verstellt – die Verliebtheitshormone haben ihn für einige Monate weichgespült. Das ist schon alles. Sabine selber hat sich in diese missliche Lage gebracht – weil sie die Prüfung (»Vor der Ehe Augen offen!«) sehr schnell beendet hat.

Holger und Sabine haben nie zueinander gepasst. Holger hat ein sehr hohes Abstands- und Autonomiebedürfnis. Der Grund dafür: *seine Kindheit.* Sabine hingegen hat ein hohes Bedürfnis nach Nähe und nach Körperkontakt. Der Grund dafür: *ihre Kindheit.* Holgers Distanzbedürfnisse sind Gift für sie. Spüren konnte sie das zu Beginn leider nicht, denn beim zweiten Date, Sie erinnern sich, da war sie schon verliebt.

Sieht sie gut aus?

Beruflich ist das Thema Partnerwahl in meinem Leben allgegenwärtig. Das hat einen Grund. Mich hat diese Frage auch persönlich lange Zeit beschäftigt. Ich selber habe einige Erfahrungen mit der falschen und mit der richtigen Partnerwahl. Bis etwa zu meinem 29. Lebensjahr hatte ich nicht die leiseste Vorstellung davon, wer denn zu mir passen könnte. Ich bin in dieser Zeit stets und immer den beiden zentralen Suchkriterien des Mannes gefolgt: *Sieht sie gut aus? Ist sie nett zu mir?* Und wenn sie gut aussah und nett zu mir war, dann habe ich mich schon bald in sie verliebt. Die Heuristik von Daniel Kahneman lässt grüßen.

Auf dieser einfach gestrickten Basis sind stabile Partnerschaften nicht zu führen, das ist mir dann irgendwann klargeworden. Ich habe einen Kurs in Charakterkunde belegt. Da wurde mir klar, dass ich bei der Partnerwahl (unbewusst) stets und immer auf starke Gegensätze gesetzt hatte.

Problem Nummer drei: Die Gegensatzwahl

Unsere Großeltern vermieden Gegensätze bei der Partnerwahl. Bei unseren Vorvorderen heiratete der Sohn des Schmieds die Tochter des Bäckers. Viel Auswahl an möglichen Partnern hatten sie alle ohnehin nicht. Sie wählten oft entsprechend pragmatisch. Dann kam die romantische Liebe und führte zu ganz anderen Partnerschaften. Sollten wir gegensätzlich wählen und uns auf diese Weise ergänzen? Oder ist die Ähnlichkeitswahl besser für eine stabile und glückliche Liebe?

Starke Gegensätze finden sich bei vielen zerbrechenden Partnerschaften – noch häufiger finden sie sich allerdings bei Beziehungsversuchen. Wie dem von Holger und Sabine. Der starke Hormoncocktail der Verliebtheitshormone hat die beiden für einige Monate voll im Griff. Dann beginnen die Probleme. Holger braucht Distanz. Sabine braucht Nähe. Beide fühlen sich wie aus dem Paradies vertrieben, denn statt Anerkennung und Wertschätzung hagelt es jetzt – Kritik. Holger wirft Sabine vor, dass sie klammert. *Fehler.* Sie kontert mit Vorwürfen. *Fehler.* An den beiden ist nichts verkehrt. Sie passen nur erkennbar überhaupt und gar nicht zueinander. Ihre Bedürfnisse in einer Partnerschaft sind extrem unterschiedlich.

Holger braucht eine Frau, die bei Distanzbedürfnissen von ihm begeistert »Hossa« ruft. »Dann kann ich ja morgen Mädelsabend machen und übermorgen eine Tour mit dem Motorrad durch den Harz. Hatte ich schon lange vor. Danke, Schatz!« Nach solch einer Reaktion werden seine Distanzbedürfnisse bald geringer werden. Und er wird anhänglicher.

Sabine hätte das bei drei bis vier Dates mit Holger herausfinden können. Es ist nicht schwer, dieses übergroße Distanzbedürfnis von Holger zu bemerken – wenn man sich die Zeit dafür nimmt. Die Verantwortung hierfür liegt allerdings nicht nur bei ihr. Auch Holger hätte aktiv werden können. Er kennt seine Distanzbedürfnisse. Es ist seine Verantwortung, einer Frau erst dann näherzukommen, wenn die weiß, was sie bei ihm erwartet. Diese Verantwortung hat er nicht wahrgenommen.

Sabine braucht einen Mann, dessen Nähewünsche ihren eigenen ähnlich sind. Das herauszufinden ist ihre Aufgabe beim nächsten Kennenlernen. Die Ähnlichkeitswahl ist das Geheimnis der guten Partnerwahl. Vielleicht denken Sie, Sabine habe da nur einen kleinen Fehler gemacht und könne ihr Suchmuster ganz einfach verändern. Ich denke das nicht. Sabine hatte eine schwer zu erreichende Mutter und einen unzuverlässigen Vater. Alle ihre Partner waren schwer erreichbar. Ist das Zufall?

Eher nicht. Sabine neigt (wie wir alle) dazu, die Muster ihrer Kindheit zu wiederholen. Das ist der Grund, warum sie eine Beratung braucht, um den Weg in eine glückliche und stabile Partnerschaft zu finden. Versteht sie, dass sie bei der Partnerwahl das wählt, was sie schon kennt, dann ist sie frei – und kann sich auch auf passendere Partner einlassen. Männer, die Nähe zulassen können. Und die zuverlässig sind. Mit denen zusammen kann sie eine glückliche Partnerschaft führen, eine Beziehung, in der sich beide mithilfe des anderen besser entwickeln als ohne ihn. »Win-win«, wie die Paartherapeutin Nadja von Saldern dazu sagt. »Eine Beziehung ist eine Entwicklungsgemeinschaft«, nennt es Jürg Willi.

Fassen wir zusammen

- Die Gegensatzwahl ist eine ständige Versuchung für Menschen, die sich und ihren Charakter als unzulänglich empfinden. Warum bin ich nur so zögerlich? Die Wahl des tatkräftigen Gegenübers kann das nicht ändern. Sie kann sich aber für eine Weile gut anfühlen. Doch dann beginnen die Probleme: Der andere ist zu anders.

- Die *Generation beziehungsstark* wird lernen, gleich drei Bälle in der Luft zu halten. Erstens: das Begehren. Es ist die Grundlage, ohne die Paare in aller Regel keine Beziehung eingehen sollten. Zweitens: das anspruchsvolle Wählen. Drittens: das Sich-Verlieben.

- Die Liebe im 21. Jahrhundert braucht eine gemeinsame Zukunftsplanung, ähnliche Charakterzüge und gemeinsame Werte und Überzeugungen. Um herauszufinden, ob der andere passt, muss ein werdendes Paar vor allem miteinander reden – bevor sie der großen Anziehung nachgeben, die von der Erotik ausgeht. Sie müssen prüfen, ob der andere auch wirklich passt.

- Im 21. Jahrhundert wird die Idee, dass wir die Wahl haben – und dass wir wählen sollen, an Einfluss gewinnen. Zu erdrückend sind die Belege dafür, dass die beiden Suchmuster des 20. Jahrhunderts (erst: Hauptsache, der soziale und intellektuelle Status der Familien passt zueinander; später: Hauptsache verliebt) uns im 21. Jahrhundert nicht weiterhelfen können.

- Hauptsache Erotik. Wer diesem Leitspruch folgt, der erlebt häufig das schnelle Scheitern einer Liebe in einem frühen Stadium des Kennenlernens. Die *meisten* Beziehungen gehen nicht in den ersten zwölf Jahren zu Ende, sondern in den ersten zwölf Monaten. Der Anfang ist schwierig. Und holperig. Und das gilt ganz besonders, wenn wir uns auf Heuristiken wie die mit der erotischen Anziehung verlassen.

»Ich habe früher vor allem auf die sexuelle Attraktivität geachtet.«

Mario (44) hat vor zwei Jahren endlich eine passende Partnerin gefunden. Das war nicht einfach für ihn. Geholfen hat ihm das langsame Kennenlernen.

Als Sie in die Singleberatung gingen, haben Sie in einer sehr konfliktträchtigen On-Off-Beziehung gelebt.
Das war ziemlich unangenehm. Ich wollte eine respektvolle und verlässliche Partnerin, aber gelungen ist mir das nicht. Das war nicht nur bei der letzten Partnerin so. Ich war über 25 Jahre hinweg nie länger als zwei oder drei Jahre mit einer Frau zusammen.

Eine Beziehung, die zwei bis drei Jahre dauert, das nenne ich einen Beziehungsversuch. Es wird ja nie eine stabile Partnerschaft. Der Grund ist in der Regel, dass der andere schlicht nicht passt.
Ja. Heute sehe ich das auch so. Ich habe früher bei Frauen vor allem auf die sexuelle Attraktivität geachtet. Wer wirklich zu mir passt, das wusste ich nicht.

Die sexuelle Attraktivität eines Menschen ist sehr einfach zu spüren. Die meisten von uns sind darin sehr gut.
Ich habe das bis zum 42. Lebensjahr so gemacht. Ich hatte früher immer die Idee, als Mann nicht attraktiv zu sein. Da fühlt es sich natürlich besonders gut an, wenn man ein eindeutiges Angebot von einer Frau bekommt.

Wenn ein Mann sich für unattraktiv hält, dann ist er besonders empfänglich für Angebote von Frauen.
Es stärkt das Selbstwertgefühl, keine Frage. Ich habe nicht gerne »Nein« gesagt. Und warum auch? Da ich nicht genau wusste, was ich wollte,

war ich dann oft für lange Zeit mit einer Frau zusammen, die aus heutiger Sicht einfach nicht passend war. Am Ende hatte ich zwei Termine in der Singleberatung. Danach wurde mir einiges klarer.

Was genau?
Zum Beispiel, dass ich aktiv wählen muss. Dass ich sehr genau darauf achten muss, nicht einfach auf ein Angebot einzugehen …

… obwohl sich das so gut anfühlt.
Obwohl sich das so gut anfühlt, ja. Die Frau muss auch zu mir passen. Mir wurde auch klarer, dass das mit meiner Unattraktivität Unsinn ist. Ich hatte ja immer wieder Beziehungen bzw. Beziehungsversuche.

Das Gefühl der mangelnden Attraktivität entsteht bei Männern in der Regel, wenn sie sich nicht gut mit dem Vater identifizieren können. Sie haben dann eine Frau über ein christliches Suchportal kennengelernt.
Sie schrieb, dass sie auf Mallorca lebt und nach Berlin ziehen wird, wo ich lebe. Also kam sie für mich infrage. Über die vielen Kilometer Entfernung zwischen Berlin und Mallorca habe ich mir zunächst keine Gedanken gemacht. Wir haben uns eine Weile geschrieben, und dann habe ich meinen Urlaub nach Mallorca verlegt. Wir haben uns nur auf einen Kaffee getroffen. Das war genau richtig – kein großes Abendessen. Schon als ich sie sah, wusste ich, dass sie mir gefällt. Das Gespräch war auch sehr gut. Mir gefiel ihre große Freundlichkeit. Fünf Tage später haben wir uns dann noch einmal gesehen. Im selben Café.

Und dann sind Sie nach Berlin zurückgeflogen. Wie ging das mit dem dritten Date? Sie war ja immer noch auf Mallorca. Und Sie waren in Berlin.
Ich bin extra für das dritte Date nach Mallorca geflogen. Morgens hin, nachmittags zurück. Wir hatten ein spätes Frühstück zusammen und

gegen 15 Uhr bin ich dann mit dem Mietwagen wieder zum Flughafen gefahren. Sie erzählt heute noch, dass sie das beeindruckt hat, dass ich nur für ein kurzes Date den weiten Weg gekommen bin.

Das kann ich mir gut vorstellen. Das signalisiert ernsthaftes Interesse. Gab es keinen Kuss?
Nein. Ich hatte mich zuvor immer mit Frauen zufriedengegeben, bei denen vielleicht sechzig Prozent passten. Oder siebzig Prozent. Und rumgeknutscht habe ich mit diesen Frauen oft sogar schon beim ersten Date. Auf die neunzig Prozent habe ich nie gewartet. Das wollte ich diesmal ganz anders machen. Und zum Kennenlernen und zum Prüfen braucht man Zeit. Das vierte Date war dann noch einmal auf Mallorca, diesmal war ich für drei Tage da. Da gab es dann allerdings doch den ersten Kuss. *Sie* hat *mich* geküsst. Als es für sie stimmte.

Langsamkeit beim Kennenlernen tut gut, sage ich gerne. Und es führt nach meiner Erfahrung zu deutlich klügeren Entscheidungen.
Heute würde ich das so unterschreiben. Aber der Weg zu dieser Einsicht ist mir erkennbar schwergefallen. Und ohne die Beratung wäre es vermutlich nicht dazu gekommen, dass ich in erster Linie auf das Kennenlernen im Gespräch gesetzt habe. Wir hatten bei unseren Verabredungen sehr lange Gespräche: über unsere Vorstellungen von einer Partnerschaft, über unseren Kinderwunsch, über unseren bisherigen Lebensweg, über Fragen des Glaubens. So kamen wir uns Stück für Stück näher – seelisch näher. Am Ende war ich mir sicher: Das sind mindestens neunzig Prozent.

John Gottman sagt, mit jeder Partnerschaft bekommen wir auch ein bestimmtes Setting an Problemen mit dem anderen. Haben Sie die schon herausgefunden?
Ich habe danach gesucht. Wir sind jetzt zwei Jahre zusammen, und bisher habe ich noch keine gefunden.

12. Entwickeln

*Wieso die Liebe nicht nur eine Aufgabe für zwei,
sondern eine Entwicklungsgemeinschaft ist*

Nun lesen Sie schon eine ganze Weile in diesem Buch – und noch immer war nicht von den unglaublich tollen Wirkungen der Polyamorie für Beziehungen die Rede. Das wird sich jetzt ändern. Sofort. Der Grund ist ein Buch von Dr. Steven Craig, das den Titel trägt *The 6 Husbands Every Wife Should Have*. Jede Frau braucht sechs Männer für die Liebe – das ist Dr. Craigs spannende These. Und ehe Sie sich jetzt Sorgen um die Männer machen und um die Geschlechtergerechtigkeit: Natürlich braucht auch jeder Mann sechs Frauen.

Der Grund, warum Dr. Craig das mit den Männern und den sechs Frauen, die sie brauchen, nicht in den Titel seines Buches gepackt hat, ist ganz einfach: Bücher zu Partnerschaftsfragen werden für Frauen geschrieben und werden von Frauen gekauft. Männer lesen keine Bücher zur Liebe. Das ist in den USA so. Das ist auch bei uns so. Wenn Sie aber – zufällig, zufällig – doch ein Mann sind, ein waschechter *Leser* also, dann bitte ich um Nachsicht für meine pauschalisierende Feststellung zum männlichen Phlegma in Sachen Liebe. Sie sind ganz ohne Zweifel die löbliche Ausnahme. Sie haben nicht nur angefangen, dieses Buch zu lesen – Sie sind sogar bis zum letzten Kapitel mit dabeigeblieben.

Das freut mich! Das freut mich sogar sehr, sind Sie doch der Beweis dafür, dass sich etwas ändert und dass auch Männer sich entwickeln und verstanden haben, wie wichtig die Liebe für unser Leben ist. Dieses Lob musste ich jetzt noch unbedingt loswerden. Ehe mein Ruf als *Männer-Basher* sich allzu sehr verfestigt.

Jede Frau braucht sechs Ehemänner – für jede Lebensphase einen

Zurück zu Dr. Craig (einem Mann!). Ihm geht es nicht darum, dass wir mit mehreren Partnern glücklicher sind als mit einem. Es geht ihm vielmehr um das Thema der menschlichen Entwicklung. Partnerschaften dauern heute sehr lang. Starben Menschen im Mittelalter im Durchschnitt schon nach fünfzehn bis zwanzig Jahren Ehe, so können es heute ohne Probleme dreißig oder fünfzig Jahre werden. In dieser Zeit durchleben Paare, anders als Paare in früheren Zeiten, deutlich mehr Veränderungen. Diese Veränderungen haben einen doppelten Effekt: Sie bereichern unser Leben – sie setzen Partnerschaften aber auch unter Druck. Paare müssen Veränderungen gemeinsam bewältigen, weshalb Dr. Craigs Buch den Untertitel hat: »How Couples Who Change Together Stay Together«.

Steven Craig kommt auf sechs Phasen einer Partnerschaft. Hier seine sechs Phasen.

Erstens: Die frisch Verliebten. In dieser Phase stehen die gemeinsame Freizeit und gemeinsamer Spaß im Vordergrund. *Having fun.* Dieser Punkt ist sehr wichtig. Historisch betrachtet waren Partnerschaften noch nie dafür da, dass die beiden Beteiligten Spaß hatten und ihre Freizeit miteinander verbrachten. In weiten Teilen der Welt gibt es das bis heute nicht.

Zweitens: Die ernsthaft Gebundenen. Das sind im Amerikanischen natürlich die frisch Verheirateten. In dieser Phase geht es um Zuverlässigkeit und darum, die Bindung ernst zu nehmen und über andere Ansprüche zu stellen.

Drittens: Eltern werden. Dies ist einer der größten Einschnitte im Leben eines Paares. Gemeinsame Freizeit ist jetzt eher selten. Es geht auch weniger um *having fun.* Stattdessen braucht es jetzt sehr gutes Teamwork und Unterstützung für den anderen.

Viertens: Eine Familie sein.

Fünftens: Die Kinder gehen aus dem Haus. Jetzt hat das Paar wieder deutlich mehr Zeit füreinander. Und beide müssen lernen, die intensive Familienzeit hinter sich zu lassen.

Sechstens: Die Jahre des Alters bringen den Rückzug von der (bezahlten) Arbeit – und auch das kann Partnerschaften stark fordern. Immerzu fragt er:»Und was machen wir jetzt?«, während sie gerne mal ihre Ruhe hätte oder Zeit mit ihren Freundinnen verbringen will.

Jeder dieser Übergänge ist heute alles andere als selbstverständlich. Der Übergang von der Fun-Phase in die der Verbindlichkeit wird heute von den meisten Paaren erst vollzogen, wenn sie beruflich gesettelt sind. Das ist, haben sie studiert, oft erst jenseits des 30. Lebensjahres der Fall. Für viele Menschen beginnt erst hier die wirklich ernsthafte Partnersuche. Und die der Familiengründung.

Die Phase der Verbindlichkeit

Der Übergang zur Familienphase (*then comes baby*) ist heute für viele Paare nicht einfach. Auffällig ist zunächst einmal, wie lang die vorhergehende Phase ist, in der wir Partnerschaften erleben, ohne dass wir die Verpflichtung eingehen, uns um Kinder zu kümmern. Das ist historisch völlig neu. Eine Frau, die mit 37 Jahren das erste Kind bekommt, hat heute oft schon zwanzig Jahre Beziehungserfahrung. Für Männer gilt das ebenso. Sich nach so vielen Jahren mit dem zwanglosen Leben (*having fun*) auf ein Leben mit Kindern umzustellen (*then comes baby*), das fällt vielen Menschen schwer. Die zentrale These von Dr. Stephan Craig lautet: Beide Partner müssen diese Übergänge vollziehen. Bleibt einer zurück, dann gerät eine Partnerschaft in eine Schieflage.

Der Übergang von der Phase der Berufstätigkeit in die Zeit des Rentendaseins – dieser Übergang sorgt vor allem bei Männern für gravierende Anpassungsschwierigkeiten. Ohne eine Arbeit geht es ihnen nicht gut. Zudem sind es weder sie noch ihre Frauen gewohnt, alle Tage stets und immer zusammen zu verbringen. Das führt oft zu schweren Ehekrisen, die sich manchmal erst lösen, wenn beide sich aushäusige Beschäftigungen suchen. Ehrenamtlich zum Beispiel.

Die Liebe ist ein Prozess

Eine Liebesbeziehung ist nichts Feststehendes. Sie ist ein Prozess. Wer starre Vorstellungen von der Liebe und von Partnerschaften hat, wer einmal gewonnene Einsichten nicht aufgeben mag, für den ist die Liebe ein schwieriger Ort. Menschen ändern sich unaufhörlich, wie die Gesellschaft um sie herum auch.

Wir haben uns den Gedanken der Entwicklung jetzt auf der Basis der unterschiedlichen Phasen angeschaut, die wir durchlaufen. Nicht alle durchlaufen diese Phasen auch genauso, wie Dr. Craig sie sieht. Nicht alle Paare wollen heute Kinder. Und nicht alle Paare, die Kinder wollen, bekommen welche.

Doch das Thema der Entwicklung betrifft Partnerschaften noch in einer ganz anderen Hinsicht. Nicht als Herausforderung. Sondern als Chance. Denn die Partnerschaft ist eine der großartigsten Entwicklungschancen des Menschen. Womit wir wieder beim Stichwort *Win-win* wären, das Nadja von Saldern ins Gespräch gebracht hat.

Wir werden immer größer, jeden Tag ein Stück

Die Veränderungen im Lebensverlauf, die positive seelische Entwicklung, die wir in ihnen nehmen – das alles war zu Beginn der Paartherapie kein Thema. Es rückte erst nach und nach in den Fokus. Jürg Willi, der seine Karriere mit einem ausgesprochen problemfixierten Vorgehen begonnen hatte (Kollusion), ließen die Jahre der Paarberatung nachdenklicher werden. Für ihn rückte die menschliche Entwicklung mehr und mehr in den Mittelpunkt seiner Arbeit. Er weist darauf hin, dass eine Ehe im Kern eine Wachstumsgemeinschaft ist.

»Der Mensch wird am Du zum Ich«, dieser bekannte Satz des Philosophen Martin Buber fasst den Vorgang kurz und knapp zusammen. Eine Beziehung führt zu seelischem Wachstum. Sie erweitert und stärkt unser Ich. Sie lässt uns reifen, ein Fakt, der nach Lage der Forschung auch bestehen bleibt, wenn die Partnerschaft später scheitert. »Wir werden immer größer, jeden Tag ein Stück«, geht ein bekanntes Kinderlied. Es drückt die Freude über diesen spannenden Prozess aus. In einer Beziehung werden wir deutlich schneller größer. *Wir werden immer größer, das ist ein Glück.*

Seelisches Wachstum endet nicht mit achtzehn Jahren, wenn wir die Volljährigkeit erreichen. Sie schreitet in den Jahren und Jahrzehnten danach immer weiter voran. Und sie schreitet besser voran, wenn wir in einer Partnerschaft leben. Zu diesem Ergebnis kommt auch eine der eindrucksvollsten wissenschaftlichen Studien des 20. Jahrhunderts, die Harvard Gesundheitsstudie. Sie kennen meine Bewunderung für die Forschung mittlerweile. Forschung muss oft dicke Bretter bohren. Die Bretter, die diese Studie zu bohren hatte, haben sich als besonders dick erwiesen. Einige der wichtigsten Erkenntnisse dieser langfristig angelegten Studie kamen erst nach fünf Jahrzehnten akribischer Arbeit heraus.

Die Harvard Gesundheitsstudie (nach ihrem ersten Financier auch Grant-Study genannt) besteht seit 1937 und hat somit mehr als achtzig Jahre hinter sich. Als ein Journalist der Zeitschrift *The Atlantic* George Vaillant, den langjährigen Leiter der Studie, vor einigen Jahren bat, die Erkenntnisse der Studie in Kurzform zusammenzufassen, da sagte er einen Satz, der ebenso bemerkenswert war wie die Studie, die er selber über drei Jahrzehnte betreut hat: »Happiness is love. Full stopp.« Das hätte John Lennon von den Beatles nicht schöner sagen können.

Nun ja, eigentlich sagte er seinen Satz über die wesentliche Erkenntnis aus so vielen Jahren der Forschung zunächst in einer etwas längeren Variante: »The only thing that really matters in life are your relationships to other people.«

George Vaillant war über dreißig Jahre lang der Leiter dieser meines Wissens längsten sozialwissenschaftlichen Studie der Welt. In den Jahren, in denen Vaillant der Studie vorstand, waren aus Männern um die fünfzig alte Herren von achtzig Jahren geworden. Wenn sie denn überhaupt noch lebten. Vaillant hatte sie alle altern sehen. Er hatte beobachten können, wer von ihnen einsam, unglücklich und krank endete. Und er hatte Männer erlebt, die glücklich, zufrieden und – weitgehend – gesund diese Lebensjahrzehnte durchmaßen. Was war der Unterschied zwischen den beiden Gruppen, den glücklichen und den unglücklichen?

Vaillants Einschätzung war eindeutig. Sie lautete kurz und prägnant: »Happiness is love.« Oder in den Worten von John Lennon gesprochen: »All you need is love.«

Nur die Liebe zählt

Die Harvard Gesundheitsstudie war nicht mit dem Ziel gestartet, die Frage der Rolle der Liebe in unserem Leben überhaupt aufzuwerfen oder gar zu klären. Es hatte auch niemand, der an der Studie teilnahm, erwartet, dass sein persönlicher Erfolg im Leben und im Alter von der Liebe abhängen würde. Es waren weiße Mittelschichtsmänner, die in den Jahren 1937 bis 1944 ihr Studium in Harvard aufnahmen. Sie alle hatten eher traditionelle Vorstellungen von Erfolg. Ein Uniabschluss, eine gute Karriere, ein gutes Einkommen – das sahen viele von ihnen als Voraussetzung für das Lebensglück an. Das waren die Ziele, für die sie sich anstrengen wollten.

Natürlich wollten sie auch eine Familie gründen, die allermeisten von ihnen wollten das. Die allermeisten von ihnen taten das auch. Niemand erwartete aber, dass sein Erfolg in der Liebe maßgeblichen Einfluss auf seinen beruflichen Erfolg haben würde.

»Die Gründer der Studie gingen eher davon aus, dass es eine genetische Disposition zum Erfolg geben würde«, sagt George Vaillant. Sie erwarteten zum Beispiel – dem Zeitgeist gemäß –, dass sich körperlich besonders auffällig schöne, ebenmäßige und besonders gesunde, athletische Männer im späteren Leben besonders gut entwickeln würden. Sie würden den Ruhm ihres Vaterlandes im heraufdämmernden Krieg ernten, die größten wissenschaftlichen Leistungen vollbringen, die höchsten Einkommen erzielen oder zu einflussreichen politischen Führern werden. Und genau das passierte nicht.

Fehlannahmen und ihre Revision

Der Körper und die Gene als Erfolgsgaranten, das war nur eine der zahlreichen Fehlannahmen, mit denen die Harvard Gesundheitsstudie erst viele Jahrzehnte später aufräumen würde, als die Daten einfach keine anderen Schlüsse mehr zuließen – und der Zeitgeist über die genetischen und auf Körpermerkmale orientierten Annahmen der Dreißigerjahre hinweggegangen war. Es brauchte den Aufbruch der jungen Generation in den Sechzigerjahren, es brauchte Lieder wie »All you need ist love«, und es brauchte noch viele Jahrzehnte der Forschung, um in den Elfenbeintürmen der Wissenschaft eine radikale neue Weltsicht durchzusetzen.

Erst im Jahr 2008 machte Vaillant sein prägnantes Statement. »Happiness ist love.« Da sammelten die Wissenschaftler seines Teams und ihre Vorgänger bereits seit sieben Jahrzehnten Daten über Daten. Diese Daten sprachen eine ganz eindeutige Sprache: Keine überlegenen Gene und keine sportlich gestählten Körper hatten die Erfolgreichsten unter ihnen zu den Erfolgreichsten gemacht. Es war vielmehr – die Liebe. Männer, die gute Partnerschaften führten, ein gutes Verhältnis zu ihren Kindern hatten und gute Freundschaften pflegten, unterschieden sich auch materiell deutlich von den Teilnehmern der Studie, bei denen das alles nicht der Fall war. Die Ersteren verdienten im Durchschnitt 243 000 Dollar – die Letzteren hingegen nur 102 000 Dollar im Jahr.

Was ist Erfolg?

Mag sein, dass es nicht entscheidend ist, dass die Gruppe mit den guten Partnerschaften (und den guten Freundschaften) auch mehr verdient als diejenigen, die eher schlechte Beziehungen führten. Trotzdem sind diese Zahlen wichtig. Sie sind wichtig für unser Verständnis des menschlichen Lebens. Sie sind wichtig für die Frage, was es zu einem Erfolg macht. Unsere traditionelle Vorstellung von Erfolg geht davon aus, dass ein hohes Einkommen ein wichtiges Lebensziel des Menschen ist – hierfür soll er sich anstrengen. Er soll seine Energie auf den Gelderwerb richten – nicht auf die Liebe. Er soll viel lernen und viel arbeiten. Vaillants Studie kommt zu einem ganz anderen Ergebnis: Der Mensch soll viel lieben. Und viel geliebt werden. Dann ist er glücklicher – und erzielt deshalb auch ein höheres Einkommen. Die Harvard Gesundheitsstudie belegt eindrucksvoll den Entwicklungsgedanken von Jürg Willi. Und das *Win-win,* von dem Nadja von Saldern spricht.

In unserer Kultur betonen wir allzu gerne die Probleme, die Beziehungen mit sich bringen können. Und wir beschäftigen uns sehr gerne mit den Ängsten, die Menschen vor festen Bindungen haben. Generation beziehungsunfähig. Bei all der Angst vor der Beziehung wird oft der unglaublich große Vorteil von Partnerschaften übersehen.

Häufig wird zu wenig beachtet, in welchem Ausmaß jede Liebesbeziehung die persönliche Entwicklung und Reifung eines Menschen herausfordern kann. Jürg Willi: »Im Erwachsenenalter wird wohl nichts die persönliche Entwicklung so stimulieren wie eine konstruktive Liebesbeziehung, aber auch nichts sie so einschränken und verunsichern wie eine destruktive Liebesbeziehung.«

Der Entwicklungsgedanke an sich ist schon spannend. Er kann uns allerdings noch etwas Weiteres lehren: warum Beziehungen auseinandergehen. Auch das hat, ganz ohne dass wir es bemerken, einen entscheidenden Grund. Unsere Entwicklung.

Der rationale Kern einer langjährig stabilen Liebe ist einfach benannt: Entwickeln wir uns in einer Partnerschaft besser als ohne sie, dann ist die Partnerschaft glücklich und stabil. Erscheint die Liebe hingegen als ein Gefängnis, in dem wir uns dem anderen zuliebe oder weil er uns die nötige Unterstützung versagt kaum entwickeln, dann ist die Verlockung eines Lebens ohne Beziehung groß. »Ohne diese Partnerschaft wäre mein Leben besser« – dieser Satz ist der rationale Kern einer jeden Trennung. Entwicklung ist also nicht etwa fakultativ. Sie ist keine mögliche Zugabe, auf die wir auch verzichten können. Sie ist zentral für den Bestand einer Beziehung. Partnerschaften als Entwicklungsgemeinschaften. Das ist ein Gedanke, der weit über die Idee des Teams hinausgeht. Eine Partnerschaft als Team, das bedeutet: Kooperation. Absprachen. Teamgeist. Fairplay.

Eine Beziehung als Entwicklungsgemeinschaft braucht andere Fähigkeiten und einen anderen Blick: Neugier auf den anderen – auch nach zwanzig, nach dreißig oder nach fünfzig Jahren. Neugier auf die Richtung, die er seinem Leben geben will. Den *Mut,* neue Wege zu gehen. Und die Bereitschaft, den anderen dabei zu unterstützen.

Fassen wir zusammen

- Wir müssen im Alltag der Liebe immer und immer wieder dafür sorgen, dass der andere eine bessere Version seiner selbst wird. Und dass er uns dabei zur Seite steht, eine bessere Version unserer selbst zu werden. Jeder von uns hat – ob ausgesprochen oder nicht – diesen Entwicklungswunsch. Dieser Wunsch ist es, der in meinen Augen die Liebe im 21. Jahrhundert prägen wird.
- Das 21. Jahrhundert wird noch mehr Veränderungen mit sich bringen als das an Veränderungen schon nicht arme 20. Jahrhundert. Menschen müssen flexibel bleiben, besonders im Beruf. Gleichzeitig fordert aber auch das Familienleben ständige Veränderungen – je nach Lebensphase.

- Wir neigen dazu, den Einfluss der Liebe auf unser Lebensglück und auf den Erfolg, den wir haben, zu unterschätzen. Vor allem Männer tun das.

»Es fehlte in der Partnerschaft einfach an allem: Wertschätzung, zuhören, sich kümmern.«

Heidi (35) hat sich nach fünf Jahren Ehe getrennt. Nun lebt die gelernte Journalistin alleine mit ihrem Sohn. Schon in der Schwangerschaft ging die Entwicklung von ihr und ihrem Mann auseinander.

Was sprach für Ihren Mann, als Sie ihn kennenlernten?
Sein Wissen. Er war schlau, und ich konnte viel von ihm lernen. Das hat mir in der Tat sehr geholfen, eine bessere Journalistin zu werden. Hinzu kam: Er wollte mich. Das gefiel mir gut. Ich hatte aber von Anfang an auch schon Vorbehalte.

Welche waren das?
Er war zwanzig Jahre älter als ich. Das ist ein viel zu großer Abstand. Er gehörte einer anderen Generation an als ich. Er wollte ein ganz traditioneller Karrieremensch sein. Das ist mir leider erst sehr viel später klargeworden. Als das Kind da war.

Zeigten sich die Risse in der Partnerschaft erst nach der Geburt oder schon vorher?
Schon vorher. Die Schwangerschaft war sehr schwierig für mich – und er war überhaupt und gar nicht empathisch. Er war einfach keine Hilfe.

Im Grunde hat er gesagt: »Stell dich doch nicht so an. Meine Mutter hat fünf Kinder bekommen.«

Klingt wenig einfühlsam. Und ist keine Hilfe.
Das war eine große Enttäuschung. Er war von da an in meinen Augen nicht mehr der Mann, den ich kennengelernt hatte. Er war einfach nicht für mich da, in einem Augenblick, in dem ich seinen Rückhalt ganz besonders dringend brauchte. Beruflich hatten mir die Gespräche mit ihm immer sehr viel geholfen. Das hat bei mir zur Entwicklung geführt. Aber damit war es vorbei, als das Kind kam. Zudem habe ich den Job gewechselt, und von meiner neuen Arbeit im Bereich des Marketings verstand er nicht viel.

Wie lange hielt die Ehe dann noch?
Als das Kind zwei Jahre alt war, bin ich zu einer Paarberatung gegangen. Alleine. Ich wollte wissen, wie ich das ohne ihn schaffen könnte. Ich habe das Kind dann länger in die Kita gegeben und hatte so mehr Zeit für mich. Dann habe ich meinen Job gekündigt und kam zur Ruhe.

Paare bleiben zusammen, wenn sie sich gemeinsam besser entwickeln als alleine. Man kann den Satz auch umdrehen: Kaum etwas übt einen so großen Druck auf eine Beziehung aus wie das Gefühl, dass das Leben alleine besser wäre.
Dieses Gefühl ist bei mir sehr schnell eingetreten. Er kümmerte sich nicht um das Kind. Ich musste seine Wäsche waschen und zu allem Überfluss auch noch sein Konto ausgleichen, das mal wieder leer war. Obwohl er dreimal so viel verdiente wie ich.

Klingt nicht nach Win-win, also nach einer Situation, in der sich beide durch den anderen besser entwickeln.
Für ihn war es super. Win-win-win. Für mich aber war es Lose-lose-lose. Es fehlte einfach an allem: Wertschätzung, Zuhören, Sich-Kümmern.

Er war Workaholic. Bei der Arbeit fühlte er sich wohl. Er kam erst zwischen 21 Uhr und 22 Uhr nach Hause. Ein Bier trank er schon auf dem Nachhauseweg. Zu Hause gab es dann noch drei Bier, die Couch und den Fernseher. Aber selbstkritisch muss ich auch sagen, dass ich anfing, ihn dafür zu kritisieren. Er kam dann noch später heim.

In dem Fall ist das Auseinandergehen möglicherweise besser für die eigene Entwicklung.
So war es auch. Ich hatte, nachdem ich ausgezogen war, das Kind seltener. Es war jetzt am Wochenende immer mal wieder bei ihm. Alleine zu leben war auch viel entspannter. Da war keiner mehr, der mir reinredete, wenn ich mal länger vor dem Kühlschrank stand und noch nicht wusste, was ich wollte. Und ich wartete abends nicht mehr auf jemanden, der ziemlich spät kam.

Und der seinen Feierabend ohnehin mit vier Bier, der Couch und dem Fernseher verbringt. Sie haben das ziemlich lange ausgehalten.
Ich bin selber ein Trennungskind und wollte das meinem Kind unbedingt ersparen. Deshalb habe ich sehr lange gezögert mit der Trennung.

Haben Sie die Trennung je bereut?
Nein. Ich war immer sehr zufrieden mit diesem Schritt. Natürlich ist mir die Trennung schwergefallen. Aber heute weiß ich, dass es auch für mein Kind besser ist, wenn es nicht in einer unglücklichen Ehe aufwachsen muss. Er wollte nicht mit mir an der Ehe arbeiten. Als ich ihn fragte, ob er mit mir in die Beratung gehen würde, sagte er: »Therapier dich erst mal selber.« Leider.

Nachwort – Die Zukunft der Liebe

*Warum das Leben auf der Überholspur anstrengend
und kein Sex auch keine Lösung ist*

Über die Liebe vergangener Zeiten werden Sie von mir nichts Gutes hören. Dazu sind die Fakten viel zu eindeutig. Nach allem, was wir wissen, ging es ihr früher schlechter als heute. Jeder Pessimismus (Generation bindungsunfähig) sowie jeder Verweis auf die gute alte Zeit führt in meinen Augen in die Irre. Die Liebe, sie war nie besser als heute.

Werfen wir einen Blick zurück. Ich bin aufgewachsen mit einer Mutter, die sich stets und immer kurz vor einem Nervenzusammenbruch zu befinden schien. Eben noch war sie nett und zugewandt. Im nächsten Moment schon rastete sie aus. Unberechenbar. Sie hatte in gerade einmal 27 Monaten drei Kinder zur Welt gebracht. Nach der Geburt des dritten Kindes befand sich meine Mutter hart am Rande einer klinischen Depression. Ihr war vermutlich alles zu viel. Ich kann sie verstehen. Es war alles zu viel.

Mitten hinein in diese kräftezehrende Familiengründung ließ mein Vater meine Mutter allein. Er beschloss, dass er nach langen Arbeitstagen ein Haus bauen würde. Unser Haus. Damit wir es besser hätten. Dann entschied er, dass er in Zukunft 150 Kilometer entfernt arbeiten würde und nur noch am Wochenende nach Hause käme. Er hat ein besseres Jobangebot bekommen. Von nun an hatte meine Mutter niemanden mehr, der ihr helfen konnte und der abends, nach einem langen anstrengenden Tag, ein gutes Wort für sie hatte. Sie schippte im Winter den Schnee, versuchte die drei Kinder mittags ins Bett zu bekommen, um dann, so schnell sie nur konnte, zum Einkaufen zu hasten. Im Schlafzimmer meiner Eltern hing in diesen Jahren ein Spruch:»Ich träumte und dachte, das Leben sei Freude – und ich erwachte und sah, das Leben war Pflicht.«

Schließlich zogen wir meinem Vater hinterher, in ein kleines Dorf im Sauerland. Er war als Chef des örtlichen Kalkwerks der größte Arbeitgeber im Ort. Meiner Mutter erklärte er, dass der Umgang mit Frauen aus dem Dorf für sie nicht möglich sei. Es schickte sich nicht. In manchen Wintern kam sie für Monate nicht vor die Tür, weil eines ihrer drei Kinder stets krank war.

Das Leben war Pflicht

Beklagte meine Mutter sich bei meinem Vater über die unerträgliche Belastung, dann deutete er auf den Spruch, der noch immer an der Wand hing:»Ich träumte und dachte, das Leben sei Freude – und ich erwachte und sah, das Leben war Pflicht.« Eines Tages hat meine Mutter diesen Spruch samt Rahmen entsorgt. Er blieb trotzdem zeitlebens der Leitspruch ihrer Ehe. Oder sollte ich sagen: der Leidspruch ihrer Ehe?

Wenn mein Vater um 8 Uhr aufstand, dann hatte meine Mutter schon fast zwei Stunden Arbeit hinter sich. Kam er von seiner Arbeit nach Hause, standen ihr noch weitere Stunden der Arbeit bevor. Die Kinder mussten ins Bett, sie machte den Abwasch, nahm die Wäsche von der Leine, stopfte noch drei Paar Socken – und fiel dann erschöpft ins Bett.

Hat mein Vater je bemerkt, wie ungerecht es war, dass sie noch arbeitete, während er mit einer Tasse Tee gemütlich auf der Terrasse saß? Ist ihm aufgefallen, dass sie am Wochenende drei Kinder und einen Haushalt zu versorgen hatte, während er auf dem Sofa lag und sich am Samstag auf die *Sportschau* freute und am Sonntag auf *Bonanza*? Sah er, wie sie sich abrackerte, stets und immer mit den Nerven am Ende? Vermutlich nicht. Für die Kinder und den Haushalt war nun mal die Frau zuständig. Das war in seinen Augen die von Gott gegebene Ordnung der Dinge.

Wie mag bei alledem die Sexualität der beiden ausgesehen haben? Eine stets übermüdete und überforderte Frau, die abends ab und an den *ehelichen Pflichten* nachkommen sollte, stets in Angst, nur ja nicht noch einmal schwanger zu werden. Haben Sie eine Vorstellung, wie selten und wie schlecht diese Sexualität gewesen sein muss? Natürlich war das Leben der beiden alles andere als von Gott gegeben. Es war von Menschen gemacht. Von zwei Menschen gemacht, die bei ihren Entscheidungen den Vorstellungen ihrer Zeit folgten. Überholspur 1.0 könnte man neudeutsch dazu sagen. Zu dieser Zeit gingen Frauen, wenn sie in die Menopause kamen, noch hoffnungsfroh zum Frauenarzt und erwarteten, dass der ihnen sagte, dass sie ab jetzt keinen Sex mehr haben müssten. *Müssten* – von *wollen* war nicht die Rede. Sie wurden enttäuscht. Die ehelichen Pflichten endeten nicht.

Nichts war gut in der guten alten Zeit

Wenn Sie mich zur Liebe im 20. Jahrhundert fragen, dann werde ich Ihnen Geschichten wie diese erzählen. Sie spielt in der *guten alten Zeit* der Sechziger- und Siebzigerjahre, einer Zeit, in der die Scheidungszahlen zweifellos niedrig waren. In Sachen Liebe, in Sachen Beziehung und in Sachen Sexualität aber war in meinen Augen überhaupt und gar nichts gut. Partnerschaften waren geprägt von einer ganz selbstverständlichen männlichen Überlegenheit, von Vätern, für die der Spruch galt: »Nie da, aber immer das letzte Wort«, und von einem Zeitgeist, der Frauen abverlangte, die ihnen übertragenen Arbeiten im Haushalt klaglos zu verrichten. Der Mann hatte einen Beruf – die Frau eine Berufung.

Ich selber schwankte zwischen dem Impuls, meiner Mutter zu helfen, und der Gewissheit, dass es die weitaus bessere Idee war, Schutz zu suchen vor ihren Ohrfeigen oder ihren Fußtritten. Wenn sie mal wieder mit den Nerven am Ende war. Weil alles zu viel war.

Der strahlende Held meiner Kindheit hieß Old Shatterhand. Der ließ sich mit Frauen gar nicht erst ein. Dafür hatte er allerdings einige gute Weggefährten. Zudem bestand Old Shatterhand dank seiner übergroßen Kräfte und seines überragenden Scharfsinns jede noch so schwierige Herausforderung. Alleine. Kein gutes Ideal für eigene Erfahrungen in der Liebe – da würde ich mit der Zeit schon noch draufkommen.

Burnout in der Goldaue

Machen wir einen Zeitsprung und schauen wir, wie das alles zwei bis drei Jahrzehnte später aussah. Anfang der Neunzigerjahre bezogen meine Eltern ein neu gebautes Haus, das ihr Altersruhesitz werden sollte. Es lag am Rande eines Neubaugebietes, das den Namen *Goldaue* trug. Die meisten Häuser dort wurden von jungen Paaren gebaut. Damit die Kinder es besser hatten. Die Familien zogen ein, säten den Rasen, pflanzten Hecken, und die Frauen hasteten vormittags in den nächsten Supermarkt, um die Einkäufe zu erledigen. Ihre Männer machten lange Überstunden, um das Haus abzubezahlen. Überholspur 2.0.

Doch irgendetwas stimmte nicht mit der scheinbaren Idylle. Schon im ersten Jahr wurde eine der Frauen aus einem der schönen neuen Häuser der *Goldaue* in die Psychiatrie eingeliefert. Sie konnte nicht mehr. Burnout würde man heute wohl neudeutsch dazu sagen, ein Wort, das es damals noch nicht gab. Bei der ersten Einweisung blieb es nicht. Jahr für Jahr wiederholte sich dieser Vorgang in einem anderen der Häuser in der *Goldaue*. Zehn Jahre lang ging das so. Niemand sprach darüber. Die Frauen verschwanden – und kehrten nach einigen Wochen oder Monaten wieder zurück.

Sie alle standen unter einem sehr hohen Druck, einem Druck, unter dem sie schließlich zusammenknickten. *Mental Load* sagen wir heute dazu. Das Ergebnis: Burnout. Depression. Das Wort *chronische Erschöpfung* würde es in manchen Fällen möglicherweise auch tun. *Das Leben war Pflicht.*

Das faule Geschlecht

Schon in den Neunzigerjahren schrieb die amerikanische Historikerin Stephanie Coontz das eindrucksvolle Buch *The Way We Never Were* über die Nostalgiefalle. Weder gab es die Fünfzigerjahre so, wie wir uns an sie erinnern, noch gar das heimelige 19. Jahrhundert, wie es Fernsehserien wie *Unsere kleine Farm* zeigen. Das alles sind Medienerfindungen. Die Realität war anders. Diese Realität ist bis heute die große Unbekannte in Sachen Liebe. Geschichten wie die von den Frauen aus der *Goldaue* werden allenfalls unter der Hand erzählt. Wie kann es sein, dass wir das alles nicht wissen? Sie kennen meine Antwort. Es ist die gleiche wie die, die die Historikerin Stephanie Coontz gibt: Weil die Medien mit ihren Heile-Welt-Geschichten unser Bild prägen. Wir glauben sie bereitwillig und stricken auf diese Weise mit an dem Mythos von der *guten alten Zeit.*

Wir wissen aus der Forschung, dass Frauen in unserer Kultur deutlich mehr arbeiten als ihre Ehemänner. Wissen wir das? Sagen wir es mal so: Wir könnten es wissen. Die Fakten selber sind bestens erforscht. Die Politologin Claudia Pinl hat sie immer wieder für ihre Bücher zusammengetragen (*Das faule Geschlecht).* Doch wenn ich im Fernsehen damals einen Bericht darüber sah, wie viel Männer arbeiten und wie viel mehr ihre Frauen leisteten, dann spielte dieser Beitrag nicht etwa in Deutschland – sondern in einem weit entfernten Land irgendwo in Afrika, im Orient oder in Asien. *Die armen Frauen dort. Gar nicht auszudenken, wie sehr die leiden mussten!*

Keine Zeit für die Liebe

Machen wir einen weiteren Zeitsprung und schauen wir, wie das alles noch einmal eineinhalb Jahrzehnte später aussah. Blicken wir also auf die Überholspur 3.0. Zu dieser Zeit erzählte mir ein Freund, dass er und seine Frau gerne ein zweites Kind hätten. Die beruflichen Umstände ließen es in ihren Augen allerdings nicht zu. Beide hatten studiert. Beide hatten anspruchsvolle und fordernde Berufe – mit Überstunden. Jeder der beiden arbeitete rund 120 Prozent. Zusammengerechnet waren das stolze 240 Prozent.

Nicht dass Sie jetzt glauben, die beiden wären im Management eines DAX-Konzerns beschäftigt gewesen oder bei einer bekannten Unternehmensberatung. Er arbeitete für die Caritas – und sie für die Grünen. Und trotzdem ließ ihre Arbeitsbelastung ein zweites Kind nicht zu. Schon *ein* Kind zu haben erwies sich für die beiden immer wieder als ein Drahtseilakt. Immerhin wollten sie neben ihren Jobs und ihrem Kind auch noch Zeit für sich haben – und Zeit füreinander. Zeit für die Liebe. Sie kannten die Gefahren von *Burnout* ebenso wie die Tücken von *keine Zeit für die Liebe*.

Arbeitszeiten von fünfzig, von sechzig oder gar achtzig Stunden in der Woche gelten an vielen Arbeitsplätzen heute als völlig normal. Immer wieder erlebe ich das in der Beratung. Und ich sehe, wie die Liebe unter dieser Belastung manchmal nur leidet, manchmal aber auch komplett zusammenbricht. Auch heute noch bauen Menschen Häuser, um bald nach dem Einzug ins neue Heim festzustellen, dass ihre Liebe von der enormen Arbeitsbelastung, die das bedeutet, zerrüttet wurde. Auch heute noch entscheiden Männer, dass sie ihre Frauen mit zwei Kindern alleine lassen. Ihr Job ist wichtiger. »Eine Chefarztstelle bekomme ich so schnell nicht wieder angeboten.« Sie haben keine Zeit für die Liebe.

Warum wir in Zukunft weniger arbeiten werden

Auf der Überholspur des Lebens versuchen heute Paare etwas, was noch keine Generation zuvor versucht hat. Nach einer langen Ausbildung und zahlreichen Praktika soll in den wenigen Jahren, die für eine Familiengründung übrig sind, alles zugleich passieren: beruflicher Aufstieg, Kinder bekommen, ein Haus bauen. Und das alles soll natürlich gleichberechtigt bewerkstelligt werden, also mit den gleichen Chancen für Mann und Frau, den Beruf und die Kinder unter einen Hut zu bringen. Klingt anstrengend? Ist es! Klingt unrealistisch? Ja, auch das. Von gleichen Chancen für Männer wie Frauen ist unsere Gesellschaft noch immer weit entfernt.

Die *Rushhour des Lebens* haben Soziologen diese Lebensphase genannt. Die Liebe kommt dabei leider allzu oft unter die Räder. Und der leidenschaftliche Sex, an den sich unsere Generation gewöhnt hat, ebenso.

Wer die erwarteten fünfzig oder sechzig Wochenstunden nicht leisten kann oder will, der ist bei vielen Arbeitsplätzen raus. Er oder sie wird gekündigt, gemobbt oder aufs Abstellgleis geschoben, wo für ihn oder für sie ein berufliches Fortkommen nicht mehr möglich ist. Selbst *ein* Kind zu haben ist angesichts solcher Arbeitszeiten schwierig und erfordert in einer Großstadt, weitab von den Großeltern, den Einsatz von Haushaltshilfen, von Au-pair und von sehr viel Kita-Betreuung.

Auf dem Lande springen oft die Großeltern ein. Oder aber die Frau verzichtet auf ihre beruflichen Ambitionen. Manche Arbeitsplätze sind auf der *Überholspur 4.0* so organisiert, dass der Mann heute erfährt, dass er morgen nicht etwa 150 Kilometer entfernt arbeitet, wie mein Vater es getan hat, sondern für einige Wochen im fernen Asien. Für die Ehefrau, eine studierte Biologin, bleibt, wenn das Paar Kinder hat, nur eine Möglichkeit: gar nicht oder deutlich reduziert zu arbeiten. Und damit auf eine eigene Karriere zu verzichten.

Weniger Arbeit und mehr Zeit für die Liebe

Eine drastisch reduzierte Arbeitszeit von nur noch 32 Stunden in der Woche *für beide Partner* fordert die bekannte Soziologin Jutta Allmendinger (Wissenschaftszentrum Berlin). Achtzig Prozent Arbeitszeit für jeden der beiden Partner – macht zusammen 160 Prozent. Anders, so auch meine Erfahrung, sind zwei Berufe, zwei Karrieren und zwei Kinder und dazu noch eine gute Partnerschaft nicht unter einen Hut zu bekommen. Nur so haben Paare wirklich *Zeit für die Liebe*. Die SPD-Politikerin und Ministerpräsidentin von Mecklenburg-Vorpommern Manuela Schwesig fordert ebenfalls die 32-Stunden-Woche und schlägt dafür einen vollen Lohnausgleich vor – steuerfinanziert.

Diese Gedanken sind wichtig für die Zukunft der Liebe. Sie ist nicht einfach nur das Ergebnis unseres individuellen Handelns, sondern auch die Folge der Chancen auf berufliche Verwirklichung, die die Gesellschaft Männern und Frauen mit Kindern bietet. Oder nicht bietet.

Die Vereinbarkeit von Familie und Beruf ist das große Zukunftsthema fast aller entwickelten Volkswirtschaften. Wir brauchen angemessene Arbeitszeiten für Eltern. Bei vollem Lohnausgleich. Wir brauchen berufliche Entwicklungsmöglichkeiten für beide Eltern. Wir brauchen eine gute Kinderbetreuung. Wir brauchen die Entschleunigung auf der Überholspur des Lebens. Und Männer, die davon ausgehen, dass es ihr Job ist, staubzusaugen, abzuwaschen und einkaufen zu gehen, die braucht es auch.

Wir können und wir dürfen uns den Burnout vergangener Zeiten nicht mehr leisten. Den Kindern zuliebe. Den Eltern zuliebe. Und der Beziehung der Eltern zuliebe. Die Zukunft der Liebe, das ist auch die Zukunft der Arbeit und der Verteilung der Arbeit im Lebensverlauf. Sind die Kinder groß und aus dem Haus, können auch die Arbeitszeiten wieder länger werden. Die *Generation beziehungsstark* wird sich diese Freiheiten erkämpfen müssen.

Die Gender-Gaps

Die Unzufriedenheit von Frauen mit dem schwierigen Spagat zwischen Beruf und Kindern drückt heute erkennbar auf ihre Zufriedenheit mit der Partnerschaft. Das Gender-Satisfaction-Gap hat in vielen Partnerschaften mit diesem Punkt zu tun. Auch das Gender-Pay-Gap trägt einiges mit dazu bei, die Zufriedenheit von Frauen mit der Partnerschaft zu drücken. Verdient *er* deutlich mehr, reduziert natürlich *sie* die Arbeit oder verzichtet ganz darauf – auch wenn *sie* das unglücklich macht. Männer wie Frauen, die Kinder haben, brauchen gleiche Karrierechancen wie kinderlose Paare. Davon sind wir derzeit weit entfernt. Wer der Familie zuliebe weniger arbeitet, verliert heute schnell beruflich den Anschluss. Also setzen die Männer alles daran, dass es nicht sie trifft – sondern ihre Frauen.

Der Faktenfinder in Sachen Liebe

Während ich dieses Buch schreibe, läuft der Wahlkampf für die Bundestagswahl. Schaue ich auf tagesschau.de, welche Schachzüge die Kandidatinnen und Kandidaten gerade machen, dann wird mir unweigerlich der Podcast *Faktenfinder* der Tagesschau angezeigt. Das ist ein spannendes Projekt. Die Fakten sollten stimmen. Klar.

Mich macht das in dreierlei Hinsicht nachdenklich. Erstens fällt mir auf, wie viel Aufmerksamkeit wir so einer Wahl schenken. Die Medien sind soll von Interviews, Berichten, Analysen. Das ist völlig in Ordnung, geht es doch darum, wie es in den nächsten Jahren weitergeht in unserem Land. Und doch frage ich mich: Warum nur nehmen wir die Liebe nicht zumindest ebenso wichtig wie eine Bundestagswahl? Die Zukunft der Liebe ist für unser aller Leben von zentraler Bedeutung.

Noch ein zweiter Gedanke beschäftigt mich. Warum eigentlich haben wir kein Glücksministerium? Das Lebensglück von Menschen hängt ganz zentral auch von der Liebe ab. Und doch ist sie das Stiefkind von Politik, Medien und Forschung.

Und dann ist da, zum Dritten, auch noch der fehlende *Faktenfinder* in Sachen Liebe. Für sie gibt es so etwas nicht. Natürlich nicht. In der Liebe siegen in der Regel Meinungen und Überzeugungen. George Vaillant, der langjährige Leiter der Harvard Gesundheitsstudie hat es so ausgedrückt: »Belief isn't enough – however impassioned our convictions, they need to be tested.«

Das Weltall erforschen, das Atom und seinen Zusammenhalt erklären, Maya-Siedlungen im mexikanischen Regenwald finden – während unsere Energie in diesen Fällen schier grenzenlos zu sein scheint, valide Antworten auf die Frage nach dem Wesen der Dinge zu erhalten, fristet die Liebe, fristet das Begreifen der Liebe bis heute ein eher kümmerliches Dasein. Es gibt kein Schulfach Liebe. Es gibt kein Studium der Liebeswissenschaft. Bis auf wenige Ausnahmen gibt es im deutschsprachigen Raum auch kaum Forschung zur Liebe. Es kommt noch schlimmer: Ich kenne in Deutschland keinen einzigen Psychologen und keine Psychologin, der oder die eine Professur mit dem Schwerpunkt Liebe innehat. Für die Ägyptologie hat alleine die Freie Universität Berlin fünf Professuren eingerichtet. Fünf! Die Ägyptologie ist wichtig, keine Frage. Die Liebe hingegen nicht.

Wir weigern uns mit einer Ignoranz und einer Sturheit, die an Dummheit grenzt, Immanuel Kants berühmten Satz »Habe den Mut, dich deines eigenen Verstandes zu bedienen« auch auf die Liebe anzuwenden. Das Weltall wird mit dem Verstand begriffen. Die Mayas und ihr Verschwinden auch. Aber nicht die Liebe. Und anschließend beklagen wir uns über die Folgen, die diese Ignoranz für unser Leben hat.

Wo bleibt nur unsere Neugier auf die Liebe?

Ich habe mich daran gewöhnt, wieder und wieder mit amerikanischen Forschungen zu arbeiten und aus amerikanischen Studien zu zitieren. Prof. Daniel Kahneman (*Schnelles Denken, langsames Denken*) hat sich auf Urteilsheuristiken und kognitive Verzerrungen spezialisiert. Prof. Susan Nolen-Hoeksema (*Warum Frauen zu viel denken. Wege aus der Grübelfalle*) hat sich ihr ganzes Berufsleben mit dem Phänomen des Grübelns beschäftigt. Dr. Shirley Glass hat sich jahrzehntelang mit der Untreue auseinandergesetzt (*Die Psychologie der Untreue*). Auch von Terri Orbuch, John Gottman und Sue Johnson haben Sie in diesem Buch schon viel erfahren.

Und dann ist da ja auch noch George Vaillant mit der monumentalen Harvard Gesundheitsstudie, die wichtige Erkenntnisse zur Liebe beigesteuert hat. Etwa die, dass ein großer Teil der Scheidungen im Zusammenhang mit einem erhöhten Alkoholkonsum von einem der beiden Partner steht (57 Prozent). Oder die, wie grundlegend die Liebe für unser aller Lebensglück und unser Gefühl von Erfolg ist. Gerade diese Erkenntnis beschäftigt mich als Single- wie als Paarberater ganz besonders.

Die Liebe hat in unserem Leben nicht nur eine Dimension – die partnerschaftliche Liebe. Sie hat zumindest vier Dimensionen.

Erstens: die Liebe unserer Eltern zu uns.

Zweitens: die Liebe zu unseren Freunden.

Drittens: die Liebe zu unseren Kindern.

Viertens: die Liebe zu unserem Partner oder unserer Partnerin.

Wie sich in der Harvard Gesundheitsstudie herausgestellt hat, sind alle vier Dimensionen der Liebe wichtig für das erfolgreiche, für das glückliche Leben. Und zudem auch für das erfolgreiche und glückliche Altern, das die Studie im Verlauf der vielen Jahrzehnte, die sie ihre Teilnehmer begleitete, ja auch beobachten konnte. Aus den ursprünglich achtzehn Jahre alten Männern wurden Familienväter, Senioren und schließlich auch Greise. Am glücklichsten waren in dieser Studie mit ihrer schier unglaublichen Datenmenge über das Leben von 700 Menschen über acht Jahrzehnte diejenigen, die zum einen in ihrer Kindheit von beiden Eltern geliebt worden waren *und* die zum anderen in ihrem späteren Leben gute Ehen führten. Sie hatten zudem auch ein gutes Verhältnis zu ihren Kindern. Gute Freundschaften halfen ebenso.

Noch ein Ergebnis der Studie stimmt optimistisch: Wer in seiner Kindheit schlechte Erfahrungen mit der Liebe gemacht hat, kann trotzdem eine glückliche Partnerschaft führen. Und er kann dadurch auch glücklicher und zufriedener werden. Eine gelingende Liebe im Erwachsenenalter kann also die Wunden eines schwierigen Elternverhältnisses ausheilen.

Freuen wir uns auf die Zukunft der Liebe

Die Liebe im 21. Jahrhundert, sie hat in meinen Augen eine große Zukunft. In einer Welt, die sich schneller und schneller dreht, in der sich wirtschaftliche und technologische Änderungen in rasendem Tempo ausbreiten, in so einer Welt gibt die Liebe Menschen mehr Halt denn je. Die *Generation beziehungsstark* wird den Rückhalt, den die gelingende Liebe bietet, noch stärker erleben und noch stärker genießen als die Generationen zuvor. Dafür gibt es zwei klare Gründe. Der erste lautet: Fortschritt. Wir wissen heute besser, wie Liebe gelingt, als jede Generation zuvor. Der zweite ganz offensichtliche Grund lautet: Gleichberechtigung. Auch bei dieser Frage haben wir viel erreicht.

Erinnern Sie sich noch, wie sehr sich der Tiefenpsychologe Alfred Adler darauf gefreut hat, dass Partnerschaften von der Begegnung auf Augenhöhe profitieren werden? Fast 100 Jahre ist das jetzt schon her. Adler war sich aufgrund seiner Arbeit als Therapeut darüber im Klaren, dass eine Partnerschaft, in der einer mehr zu sagen hat als der andere, immer einen hohen Preis für diese Hierarchie bezahlen wird. Heute können wir feststellen: Die Abkehr von den männlichen Privilegien und Vorrechten war für die Liebe ein voller Erfolg.

So wie wir uns über das Erreichte freuen dürfen, können wir uns auch darauf freuen, was wir in der Liebe im 21. Jahrhundert noch erreichen werden. Die Liebe hat eine große Zukunft. Auf Augenhöhe.